权威·前沿·原创

皮书系列为
"十二五""十三五"国家重点图书出版规划项目

河南经济蓝皮书

BLUE BOOK OF
HENAN'S ECONOMY

2019 年河南经济形势
分析与预测

ECONOMY OF HENAN ANALYSIS AND FORECAST
(2019)

主　编／王世炎
副主编／赵德友　刘朝阳

社会科学文献出版社
SOCIAL SCIENCES ACADEMIC PRESS (CHINA)

图书在版编目（CIP）数据

2019 年河南经济形势分析与预测 / 王世炎主编. ——
北京：社会科学文献出版社，2019.2
（河南经济蓝皮书）
ISBN 978 – 7 – 5201 – 4375 – 2

Ⅰ.①2… Ⅱ.①王… Ⅲ.①区域经济 – 经济分析 –
河南 – 2019②区域经济 – 经济预测 – 河南 – 2019 Ⅳ.
①F127.61

中国版本图书馆 CIP 数据核字（2019）第 032049 号

河南经济蓝皮书
2019 年河南经济形势分析与预测

主　　编 / 王世炎
副 主 编 / 赵德友　刘朝阳

出 版 人 / 谢寿光
项目统筹 / 任文武
责任编辑 / 任文武　高振华　高启

出　　版 / 社会科学文献出版社·城市和绿色发展分社（010）59367143
　　　　　　地址：北京市北三环中路甲 29 号院华龙大厦　邮编：100029
　　　　　　网址：www.ssap.com.cn
发　　行 / 市场营销中心（010）59367081　59367083
印　　装 / 天津千鹤文化传播有限公司

规　　格 / 开　本：787mm × 1092mm　1/16
　　　　　　印　张：22.75　字　数：375 千字
版　　次 / 2019 年 2 月第 1 版　2019 年 2 月第 1 次印刷
书　　号 / ISBN 978 – 7 – 5201 – 4375 – 2
定　　价 / 98.00 元

摘　要

2018 年是贯彻党的十九大精神开局之年，是改革开放 40 周年，是决胜全面建成小康社会、实施"十三五"规划承上启下的关键一年。河南全省上下以党的十九大精神为统领，以庆祝改革开放 40 周年为契机，坚持稳中求进工作总基调，统筹推进"五位一体"总体布局，协调推进"四个全面"战略布局，牢记习近平总书记让中原更加出彩的殷殷嘱托，全省经济保持总体平稳、稳中有进发展态势，中原更加出彩迈出新步伐。

本年度"河南经济蓝皮书"深入学习贯彻中央经济工作会议精神，认真落实省委十届八次全会部署要求，重点围绕反映河南贯彻新理念、聚焦新目标、落实新部署情况展开研究，为省委、省政府和社会公众提供高质量的决策参考依据。全书分为主报告、分析预测篇、战略措施篇、专题研究篇和附录五大板块。

主报告由两篇文章构成。主报告 1《2018～2019 年河南省经济形势分析与展望》认为，2018 年在习近平新时代中国特色社会主义思想指导下，全省上下以党的十九大精神和习近平总书记调研指导河南时的重要讲话为统领，认真贯彻落实党中央国务院和省委、省政府各项决策部署，坚持稳中求进工作总基调，坚持新发展理念，坚持高质量发展根本方向，全省经济保持总体平稳、稳中有进发展态势。2019 年经济虽面临更加严峻复杂的国内外环境，但河南重大战略叠加效应不断增强，改革开放红利加快释放，新动能快速成长，综合竞争优势不断扩大，全省经济仍有望保持平稳运行态势。主报告 2《改革开放 40 年河南经济社会发展成就》深入分析改革开放 40 年来，从解决人民温饱问题到人民生活总体上达到小康社会再到决胜全面建成小康社会这"三步走"战略进程中，河南在经济社会各个方面取得的跨越性发展历程和辉煌成就，以及为开启全面建设社会主义现代化征程这一战略所奠定的坚实基础。

分析预测篇重点反映 2018 年河南三次产业运行态势和最终产品支出方面

变化形势，客观分析在新形势下各产业发展现状格局、取得的成绩、出现的亮点和发展中存在的问题等，并对未来发展趋势进行了预测。

战略措施篇主要反映全省围绕高质量发展、供给侧结构性改革、全面建成小康社会、现代经济体系建设、打好"四张牌""三区一群""三大攻坚战"等中央和省委、省政府重大发展战略措施的推进情况、存在的问题以及如何进一步加快推进等方面进行了分析和研判。

专题研究篇围绕河南经济运行中的重点、热点、难点问题，开展专题调研，通过理论与实践相结合，进行深入分析和研究，对存在的问题给出了针对性的对策建议。

附录记载了2018年河南省及全国经济运行相关指标进度和最新年度数据，以及2018年世界主要经济体的主要经济指标最新数据。

Abstract

2018 marks the first year for carrying out the spirit of the 19th National Congress of the Communist Party of China, the 40th anniversary of reform and opening-up, and a crucial year for determining the victory of building a comprehensive well-off society and for connecting the implementation of the "13th Five-Year Plan". Guided by the spirit of the 19th National Congress of the Communist Party of China, Henan the whole province takes the change of celebrating 40th anniversary of reform and opening-up, adheres to the general tone of seeking improvement in stability, balances the layout of the "Five-sphere Integrated Plan" and the "Four-Pronged Comprehensive Strategy", and keeps in mind that we should build the Central Plains even more brilliant the General Secretary Xi Jinping had entrusted. The province has been generally smooth and made progress in its economy, and has taken new steps towards a more brilliant Central Plains.

The *Blue Book of Henan's Economy* for this year has thoroughly studied and implemented the spirit of the Central Economic Working Conference, conscientiously carried out the deployment requirements of the Eighth Plenary Session of the 10th Provincial Committee, and had a major discussion on reflecting the implementation of new ideas in Henan, focusing on new objectives, and carrying out new deployments, providing a high-quality decision-making reference for the provincial committee and government and the public. The Blue Book for this year consists of five parts: Main Report, Analysis & Prediction part, Strategic Measures part, Monographic Study part and Appendix.

Main Report consists of two parts. Main Report 1 *Economy of Henan Analysis and Forecast* (2018 – 2019) believed that under the guidance of the Thought on Socialism with Chinese Characteristics for a New Era proposed by Xi Jinping, the whole province was guided by the spirit of the 19th National Congress of the Communist Party of China and the important address delivered by General Secretary Xi Jinping during his investigation and guidance in Henan, earnestly carried out various

河南经济蓝皮书

decision-making deployments of the Party Central Government, the State Council and the provincial committee and government, and adhered to the overall tone of making steady progress, the new development ideas, and the essential orientation of high-quality development. As a result, the province's economy has been generally smooth and made progress. Although the economy confronts a more severe and complex domestic and international environment in 2019, the major strategic superposition effect of Henan constantly reinforces, the reform and opening-up dividends step up its release, the new driving force grows rapidly, and the comprehensive competitive advantages continue to expand. The provincial economy is still expected to maintain a stable operation. Main Report 2 *Henan Economic and Social Development Achievements in Four Decades of Reform and Opening-up* provides an in-depth analysis of the leap-forward development process and notable success in all sectors of economic society achieved by Henan in the 40 years of reform and opening-up, as well as the solid foundation laid for the strategy of initiating a journey of comprehensively building a socialist modernization, from the settlement of people's subsistence problem to the living standards of moderately prosperous society in general and then to a decisive victory in building a moderately prosperous society in all respects in the "three-step" development strategy.

Analysis and Prediction Part focuses on the changes in three industrial operation trends and final product expenditure of Henan in 2018, objectively analyzes the development status pattern, achievements obtained, highlights, problems existing in development, etc. for various industries under new situations, and makes a prediction for the future development trend.

Strategic Measures Part mainly reflects that Henan Province has carried on the analysis and research centering on the high-quality development, supply-side structural reform, building a moderately well-off society in an all-round way, modern economy system, playing the "Four Cards", "Three Zones and One Agglomeration", "Three Critical Battles", other promotion situations and existing problems of major development strategic measures of the Central Government and the Provincial Committee and Government of Henan Province, and how to further accelerate them.

Monographic study Part has a monographic study centering on the key, hot and difficult issues in the economic operation of Henan Province, with a deep analysis and study through combining theory with practice. And some targeted countermeasures and suggestions are put forward for the existing issues.

Main appendix is mainly attached with the progresses of relevant indexes and the latest annual data of economic operation of Henan Province and China in 2018, and the latest data on the main economic indexes of the world's major economic entities in 2018.

目 录

I 主报告

II 分析预测篇

Ⅲ 战略措施篇

Ⅳ 专题研究篇

·

Ⅴ 附录

皮书数据库阅读**使用指南**

CONTENTS

I General Reports

II Analysis & Prediction Part

Ⅲ Strategic Measures Part

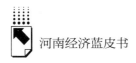
IV Monographic Study Part

V Appendix

主 报 告

General Reports

B.1

2018～2019年河南省经济
形势分析与展望

河南省统计局*

摘　要：　2018年，面对错综复杂的内外部环境，在习近平新时代中国特色
社会主义思想指导下，河南坚持稳中求进工作总基调，坚持新发
展理念，坚持高质量发展根本方向，全省经济保持总体平稳、稳
中有进发展态势，经济结构继续优化，质量效益不断提升，新动
能较快成长，经济运行中的积极因素持续积累。2019年全省发展
依然是机遇与挑战并存，一方面重大战略叠加效应不断增强，
改革开放红利加快释放，新动能快速成长，综合竞争优势不
断扩大，全省经济仍有望保持平稳运行态势；另一方面全省
仍处于转型升级的阵痛期，结构性矛盾日益凸显，经济下行

* 课题组成员：王世炎，高级统计师，河南省统计局局长；赵德友，博士，高级统计师，河南
省统计局副局长；朱启明，高级统计师，河南省统计局综合处处长；张亚丽，河南省统计局
综合处副处长；徐委乔，河南省统计局综合处主任科员。执笔人：张亚丽、徐委乔。

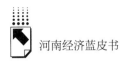

压力加大，推动经济高质量发展任务艰巨。

关键词： 河南 经济形势 高质量发展

2018 年，在习近平新时代中国特色社会主义思想指导下，全省上下以党的十九大精神和习近平总书记调研指导河南时的重要讲话为统领，认真贯彻落实党中央国务院和省委、省政府各项决策部署，坚持稳中求进工作总基调，坚持新发展理念，坚持高质量发展根本方向，全省经济保持总体平稳、稳中有进发展态势，经济结构继续优化，质量效益不断提升，新动能较快成长，经济运行中的积极因素持续积累。2019 年，面对更趋严峻复杂的国内外环境，河南长期积累的结构性问题和深层次矛盾依然突出，推动全省经济高质量发展任务更加艰巨。

一 2018年全省经济运行的基本特点

坚持把稳增长作为全局工作的突出任务，抓住关键环节，积极破解难题稳定经济运行，特别是进入 2018 年第三季度以后，面对明显加大的经济下行压力，准确预判形势，注重精准发力，加强运行调度，有力地促进了全省经济的平稳健康发展。初步核算，2018 年全省生产总值 48055.86 亿元，同比增长7.6%，高于全国平均水平 1.0 个百分点，居全国第 11 位。其中，第一产业增加值 4289.38 亿元，同比增长 3.3%；第二产业增加值 22034.83 亿元，同比增长 7.2%；第三产业增加值 21731.65 亿元，同比增长 9.2%。

（一）经济运行总体平稳，部分指标增速小幅回落

1. 农业生产基本平稳

粮食生产再获丰收。强化高标准农田建设，切实抓好粮食生产，2018 年粮食总产量达到 1329.78 亿斤，同比增长 1.9%。畜牧业生产平稳，猪牛羊禽肉产量 662.7 万吨，同比增长 2.4%，其中猪肉产量 479.0 万吨，同比增长2.6%；禽蛋产量 413.6 万吨，同比增长 3.1%。

2. 工业生产增速有所回落

2018年上半年，规模以上工业增加值增速持续稳定在7.7%的水平，下半年以来全省深层次结构性矛盾和问题在外部的冲击下趋于显性化，工业增速出现小幅回落。省委、省政府全力稳定工业经济运行，强化要素保障，做好企业服务，积极帮助企业破解难题，加强工业经济运行协调，有效稳定了工业运行，工业生产止跌回稳，稳中有升。全年规模以上工业增加值同比增长7.2%，高于全国平均水平1.0个百分点，在40个行业大类中有33个保持增长。计算机通信和其他电子设备制造业、非金属矿物制品业、有色金属冶炼和压延加工业、电气机械和器材制造业、电力热力生产和供应业、黑色金属冶炼和压延加工业、汽车制造业、专用设备制造业、食品制造业、通用设备制造业十大行业月度累计增速保持较快增长，有力地支撑了规模以上工业的增长，这10个行业占规模以上工业比重的50.3%，对规模以上工业贡献率达70.4%，拉动规模以上工业增长5.2个百分点。

3. 服务业平稳较快增长

坚持加快发展现代服务业与提升传统服务业并重，积极扩大服务业发展规模，大力建设现代服务业强省，服务业呈现良好发展态势。2018年服务业增加值增速高于全国1.6个百分点，分别高于生产总值、第二产业增加值1.6个、2.0个百分点，继续领跑全省经济增长。货物运输量、周转量同比分别增长13.1%、9.5%，机场旅客、货邮吞吐量同比分别增长13.8%、2.4%，邮政、电信业务总量同比分别增长31.3%、166.1%。12月末，金融机构人民币存款余额同比增长8.1%，贷款余额增长14.6%。

4. 固定资产投资稳中趋缓

围绕发挥投资关键性作用，滚动实施"5818"扩大有效投资行动，积极谋划重大项目，强力推进工业企业技术改造，加大基础设施等重要领域补短板力度，促进全省固定资产投资稳定增长。但由于投资总量大、基数高，特别是近年来随着发展方式逐步由过度依赖资源要素投入向创新驱动发展转变，河南投资增长与全国趋势一致，呈现回落态势。全省固定资产投资增速从2018年年初的9.8%逐渐小幅回落至年末的8.1%，高于全国平均水平2.2个百分点，居全国第13位，比2017年前移2位。分领域看，民间投资同比增长2.9%，工业投资同比增长2.0%，基础设施投资同比增长18.5%。

5. 市场销售稳中趋缓

积极发挥消费基础性作用，着力满足新的消费需求，2018年社会消费品零售总额20594.74亿元，同比增长10.3%，增速高于全国平均水平1.3个百分点，运行总体平稳。但受全国性的汽车市场销售增速回落等因素影响，全省社会消费品零售总额稳中逐月略有回落。

6. 进出口增速快速增长

2018年进出口总值5513亿元，同比增长5.3%，其中出口3579亿元，同比增长12.8%，增速高于全国平均水平5.7个百分点。

（二）结构调整持续推进，转型升级取得积极进展

1. 产业结构进一步优化

服务业对经济增长的拉动作用更加巩固。2018年服务业增加值占GDP的比重45.2%，同比提高1.9个百分点；对GDP增长的贡献率为50.0%，高于第二产业4.4个百分点，同比提高1.6个百分点。

工业继续向中高端迈进。坚持以智能化改造为引领大力推进"三大改造"，实施"十百千万"技改提速工程，工业结构优化成效显著。一是先进制造业较快增长，全年五大主导产业和高技术产业增加值同比分别增长7.7%、12.3%，分别高于规模以上工业0.5个、5.1个百分点。二是传统产业升级改造成效显现，下游精深加工和高附加值压延产品产量较快增长，传统产业产品结构由低加工度向高加工度转化，由产业链前端向中后端延伸。铝工业中的压延加工业增加值同比增长11.1%，高于铝冶炼5.6个百分点；化学工业中的专用化学品制造业增加值同比增长11.1%，高于基础化学原料制造1.2个百分点。

2. 需求结构继续改善

消费发挥了经济增长的"稳定器"作用。随着居民收入水平的提高和消费升级的加快，全省消费品市场保持平稳较快增长态势，社会消费品零售总额累计增速自2017年1~4月起持续高于固定资产投资增速，2018年高于投资2.2个百分点。消费升级类商品增长较快。全省限额以上单位化妆品类商品零售额同比增长13.7%，计算机及其配套产品类同比增长13.3%，通信器材类同比增长12.2%，体育娱乐用品类同比增长10.7%，分别高于限额以上单位消费品零售额增速5.7个、5.3个、4.2个和2.7个百分点。

3. 投资结构调整持续深化

积极谋划有利于补短板、调结构、惠民生的重大项目，以增量结构的调整带动存量结构的优化。服务业投资较快增长，2018年服务业投资增长10.6%，占固定资产投资比重的66.8%，同比提高15.9个百分点。一是工业技改投资高速增长。全年工业企业技术改造投资同比增长21.5%，其中制造业技改投资同比增长25.2%；工业技改投资占工业投资比重的21.1%，同比提高3.4个百分点。二是农业投资保持高速增长。受乡村振兴战略和产业扶贫政策的带动，第一产业投资保持高速增长，对全省投资增长支撑不断增强，全年第一产业投资同比增长16.9%，对全省投资增长贡献率为8.8%，拉动全省投资增加0.7个百分点。

4. 供给侧结构性改革重点任务有序推进

一是财政支出及投资快速增长。2018年财政用于节能环保、科学技术等领域的支出同比分别增长48.3%、13.4%，教育、水利、公共设施管理等行业投资同比分别增长16.6%、31.3%、20.6%。二是去产能扎实有效推进。在较好完成前两年去产能目标任务的基础上，2018年又化解过剩煤炭产能825万吨，淘汰落后煤电机组107.7万千瓦。三是去杠杆成效显现。11月末，杠杆率偏高的国有控股工业企业资产负债率为69.5%，同比降低1.0个百分点。商品房库存减少。12月末，商品房待售面积2800.92万平方米，同比下降1.6%。降成本成效初显。1～11月，规模以上工业企业每百元主营业务收入中的成本为87.10元，同比减少0.48元。

（三）经济效益稳步改善，发展质量持续提升

1. 三大收入同步增长

一是居民收入保持较快增长。2018年居民人均可支配收入同比增长8.9%，高于全国0.2个百分点，其中农村居民人均可支配收入增速快于城镇居民0.9个百分点。二是企业利润增速加快。1～11月，规模以上工业企业利润总额增长16.0%，分别比一季度、上半年提高9.5个、7.9个百分点，其中国有控股企业利润总额增长71.2%，高于全省55.2个百分点。三是财政收入质量提升。全年一般公共预算收入同比增长10.5%，其中税收收入同比增长14.0%；税收占一般公共预算收入的比重70.6%，同比提高2.2个百分点。

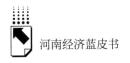

2. 绿色发展成效显现

一是节能降耗继续推进。2018 年万元工业增加值能耗下降约 8.0%，能源利用效率整体提升。二是能源结构进一步优化。清洁能源、新能源发电比重提高，全年水电、风电、太阳能发电、生物质发电量、垃圾焚烧发电等清洁能源和新能源发电占规模以上工业企业全部发电量的 7.9%，同比提高 1.8 个百分点。三是生态环境质量与经济质量效益同步改善。2018 年全省 PM 10 平均浓度同比下降 2.8%，PM 2.5 平均浓度同比下降 1.6%。

3. 民生大局和谐稳定

一是脱贫攻坚扎实推进。全年有 120 万以上农村贫困人口脱贫，33 个贫困县有望脱贫摘帽；前三季度，全省贫困地区农村居民人均可支配收入同比增长 10.3%，高于全省农村居民人均水平 1.8 个百分点。二是就业持续增加。城镇新增就业 139.24 万人，超额完成年度目标任务，新增返乡下乡创业 23.17 万人，带动就业 223.58 万人。三是物价保持温和上涨。居民消费价格平均涨幅基本稳定在 2.4% 左右，全年同比上涨 2.3%。四是民生保障较好。一般公共预算支出中的民生支出 7126.49 亿元，同比增长 11.1%，占一般公共预算支出比重的 77.3%。

（四）经济新动能显著增强，发展活力不断释放

1. 新经济快速发展，新产业较快增长

2018 年，高新技术制造业、战略性新兴制造业增加值同比分别增长 11.2%、12.2%，分别高于全省规模以上工业增速 4.0 个、5.0 个百分点；占规模以上工业比重分别为 40.1%、15.4%，同比分别提高 4.0 个、3.3 个百分点。1～11 月，现代新兴服务业营业收入同比增长 9.1%，高于规模以上服务业 1.0 个百分点，其中互联网和相关服务业、软件和信息技术服务业营业收入同比分别增长 40.3% 和 14.2%，分别高于规模以上服务业 32.2 个和 6.1 个百分点。新业态蓬勃发展。全年网上零售额同比增长 31.3%，高于全国 7.4 个百分点；快递业务总量同比增长 42.1%，增速同比提高 14.1 个百分点。新主体不断涌现。随着"放管服"等重点改革的深入推进，营商环境逐步改善，创业创新蓬勃发展。全年新登记企业 34.3 万户，同比增长 14.9%，日均新登记企业 940 户。新产品新成果快速增长。锂离子电池产量同比增长 142.8%，新

能源汽车产量同比增长 70.4%，生物基化学纤维产量同比增长 45.3%，服务机器人产量同比增长 37.8%。专利数量快速增长，1～11 月全省专利授权量同比增长 59.2%。自创区引领带动作用持续增强。郑洛新国家自主创新示范区着力推动"四个一批""四个融合"建设，入驻企业显著增长，高层次创新主体稳步增加。2018 年三季度末，自创区核心区企业法人单位 15915 家，同比增长 33.9%，其中高新技术企业 533 家，同比增长 37.7%；省级及以上企业技术中心和工程技术研究中心分别为 130 和 141 家，同比分别增加 4 家和 16 家。16 项成果荣获国家科技奖励。新建省重点实验室 22 个、院士工作站 51 个。

2. 开放发展活力持续释放

空陆网海"四条丝路"协同发力。一是新开通郑州至悉尼、莫斯科等洲际航线，信阳明港机场通航，空中丝路增加重要支点；2018 年前三季度中欧班列（郑州）开行 512 班，超过去年全年总和，11 月 20 日起中欧班列（郑州）国际运邮常态化开行；中国（河南）—卢森堡跨境电商试点项目谅解备忘录签约，河南首创的中国跨境电商"1210模式"海外复制推广迈出关键一步，全年跨境电商进出口（含快递包裹）1289.2 亿元，同比增长 25.8%；郑州至宁波舟山港、安阳至天津港等铁海联运新线路正式开通。"一带一路"朋友圈不断扩大。全年对"一带一路"沿线国家进出口 1187.9 亿元，同比增长 23.0%，卢森堡旅游签证（郑州）便捷服务平台揭牌运营。中国（河南）自由贸易试验区建设稳步推进，多证合一等 67 项改革任务已经完成，国际贸易"单一窗口"在自贸区三个片区全面推开，截至 2018 年末，新入驻企业 26289 家，注册资本为 3057.59 亿元，其中外资企业 149 家，注册资本 46.56 亿元。

总的来看，2018 年面对错综复杂的国内外环境，河南成功地应对了一系列风险挑战，全省经济总体平稳的发展态势没有改变，主要经济指标运行基本平稳，就业稳定增加、物价涨幅稳定、对外贸易较快增长；河南在全国经济格局中的地位没有改变，主要指标居全国的位次没有发生大的变化，部分指标增速位次还有所前移，发展战略平台建设推进良好，在全国发展大格局中的重要性依然突出；支撑全省经济社会发展的条件没有改变，结构调整深入推进，质量效益稳步提升，改革开放持续深化，发展动能加快转换，高质量发展取得积极进展，推动经济平稳运行的积极因素继续积累巩固。

二 2019年全省经济发展面临的机遇与挑战

2019年全省经济发展依然是机遇与挑战并存。一方面重大战略叠加效应不断增强，改革开放红利加快释放，新动能快速成长，综合竞争优势不断扩大，全省经济仍有望保持平稳运行态势；另一方面全省仍处于转型升级的阵痛期，结构性矛盾日益凸显，经济下行压力加大，推动经济高质量发展任务艰巨。

（一）支撑条件依然较多，经济仍有望保持较快增长

从外部环境看，世界经济延续复苏态势，主要经济体市场需求均保持增长，国际机构对2019年全球经济增长的预测仍高于2008～2017年危机期间年均3.33%的增长水平，也明显高于1980～2017年3.48%的历史平均水平。全国经济保持稳定增长的韧性增强。从2015年三季度到2018年三季度，全国生产总值季度累计增速持续稳定在6.7%～6.9%的区间。供给侧结构性改革深入推进，有效改善了要素资源配置和产业产品供给结构，工业企业每百元主营业务收入中的成本减少，主营业务收入利润率提高，资产负债率下降。居民收入较快增长，对优质商品和服务的需求稳步扩大，消费对经济增长的拉动作用日益巩固，2018年最终消费支出对经济增长的贡献率达到76.2%。企业应对外部形势不利变化的能力显著提高，综合竞争力持续提升，经济发展新动能不断壮大。

从河南自身看，支撑全省经济社会发展的积极因素和有利条件依然较多。一是宏观政策更加有力有效。党的十八大以来，河南在推进改革开放创新、打好"四张牌"、开展"三大攻坚战"等方面出台的政策更加精准有效，特别是2018年上半年就清醒地认识到下半年形势的严峻性，出台政策更加具有前瞻性和灵活性，在防止经济趋势性下滑方面取得了明显成效，有力地推动了全省经济的平稳健康发展。二是基础支撑条件更加巩固。改革开放四十年的发展成果为河南转向高质量发展提供了坚实的物质基础；"一带一路"、中部崛起、航空港区、自贸区、自创区、中原城市群等国家层面战略机遇叠加，为河南发展提供了良好的发展支撑；"米"字形高速铁路网逐渐形成，郑州机场三期加

快建设，"铁公机"联动，现代综合交通运输体系更加完善；跨境电商快速发展，内陆省份功能性口岸增多，"无中生有"打造出空陆海网四条丝绸之路，对外开放的载体更加完备，"买全球、卖全球"的优势不断强化。三是挑战中蕴藏着新的机遇。为稳定经济增长，更好应对外部环境变化等不利因素影响，2019年国家积极的财政政策要加力提效，实施更大规模减税降费，稳健的货币政策要松紧适度，保持流动性合理充裕，均有利于缓解企业融资难题，激发居民消费潜力；贸易摩擦可能导致部分行业重新洗牌，河南企业加快技术改造，加大国际国内市场开拓力度，抢占市场份额，危中寻机就有可能变危为机；沿海地区工业增速回落，全省外出务工农民工可能出现回流，如果应对得当，大力支持鼓励一部分有条件的返乡农民工创业，就能在一定程度上起到吸纳就业、扩大消费、降低影响的作用。

（二）经济运行中的内外部风险加大，经济增长可能稳中趋缓

受全球范围贸易摩擦加剧、主要发达经济体货币政策收紧、地缘政治紧张局势升温等影响，世界经济增长动能和市场信心减弱，下行风险增大，我国发展面临的外部环境更加严峻复杂。外部环境变化和自身结构性矛盾更加突出等内外部不利因素交织叠加，河南省经济下行压力进一步增大。一是产业转型升级问题更加突出。作为能源原材料大省，河南制造业低端产能过剩与高端供给不足并存，创新能力薄弱与传统产业依赖并存，生产方式粗放与环境约束增强并存。近两年受煤炭、钢铁等能源原材料价格回升的带动，高耗能工业和传统产业增加值占规模以上工业的比重不降反升，2018年同比分别提高1.9个、2.4个百分点。二是内需放缓态势明显，短期内加大了经济下行压力。投资保持平稳较快增长缺乏有力支撑。新开工项目支撑不足，2018年新开工项目计划总投资同比下降26.6%，其中亿元及以上项目计划总投资同比下降21.3%；资金约束依然明显，在全年投资实际到位资金中国内贷款同比下降12.3%，企业自筹资金占比达到73.6%，在防范系统性金融风险、房地产市场调控等因素影响下，企业资金较为紧张；建材价格大幅上涨且货源紧张，不仅推升企业生产成本，停工待料还会严重影响施工进度。消费品市场缺乏新的消费热点，消费增速回落较多。在限额以上批发零售业中，汽车、石油及制品、粮油食品、服装鞋帽针织纺品、家用电器和音像器材类商品占比在七成左右，与

1~2月相比，除石油及制品类商品由于石油价格上涨，全年零售额增速提高3.9个百分点，服装鞋帽针织纺织类消费增速相对稳定以外，汽车、粮油食品以及家用电器类商品零售额增速均出现2个百分点以上的回落，特别是占比1/3的汽车类零售额增速回落8.6个百分点。三是实体经济生产经营困难增多。实体企业劳动力、能源原材料及辅料、环保的显性和隐性投入等各种成本增加较多，本身市场竞争力又偏低，在市场需求减弱，竞争力加剧的大环境下，企业盈利能力较差。1~11月全省规模以上工业企业主营业务收入利润率为4.74%，低于全国1.74个百分点。

总的来看，国内外形势日益复杂严峻，虽然河南近年来谋划实施的一大批打基础管长远增后劲的政策措施效果在持续显现，支撑经济平稳运行的有利因素仍比较多，但在外部需求减弱、竞争加剧，实体经济各种成本趋于上升而压缩了企业利润空间，以及环境治理力度加大带来各种显性和隐性成本增加的背景下，全省长期积累的结构性问题与深层次矛盾愈发突出，经济下行压力明显增大。2019年宏观经济仍将呈现总体平稳、稳中有进的发展态势，继续向高质量发展方向迈进，但增速可能稳中趋缓。

三 2019年推动全省经济高质量发展的建议

2019年是全面贯彻落实党的十九大精神，实现第一个百年奋斗目标的关键之年，做好经济工作意义重大。河南省必须坚持以经济建设为中心不动摇，继续深化供给侧结构性改革，巩固"去降补"成果，增强微观主体活力，提升产业链水平，畅通生产、流通、分配、消费循环，推动经济实现高质量发展。

（一）继续把稳增长作为事关全局的突出任务

经济稳定增长能够为调结构、转方式、提质增效奠定基础，为保就业、惠民生创造条件。要把中央及河南出台的稳就业、稳金融、稳外贸、稳外资、稳投资、稳预期等一系列政策措施落到实处，强化政策效果，把握好力度和节奏，适时适度地进行必要的精准调控，强化政策协同，促进经济平稳健康增长，确保实现高质量发展。

（二）强力推动转型升级

把制造业高质量发展放到更加突出的位置，推动先进制造业和现代服务业深度融合，努力实现河南从制造业大省向制造业强省的转变。加大重点产业转型发展推进力度，积极鼓励企业进行智能化、绿色化、技术化改造，延伸产业链，提高产品附加值，提升产业核心竞争力，发展河南"智造"，培育龙头企业，打造世界品牌。做大做强主导产业、培育壮大新兴产业、改造提升传统产业、推动无效低效产能"腾笼换鸟"并举，加快产业产品结构调整步伐。继续优化投资主体结构、行业结构等，以增量结构的调整促进存量结构的优化。培育壮大新动能，加大对重点产业功能区和重点领域的优质企业、人才、技术、资金的投入和引入，夯实新动能孕育成长的基础。

（三）持续推进改革开放创新

继续深化"放管服"改革，进一步优化营商环境，认真落实好国家减税降费的各项政策，降低企业制度性成本和要素成本，在政策扶持、资金保障等方面为实体经济特别是民营经济提供更好发展条件，切实激发市场活力。继续扩大对外开放，积极参与"一带一路"建设，进一步提升四条"丝绸之路"建设水平；加大吸引外资和招商引资力度，在乡村振兴、百城提质、工业转型、生态环保等关键领域做好重大项目储备。以自创区为主平台加快补齐创新短板，聚焦优势产业，强化企业创新主体地位，引导鼓励企业统筹利用创新资源，实施关键领域创新工程，提升科技创新能力与产业竞争力；抓住用好"双一流"大学建设机遇，为服务经济社会发展提供更好人才支撑。

（四）切实保障和改善民生

扎实推进精准扶贫、精准脱贫，积极扶持和推动贫困地区产业发展，统筹贫困地区和非贫困地区发展。落实就业优先政策，抓好重点群体就业，加强对农民工回流的监测预警，大力支持返乡农民工创业，确保就业稳定。因城施策、分类指导，抓好房地产市场调控，加快发展住房租赁市场，改善困难群体居住条件，合理引导市场预期，保持房地产市场稳定健康发展。切实办好重点民生实事，解决群众反映强烈、需求迫切的突出问题，增强群众获得感和幸福感。

B.2
改革开放40年河南经济社会发展成就

河南省统计局*

摘　要：　1978年，党的十一届三中全会做出实行改革开放的历史性决策，40年来，河南在波澜壮阔的改革开放大潮中昂首前行、书写精彩华章，经济社会发展取得令人瞩目的历史性成就。河南始终在抢抓机遇中乘势而上，在转型攻坚中砥砺前行，经济综合实力显著提升，经济结构持续优化，改革创新深入推进，对外开放跃上新高度，基础设施建设突飞猛进，人民生活水平不断提升，社会事业繁荣发展，绿色发展深入人心，中原大地谱写了更加出彩的美好篇章。

关键词：　河南　改革开放40年　经济发展　社会发展

　　党的十一届三中全会以来，在中国特色社会主义伟大旗帜指引下，河南改革开放波澜壮阔地展开，勤劳智慧的中原儿女勇立潮头，积极探索体现时代特征、符合河南实际的发展道路，从农村到城市、从经济体制改革到全面深化改革，经济社会发展取得令人瞩目的历史性成就。特别是党的十八大以来，全省上下以习近平新时代中国特色社会主义思想为指导，牢记习近平总书记的殷殷嘱托，深入贯彻落实新发展理念，综合竞争优势更加突显，战略地位日益提升，影响力不断扩大，中原大地在全国发展蓝图中更加出彩。

---

　　* 课题组成员：王世炎，高级统计师，河南省统计局局长；赵德友，博士，高级统计师，河南省统计局副局长；朱启明，高级统计师，河南省统计局综合处处长；张亚丽，河南省统计局综合处副处长；徐委乔，河南省统计局综合处主任科员。执笔人：张亚丽、徐委乔。

一 综合实力显著提升，经济不断迈上新台阶

改革开放40年，河南坚持以经济建设为中心，坚持发展第一要务，奋力唱响中原崛起主旋律，充分运用各种有利条件，从容应对各种困难和挑战，坚定不移地加快工业化、城镇化，推进农业现代化，坚定不移地加快经济强省建设，综合实力显著提升，人均水平大幅提高，发展基础不断夯实，成功实现了由传统农业大省向全国重要的经济大省的历史性转变。

（一）经济大省加速崛起

1978年，河南省生产总值162.92亿元，在此基础上经济总量连续跨越几个大的标志性台阶，分别于1991年、2005年跨越千亿元、万亿元大关，之后又分别于2010年、2013年、2016年迈上2万亿元、3万亿元、4万亿元三个新台阶，2017年GDP达到4.5万亿元，经济总量攀升速度逐渐加快；按可比价格计算，2017年是1978年的55.9倍，年均增长10.9%，高于全国平均水平1.4个百分点；1978年，河南GDP居全国第9位，从2004年起稳居全国第5位，占全国的比重由1978年的4.5%提高到2017年的5.4%，经济大省地位更加巩固。

（二）人均生产总值稳步增加

人均GDP分别于1989年、2005年突破千元、万元大关后，又分别于2009年、2012年、2016年迈上2万元、3万元、4万元新台阶。按当年年平均汇率计算，2012年、2014年连续跨越5000美元、6000美元两个台阶，2017年接近7000美元。2017年全省人均GDP达46674元，是1978年的40.4倍，年均增长9.9%，高于全国平均水平1.4个百分点，由全国第28位提升至第19位，对于河南这样一个经济发展起点低、人口基数大的省份，能够取得这样的进步实属不易。

（三）农业综合生产能力稳步提高

1978年，全省粮食总产量仅419亿斤，需要从全国十几个省份调运粮食。改革开放以来，随着家庭联产承包责任制和统分结合双层经营体制的普遍实

行，河南在全国率先免征农业税，粮食总产量稳步提升，2017 年达 1304.8 亿斤，是 1978 年的 3.1 倍，约占全国粮食产量的 1/10，稳居全国前两位；夏粮产量稳居全国第 1 位，小麦产量约占全国的 1/4，2017 年夏粮生产再创历史新高。河南坚持把粮食生产作为一张王牌、一大优势来培育，成为名副其实的"中国粮仓"，为保障国家粮食安全做出了重大贡献。油料、园林水果、猪肉等也都连获稳产丰收，2017 年分别是 1978 年的 28.0 倍、19.8 倍、11.1 倍。农业现代化水平不断提高，2017 年农业机械总动力达 10038.32 万千瓦，是 1978 年的 10.3 倍，小麦机耕、机播、机收率分别达 98.4%、95.1%、98.3%。

（四）工业经济持续快速发展

40 年前，河南工业基础薄弱、技术落后、门类单一。改革开放以来，河南省委、省政府坚持将工业经济发展作为强省富省的关键举措，坚持以市场为导向的改革，推动全省工业生产能力显著增强、技术水平逐步提高、产业结构日趋完善。40 年来，全部工业增加值以年均 13.35% 的速度增长，2017 年达 18452.06 亿元，是 1978 年的 116.8 倍，工业经济由小变大，实现了由农业大省向新兴工业大省的历史性转变。特别是进入 21 世纪之后，河南工业经济发展实现了大跨越，2001~2017 年规模以上工业增加值年均增长 16.0%，高于 GDP 增速 5.1 个百分点；2017 年规模以上工业企业主营业务收入 80605.71 亿元，利润总额 5272.37 亿元，均居全国第 4 位，分别是 2000 年的 24.4 倍、37.7 倍，年均分别增长 20.7%、23.8%。工业生产能力快速提高，2017 年钢材产量 3909.5 万吨，是 1978 年的 31.9 倍；水泥产量 1.5 亿吨，是 1978 年的 354 倍；微型计算机、汽车、手机从无到有，2017 年产量分别达到 42.3 万台、47.1 万辆、2.96 亿部。

（五）服务业加快发展

2017 年，全省第三产业增加值 19308.02 亿元，是 1978 年的 105.5 倍。现代服务业取得长足发展。房地产业发展迅速，2017 年实现增加值 2222.21 亿元，1991~2017 年累计销售商品房 87474.84 万平方米，年均增长 30.7%。旅游业方兴未艾，接待入境游客数量由 1979 年的 1.12 万人次提升至 2017 年的 307.32 万人次，旅游创汇由 1979 年的 101 万美元增加到 2017 年的 98182 万美元。金融业蓬勃发展，金融机构年末人民币各项存款余额由 1978 年的 45.71 亿元增加到 2017 年的 59068.7 亿元，贷款余额由 99.99 亿元增加到 41743.3 亿元；保险证券业快速发展，保险公司保费收入由 1990 年的 6.57 亿元增加到 2017 年的 2020.07 亿元，2017 年末 A 股上市公司数量达 78 家。

二　经济结构持续优化，转型升级取得新突破

改革开放以来，河南加快推进产业结构优化升级，持续改善需求结构，统筹城乡区域发展，经济发展的协调性显著增强。

（一）产业结构调整优化

全省产业结构调整不断取得重大突破，1978 年三次产业结构为 39.8∶42.6∶17.6，1992 年演变为 27.7∶42.6∶29.7，第三产业超过第一产业，2017 年演变为 9.3∶47.4∶43.3，第一产业比重降至 10% 以下。服务业成为拉动经济增长的第一动力。1979～2017 年第三产业增加值年均增长 12.7%，高于 GDP 增速 1.8 个百分点。2016 年以来第三产业对经济增长的贡献率超过第二产业，成为拉动经济增长的第一动力。工业不断迈向中高端。传统产业改造升级和新兴产业培育壮大并举，全省重点培育的装备制造、食品制造、新型材料制造、电子制造、汽车制造五大主导产业增加值占规模以上工业的比重 2017 年提高到 44.6%，高技术产业占比达到 8.2%，涌现了宇通客车、中铁装备、中信重机等一批在全国具有较强影响力和竞争力的企业和品牌。农业结构优化提升，高效经济作物种植面积增加，"四优四化"建设成效显现。2017 年优质专用小麦、优质林果种植面积分别达到 840 万亩、1259 万亩，优质草畜新增肉牛 26.9 万头、奶牛 5.4 万头；在全省农林牧渔业总产值中，种植业比重下降至 60.2%，畜牧业比重上升至 31.3%；农产品加工业总产值与农林牧渔业总产值的比例由 2013 年的 2.37∶1 提高到 2017 年的 3.34∶1。

（二）需求结构持续改善

全省商品流通规模不断扩大，消费品市场日趋活跃，消费对经济增长的"稳定器"和"压舱石"作用不断增强。2017 年，社会消费品零售总额

19666.77 亿元，是 1978 年的 273.9 倍，年均增长 15.5%；1978 年，全省最终消费支出仅 107.07 亿元，2016 年突破两万亿元，2017 年达 23129.62 亿元，按可比价格计算是 1978 年的 43.5 倍，年均增长 10.2%。随着投资对经济的快速拉动，消费对 GDP 增长的贡献率从 1978 年的 69.9% 逐步回落，至 2005 年跌至 50% 以下，近年来扩大内需等政策措施不断发挥效应，全省居民消费潜力有序释放，2015 年最终消费支出对 GDP 增长的贡献率重新超过 50%，2017 年达到 59.8%，消费的基础性作用持续增强，经济增长由主要依靠投资拉动转变为消费和投资协同拉动。

（三）城乡互动融合发展

全省新型城镇化稳步推进，实现由农村型社会向城市型社会的历史性跨越。2017 年末常住人口城镇化率 50.16%，首次超过 50%，比 1978 年末提高 36.53 个百分点，年均提高 0.94 个百分点，城乡结构发生历史性变化。土地、财政、教育、就业、医疗、养老、住房保障等领域配套改革不断推进，有力地促进了农业转移人口的市民化。同时，城乡人力、市场、信息、产业和文化等各种要素的加快流通，提速城乡一体化发展，乡村振兴方兴未艾。

（四）区域发展更趋协调

从"十八罗汉闹中原"到"一核一副四轴四区"，河南区域发展更加协调。1978 年，全省经济总量上 10 亿元的仅有郑州等 8 个省辖市。40 年间，郑州经济总量突破 9000 亿元，跻身国家中心城市行列，有 16 个省辖市经济总量超千亿元，形成了一马当先、竞相发展的良好局面。县域经济加快发展。改革开放以来，经济总量超百亿元、千亿元的县（市、区）从无到有，2017 年经济总量过百亿元的县（市、区）有 147 个，占全省县（市、区）数量的比重达 93.6%，其中 17 个县（市、区）超 500 亿元，郑州金水区和新郑市超千亿元。

三 改革创新深入推进，多轮驱动增加新动能

改革开放以来，河南推动全面改革不断深入，市场经济体制加快完善，科技创新对加快转变经济发展方式的支撑作用持续增强，发展新动能苗壮成长。

（一）改革领域不断扩展深化

以农村联产承包责任制为主要内容的改革，大大解放了生产力；从高度集中的计划经济体制逐步转向充满活力的社会主义市场经济体制，充分激发经济发展活力；农业农村、经济体制、价格体制、财税体制、卫生体制、生态体制、投融资体制等各领域改革蹄疾步稳。所有制结构更加完善。外商企业、合资企业、民营企业、混合所有制企业等多种经济类型蓬勃发展，非公有制经济成为拉动全省经济快速增长的重要力量，多种所有制经济共同发展的格局逐步形成，全省非公有制经济增加值占GDP比重由1978年的3.6%上升到2017年的65.2%；在规模以上工业中，2017年非公有制经济增加值占比达83.8%。重点领域和关键环节改革成效显著。供给侧结构性改革迈出坚实步伐，以化解煤炭、钢铁过剩产能为重点，统筹推进火电、水泥、玻璃、电解铝等行业过剩产能退出，截至2017年底累计退出煤炭产能4400万吨，压减粗钢产能240万吨，关停103万千瓦煤电机组，全面取缔22家"地条钢"制售企业；持续实施转型发展攻坚，出台实施种养业、制造业、服务业供给侧结构性改革专项方案，推进装备制造、电子信息、现代物流、旅游、健康养老等12个重点产业转型发展；行政服务改革持续深化，2018年机构改革平稳有序推进，机构设置和职能配置得到优化，"一网通办"前提下"最多跑一次"改革全面提速，省、市、县三级审批服务事项网上可办率达90%以上，企业开办时间压缩至4.5个工作日以内。

（二）科技创新能力稳步提高

科技投入不断增加。2017年，全省R&D经费投入是2000年的23.5倍，占GDP比重的1.31%，比2000年提高0.82个百分点。2017年全省每万人口发明专利拥有量达到3.0件。创新载体和平台日益完善。郑洛新国家自主创新示范区、国家大数据综合实验区、知识产权强省试点省相继获批建设。以郑洛新国家自主创新示范区为引领，聚焦"四个一批"汇聚创新资源，狠抓"四个融合"推动协同创新，大力培育创新引领型企业、人才、平台和机构，国家级创新平台达到151家，实现省辖市全覆盖。创新成果不断涌现。2017年，最能衡量核心技术能力和创新能力的发明专利申请量和授权量分别为35626

河南经济蓝皮书

件、7914 件，分别是 1986 年的 256.3 倍、175.9 倍。2000 年以来，全省共有 302 项科技成果获得国家科学技术奖励，"植物油菜素内酯等受体激酶的结构及功能研究"等获国家自然科学奖，"黄淮第一麦""矮抗 58"等获国家科技进步一等奖。河南在超硬材料、特高压输变电装备、新能源客车、盾构等先进领域发展壮大了一批掌握核心技术的行业龙头企业，河南制造向河南创造、河南速度向河南质量、河南产品向河南品牌加速转变。

（三）新动能加快培育

新动能快速发展，新动能逐渐替代旧动能成为经济增长的主要动力。党的十八大以来，五大主导产业增加值年均增长 12.6%，战略性新兴产业年均增长 15.6%，高技术产业年均增长 20.7%，分别高于规模以上工业增加值年均增速 3.1 个、6.1 个、11.2 个百分点；2017 年，占规模以上工业增加值的比重分别为 44.6%、12.1%、8.2%，比 2012 年分别提高 7.2 个、1.5 个、2.6 个百分点。以互联网、云计算、大数据为代表的新一代信息技术与现代制造业、生产性服务业等融合创新，打造出一批新的经济增长点，带动了互联网相关行业高速增长。2017 年全省"三新"经济增加值 5403.93 亿元，拉动全省 GDP 增长 1.3 个百分点。2015～2017 年全省网上零售额年均增长 38.0%，高于社会消费品零售总额 26.1 个百分点。2015～2017 年全省电子商务交易额年均增长 14.2%，2017 年达 9984.16 亿元。快递业务量从 2012 年的 1.25 亿件增加到 2017 年的 10.74 亿件，增长 7.6 倍。

四 开放带动深入实施，对外开放形成新格局

改革开放以来，河南对外交往日益深化，外贸规模不断扩大。特别是随着航空港区、自贸区、跨境电商综合试验区等开放平台的获批和快速发展，河南空中、陆上、网上、海上丝绸之路建设成效显著，辐射全国和全球的能力大幅提升，不临海不沿边的内陆腹地正在成为对外开放的新高地。

（一）对外开放的深度和广度不断提高

外贸规模高速扩张。全省货物贸易进出口总额从 1978 年的 1.99 亿元增加到 2017 年的 5232.79 亿元，增长 2630 倍，年均增长 22.4%；占全国的比重由

1978 年的 0.6% 提高到 2017 年的 1.9%；居全国的位次由 1978 年的第 17 位前移至 2017 年的第 10 位。外贸依存度不断提高。2017 年，河南外贸依存度为 11.7%，比 1978 年提高 10.5 个百分点。目前河南已经同全球 200 多个国家和地区建立了贸易联系，127 家世界 500 强企业在河南落户，河南与世界的联系越来越紧密。"走出去"与"引进来"相结合，境外经贸合作区建设成效明显，2017 年河南境外合作区数量居全国第 3 位。

（二）对外贸易由量的扩张向质的提升转变

产品结构优化升级。出口商品由初级产品占主导向高附加值商品占主导转变，高新产品的比重超过六成。纺织原料及纺织产品出口总值占全省的比重从 2000 年的 22.0% 降至 2017 年的不足 2%；高附加值的机电产品出口所占比重从 2000 年的 9.7% 提高到 2017 年的 74.0%，提高了 64.3 个百分点。高新技术产品出口所占比重从 2007 年的 2.1% 提高到 2017 年的 65.3%，提高了 63.2 个百分点。外资企业占比不断提高，外商投资企业进出口总值占比从 2003 年的 22.6% 提高到 2017 年的 68.7%，提高 46.1 个百分点。传统贸易伙伴合作良好，与"一带一路"沿线国家进出口总值快速增长。2017 年，河南对美国、日本、韩国等传统贸易伙伴进出口总值分别占全省的 20.7%、9.1% 和 8.4%，分别比 2007 年提高 6.9 个、1.0 个和 1.7 个百分点；与"一带一路"沿线国家的进出口总额为 965.07 亿元，增长 20.2%，高于全省进出口增速 9.3 个百分点。

（三）利用外资水平快速提升

利用外资规模发展迅速。实际利用外商直接投资从 1985 年的不足 0.06 亿美元提高到 2017 年的 172.24 亿美元，增长 3048 倍，年均增长达 28.5%。投资方式由合资企业向外商独资企业转变。2017 年，外商独资企业投资占全省实际利用外资的 61.3%，比 2000 年提高 53 个百分点；合资企业占比 33.4%，下降 17.1 个百分点。利用外资领域拓宽，第三产业占比提高。2017 年，第三产业实际利用外商直接投资比重 21.5%，比 2000 年提高 6.9 个百分点。

（四）"四条丝路"筑起对外开放新高地

以国际化机场货运航线为依托，打造郑州—卢森堡"空中丝绸之路"，郑

州机场开通全货机航线 34 条，2017 年货邮吞吐量首次跻身全球 50 强，仅郑州—卢森堡的货运量就达到 14.7 万吨，接近全省货邮吞吐量的 1/3。中欧班列（郑州）实现每周"去八回八"高频次运营，和连通四面八方的"米"字形高铁一起，交织成快捷畅通的"陆上丝绸之路"，截至 2017 年末，中欧班列（郑州）累计开行 1008 班，综合运营能力居全国中欧班列前列。自贸区、跨境电商建设如火如荼，构建起"买全球、卖全球"的"网上丝绸之路"。中国（河南）自由贸易试验区自 2017 年 4 月 1 日挂牌至 12 月 31 日，新增入驻企业 23623 户，注册资本 3175.4 亿元，在同批自贸区中位居前列，其中外资企业 139 家，合同外资 8.22 亿美元，实际到位 4.98 亿美元，占全省全年实际利用外资的 2.9%。中国（郑州）跨境电子商务综合试验区首创"1210"通关监管模式，已在全国得到推广；"关检三个一""查验双随机""跨境秒通关"等举措成为行业"临帖"模板，跨境电商"郑州模式"持续领跑全国，2016年就取得了"累计单量破亿、税款破十亿、交易额破百亿"的好业绩。发展铁海联运建设"无水港"，推进内河水运与沿海港口无缝对接，"海上丝绸之路"越行越远。郑州至青岛港直通班列于 2015 年首发，郑州至连云港直通班列于 2016 年开行；河南先后获得"进口肉类指定口岸"等功能性定位，郑州成为内陆地区功能性口岸最多的城市。

五 基础建设突飞猛进，发展支撑形成新优势

改革开放以来，河南不断改革投资体制，拓展投资渠道，扩大投资规模，优化投资结构。1982～2017 年全省全社会固定资产投资以年均 21.5% 的速度快速增长，累计完成 294510 亿元。特别是基础设施体系建设实现质的飞跃，交通、通信、能源等曾经的瓶颈制约逐渐转变为区域竞争新优势。

（一）现代综合交通体系日趋完善

努力建成连通境内外、辐射东中西的物流通道枢纽，以郑州立体综合交通枢纽为中心，以航空网、干线铁路网、高等级公路网为主骨架的现代综合交通运输体系初步建成。航空港"五年成规模"。2013 年，河南获批全国首个航空港经济综合实验区，郑州航空港经济综合实验区加快发展，2015 年郑州机场二期工程

建成投入运营，2017年郑州机场旅客吞吐量突破2400万人次，货邮吞吐量突破50万吨，在中部机场实现"双第一"，为"空中丝绸之路"人流物流的集输、中转、分拨、配送等奠定坚实基础。"米"字形高速铁路网格局初步形成。2010年郑西客运专线正式开通运营，2012年京广高铁全线开通运营，2016年郑徐客运专线通车运营，郑万、郑合、郑济、郑太高铁建设加快，以郑州为中心的"米"字形高速铁路网战略构想全部落地实施。2017年，全省高速铁路已建成投用1196公里，河南交通区位优势不断被夯实。公路网络更加完善。覆盖广度、通达深度、畅通程度显著提升，高速公路网连通所有县城。2017年全省公路通车里程达26.7万公里，是1978年的8.5倍。高速公路由无到有，从1994年河南第一条高速公路通车，到2017年末高速公路通车里程已达6523公里，居全国前列。

（二）信息网络支撑能力明显增强

郑州成为全国第5个获批建设国际通信专用通道的城市和国家级互联网骨干直联点，网间互联带宽居7个新增直联点之首，河南成为全国七大互联网信源集聚地，全国十大通信网络交换枢纽。全面实施"宽带中原"战略，圆满完成"全光网河南"建设，4G网络、光纤网络实现行政村全覆盖，正式迈入"家庭千兆宽带时代"，50M以上宽带用户占比居全国首位。2017年末，本地固定电话用户735万户，移动电话用户8969万户，电话普及率从1978年的0.17部/百人提高到2017年的102.40部/百人，互联网用户从2000年的67.52万户增加到2017年的9670.80万户。

（三）能源系统保障水平显著提高

河南省着眼绿色发展，电网建设、绿色煤电、炼化基地、"气化河南"、新能源等能源领域五大提速工程有序实施，能源结构不断优化，以铁路网、公路网、油气管网、特高压交直流电网为支撑的清洁低碳、安全高效的现代多元能源保障体系基本形成。能源输运储备网络日益完善。晋豫鲁铁路输煤通道投入运行，蒙西—华中铁路输煤通道开工建设，兰州—郑州—长沙成品油、西气东输二线、端氏—博爱煤层气等跨省油气管线和省内配套管网设施相继建成，全国首个特高压交直流混联电网成功在河南建成。2017年末，全省发电装机容量7992.58万千瓦，是1978年的30.7倍。

六 全面小康稳步推进，人民生活实现新改善

改革开放以来，河南始终坚持以人民为中心的发展理念，小康社会建设稳步推进，城乡居民收入显著增加，消费水平不断提升，城乡面貌日新月异，人民获得感和幸福感不断增强。

（一）决胜全面建成小康社会稳步推进

改革开放以来，河南逐步摆脱贫困状态，人民生活水平显著提高，按1980年不变价计算，1987年全省GDP比1980年翻一番，实现"三步走"战略的第一步；1994年全省GDP比1980年翻两番，提前实现"三步走"战略的第二步；2000年顺利实现总体小康，为全面建设小康社会提供了坚实的物质基础。进入21世纪，河南综合经济实力进一步增强，按不变价计算，2013年全省GDP是2000年的4.23倍，提前7年实现党的十六大提出的GDP翻两番奋斗目标；人均GDP是2000年的4.17倍，提前7年实现党的十七大提出的人均GDP翻两番奋斗目标，分别比全国提前3年和4年实现了目标。2017年全省GDP是2010年的1.85倍，2018～2020年GDP年均只需要增长2.7%以上，即可实现党的十八大提出的GDP比2010年翻一番目标，而全国则需要达到6.3%以上。2017年，河南省全面建成小康社会实现程度为89.2%，比2012年提高12.2个百分点。

（二）城乡居民收入显著增加

城镇居民人均可支配收入从1978年的315元提高到2017年的29558元，年均名义增长12.4%，基本与全国平均水平持平；农村居民人均可支配收入从1978年的105元提高到2017年的12719元，年均名义增长13.1%，快于全国0.6个百分点。城镇居民收入来源由单一的工薪收入转为多种收入来源并存。2017年，在城镇居民人均可支配收入中，工资性收入占比下降至57.6%，财产净收入提高到8.6%。随着农村外出务工的增加，农村居民工资性收入增长较快。2017年，农村居民人均可支配收入中，工资性收入和转移净收入占比分别提高到30.5%和20.8%；财产净收入从无到有、由少增多，占比提高到1.3%。

（三）消费水平不断提高

2017 年，全省城镇、农村居民人均生活消费支出分别达 19422 元和 9211 元，分别是 1978 年的 70.9 倍和 112.7 倍，其中农村居民生活消费支出中用于食品的支出比重由改革开放初期的 60.7% 下降到 2017 年的 27.1%。耐用消费品更新换代。20 世纪末，以彩色电视机、电冰箱、洗衣机等为代表的传统家电逐渐进入千家万户。进入 21 世纪，消费升级类耐用品拥有量不断增加。2017 年，全省民用汽车保有量 1286.02 万辆，是 1978 年的 204 倍，其中私人汽车占 90.7%，城镇、农村居民每百户拥有的家用汽车分别增加到 31.56 辆和 19.28 辆。住房条件极大改善。全省城镇人均住房建筑面积由改革开放初期的 6.7 平方米提高到 2016 年的 40 平方米。开工各类保障性安居工程 476.25 万套、3.48 亿平方米，超过 242.92 万户棚户区居民和 151 万户农村危房家庭改善了居住条件。

（四）城乡面貌日新月异

2017 年，全省城市建成区面积 2685 平方公里，是 1990 年的 4.4 倍；城市人均道路面积达 13.9 平方米，比改革开放初期增加 7.12 平方米；城市用水普及率和燃气普及率分别达到 95.88% 和 93.96%，比 1986 年分别提高 4.64 个和 75.29 个百分点；建成区绿化覆盖率达到 39.4%，人均公园绿地面积 12 平方米，分别比改革开放初期提高 18.4 个百分点和 9.8 平方米；国家园林城市（县城、城镇）总数居全国首位。农村人居环境不断改善，全省有国家卫生镇（乡）73 个，省级卫生镇（乡）达 488 个。

（五）脱贫攻坚成效显著

河南省始终把打好精准脱贫攻坚战作为头等大事和第一民生工程，2013～2017 年累计脱贫 570 万人以上，贫困发生率由 2012 年的 9.28% 降至 2017 年的 2.57%。国家级贫困县兰考县、滑县、新蔡县、新县、沈丘县和省定贫困县舞阳县实现脱贫摘帽。2018 年，实施产业扶贫、教育扶贫等 14 个重大专项，强化对口帮扶，深化"千企帮千村"，有效推动脱贫攻坚向纵深发展。

七 社会事业繁荣发展，公共服务取得新提升

改革开放以来，河南积极推进基本公共服务均等化建设，不断提高社会保障水平，教育、卫生、文化、体育等各项社会事业大发展大繁荣，经济社会发展日趋协调，人民享受更多发展红利。

（一）社会保障体系日趋完善

从 1993 年开始实施的社会保险制度，进一步完善了社会保障体系，逐步改变了城镇居民养老、医疗等各项保障主要依靠企业负担，农村居民的各项保障由家庭承担的局面。社会保险实现法定人群制度全覆盖，实施全民参保登记计划，实现城乡居民大病保险全覆盖和省级统筹，在全国率先建立困难群众大病补充医疗保险制度，开通跨省异地就医即时结算，居民基本医疗保险实现城乡统一，困难残疾人生活补贴和重度残疾人护理补贴制度全面建立。2017 年末，全省参加城乡居民基本养老保险 5010.22 万人，参加城乡居民基本医疗保险 9182.47 万人，参加失业、工伤、生育保险人数分别达 805.57 万人、900.88 万人、692.73 万人。2018 年，进一步建立企业养老保险基金省级调剂制度，完善机关事业单位养老保险制度，实现跨省异地就医直接结算定点医疗机构县级全覆盖。

（二）教育事业蒸蒸日上

教育事业成效显著，各级各类教育获得空前发展。1990 年全省基本普及小学教育，有条件的地区基本普及初中教育，2003 年全省所有县（市、区）完成"两基"目标任务。城乡普惠性学前教育资源明显增加，"全面改薄"任务超额完成。高等教育内涵式发展加快推进，郑州大学、河南大学进入国家"双一流"建设行列。职业教育走在全国前列。2017 年，全省一般公共预算支出中的教育支出达 1493.11 亿元，占一般公共预算支出的 18.2%。全省小学学龄儿童入学率和初中毕业生升学率分别达到 100% 和 88.83%，比 1978 年分别提高 3.47 个和 55.92 个百分点；九年义务教育巩固率达到 94.26%；普通高等学校在校生人数由 1978 年的 2.73 万人增加到 2017 年的 200.47 万人，年均增长 11.6%，比全国增速快 2.3 个百分点。

2017年人口抽样调查数据显示，全省大专及以上文化人口占总人口的比重为7.28%，比1982年的0.33%有明显提高。

（三）公共卫生服务水平持续提升

医药卫生体制改革和医疗卫生投入力度不断加大。2000 年，河南省开始在全国率先实行药品集中采购制度，至 2017 年全省所有公立医院全部取消药品加成政策（中药饮片除外），终结了延续 60 多年的以药养医机制。医疗卫生服务能力显著提升，居民健康水平明显提高。2017 年末，全省共有卫生机构 71090 个，是 1978 年的 9.7 倍；卫生机构床位 55.90 万张，是 1978 年的5.5 倍；卫生技术人员 57.84 万人，是 1978 年的 5.1 倍；每万人口拥有的执业（助理）医师数由 1978 年的 6.2 人增加到 2017 年的 23.0 人；每万人口拥有的卫生机构床位数由 14.4 张增加到 58.5 张。妇幼保健水平大大提高，全省孕产妇死亡率由 1978 年的 74.85/10 万人降到 10.43/10 万人，婴儿死亡率由47.3‰降到 4‰，5 岁以下儿童死亡率由 48.9‰降到 5.34‰。

（四）文化事业繁荣发展

全省已实现县县有图书馆、文化馆，乡乡有文化站，村村通广播电视、有农家书屋，全省公共文化服务单位全部免费开放，覆盖城乡的公共文化服务体系初步建立。2017 年，全省共有公共图书馆 158 个、博物馆 335 个，分别是1978 年的 4.4 倍、30.5 倍。文化资源大省向文化强省迈进，2017 年全省文化产业增加值达到 1341.8 亿元，规模以上文化及相关产业企业从业人员 49.70万人。华夏历史文明传承创新区初具规模，华夏历史文明得到有效保护和传承，黄帝故里拜祖大典、根亲文化等进一步增强了海内外华人的凝聚力和向心力。社会主义核心价值观建设深入推进，话剧《红旗渠》、豫剧《焦裕禄》等文艺精品力作不断涌现，河南形象显著提升，河南逐步成为全国有影响的文化大省。

（五）体育事业不断进步

群众体育事业蓬勃发展，公共体育服务体系不断完善，场馆设施建设持续升级，全省现有社会体育指导员 25.6 万人，各类体育场地 8.3 万余个，行政

村健身活动场所覆盖率达93%，社区健身设施覆盖率达70%以上。竞技体育整体实力不断攀升，优势项目持续保持、潜力项目全面发力、弱势项目明显加强，为国家培养和输送了巫兰英、邓亚萍、李雪英、刘国梁、孙甜甜、朱婷等多名优秀运动员，改革开放以来河南籍运动员共夺取奥运会冠军11项，亚运会冠军84项，全运会冠军125项。

八　绿色发展深入人心，生态文明建设取得新进展

改革开放以来，河南生态环境治理力度不断加大，全面节约和高效利用资源，环境质量由恶化转向逐步改善，生态文明建设成果的群众满意度不断提高。

（一）能源结构调整优化

在改革开放初期，河南省能源消费主要以煤炭为主，占能源消费总量的比重为92.3%，一次电力及其他能源仅占0.9%。随着科技的进步，清洁能源比重逐步提高，2017年河南新能源发电量99.65亿千瓦时，占全省发电量的比重为3.7%，一次电力及其他能源占能源消费总量的比重提升至6.8%，煤炭消费占比降至73.3%。

（二）节能降耗成效显著

改革开放以来，河南省在大力发展经济的同时，更加注重可持续发展，主要耗能工业企业单位产品能源消耗明显下降，2017年全省吨水泥熟料综合能耗比2005年累计下降69.0%，吨原煤综合能耗累计下降62.3%。特别是党的十八大以来，节能降耗成效明显。2013～2017年单位GDP能耗累计下降了26.74%，单位工业增加值能耗累计下降了41.78%。

（三）生态环境不断改善

河南省积极践行"绿水青山就是金山银山"的发展理念，2017年全省森林覆盖率达24.53%。持续加大雾霾综合防治，2017年河南PM 10、PM 2.5平均浓度实现双下降，城市空气质量优良天数比例明显提升。国控考核水质断面

优良比例逐步提升，地表水劣 V 类水体比例达到国家要求。在洛阳、新乡、驻马店推进土壤污染综合防治先行区建设，为土壤污染防治保护工作探索路径。

四十年栉风沐雨，探索充满艰辛；四十年砥砺前行，成就来之不易。改革开放以来，河南历届省委、省政府领导班子一张蓝图绘到底，一任接着一任干，从打造国家粮食生产核心区，到建设中原经济区；从郑州航空港综合实验区率先领跑，到郑洛新国家自主创新示范区、中国（河南）自由贸易试验区全面发力；从郑州获批建设国家中心城市，到中原城市群成为新的国字号，国家战略叠加效应持续显现，河南的战略地位更加突出，战略格局更加完善，战略优势更加彰显，战略保证更加有力。站在新的发展起点上，河南将继续坚持以习近平新时代中国特色社会主义思想为指引，自觉践行新发展理念，沿着高质量发展的方向走下去，以不断深化的改革，持续激发经济社会发展活力；以不断扩大开放为手段，持续拓展经济社会发展空间，确保如期高水平全面建成小康社会，高起点开启基本实现现代化建设新征程，用一个个出彩汇聚成多彩，用一步步出彩凝聚成浓彩，不断开拓中原更加出彩的新境界。

分析预测篇

Analysis Prediction Part

B.3

2018~2019年河南省农业农村经济形势分析与展望

李 鑫 李 丽*

摘　要： 2018年，河南农业农村经济运行稳中有优，稳定健康发展的支撑因素增强。展望2019年，必须牢牢把握稳中求进总基调，切实稳住"三农"这个基本盘，突出抓好"三农"工作各项硬任务的落实，坚持农业农村优先发展，巩固发展农业农村好形势。

关键词： 河南　农业　农村经济

2018年，全省上下认真贯彻落实中央及省委农村工作会议精神，稳步

---

* 李鑫，河南省统计局农业统计处处长；李丽，河南省统计局农业统计处高级统计师。

提升"米袋子""菜篮子"产品综合生产能力，持续深化农业供给侧结构性改革，持续抓好农产品加工转化和流通，农业农村稳定健康发展的支撑因素明显增强，呈现出总体平稳、稳中有优的发展态势。但小麦种植收益下降、畜牧业抗疫病风险能力偏弱、三次产业融合程度不高等问题亟待解决。

一　全省农业农村经济运行稳中有优

2018年全省农林牧渔业增加值4478.54亿元，同比增长3.8%，分别比上半年、前三季度加快1.0个和0.6个百分点。农业综合产能稳定提升，农业供给侧结构性改革取得明显成效，乡村产业振兴呈现开局良好格局。

（一）农业综合产能稳定提升

1. 粮食产量稳中有升

河南始终把维护国家粮食安全的政治责任扛在肩上，认真落实"藏粮于地、藏粮于技"战略，持续推进高标准粮田建设；在稳定小麦种植面积基础上，围绕效益积极恢复大豆生产，稳定发展优质水稻，加快调整玉米结构，推进甘薯及杂粮发展，稳步推进粮食生产，粮食总产量已连续两年保持在1300亿斤以上，2018年达到1329.78亿斤，占全国的10.1%，居全国第2位；比上年增加24.93亿斤，同比增长1.9%，为国家粮食安全提供了保障。

表1　2018年河南粮食种植面积、产量

单位：万亩，亿斤

粮食种类	面积	产量
粮食	16359.12	1329.78
其中：小麦	8609.78	720.57
玉米	5878.44	470.28
稻谷	930.62	100.28
豆类	636.00	20.34
薯类（鲜薯）	172.35	63.80

注：在计算粮食产量时，薯类折算粮食比例为5∶1，表中薯类产量为实际产量，故五类粮食产量合计数超过粮食总数产量。

2. "菜篮子"产品供应充足

2018 年，全省蔬菜及食用菌产量 7260.67 万吨，已连续三年保持在 7000 万吨以上；油料产量 631.05 万吨，首次超过 600 万吨；猪牛羊禽肉产量 662.68 万吨，已连续 7 年保持在 600 万吨以上，并首次超过 650 万吨，其中猪肉产量 479.04 万吨，同比增长 2.6%；牛奶产量 202.65 万吨，已连续 8 年保持在 200 万吨以上；禽蛋产量 413.61 万吨，已连续 2 年保持在 400 万吨以上。

表2 2011～2018 年以来河南省"菜篮子"主要产品产量

单位：万吨

年份	蔬菜及食用菌	油料	猪牛羊禽肉	猪肉	牛奶	禽蛋
2011	6811.20	501.69	586.95	405.67	200.31	370.13
2012	6839.94	530.38	616.04	431.57	206.52	379.00
2013	6745.29	542.13	632.03	452.99	206.72	380.58
2014	6848.11	531.41	647.79	476.63	216.90	370.81
2015	6970.99	538.99	635.07	466.45	223.57	372.30
2016	7238.18	549.82	615.80	449.04	213.51	379.56
2017	7530.22	586.95	647.01	466.90	202.86	401.18
2018	7260.67	631.05	662.68	479.04	202.65	413.61

（二）农业供给侧结构性改革取得明显成效

1. 优质小麦大幅增长

河南省重点发展市场需求旺盛的优质强筋、弱筋小麦，2017 年秋播优质专用小麦种植面积达到 840 万亩，居全国第一位；比上年增加 240 万亩，增长 40.0%；且基本实现规模连片种植。夏收的优质专用小麦很受面粉加工企业欢迎，价格高于普通小麦 10% 以上，带动了农民收益的增加，预计 2018 年全省秋播优质专用小麦种植面积进一步扩大至 1204 万亩，占全省小麦种植面积的 1/7。

2. 优质花生快速发展

2018 年，河南通过扶持政策宣讲、提供种植信息和市场信息、落实惠农补贴等举措，继续调动广大农民种植花生的积极性，全省花生播种面积

1804.77万亩，比上年增加76.88万亩，增长4.5%；产量达到114.49亿斤，比上年增产8.52亿斤，增长8.1%。

3. 优质草畜态势良好

2018年，河南通过扩大粮改饲试点范围、开展基层农技推广人员培训、坚持产学研相结合、加大财政扶持力度以及推广政府和社会资本合作等措施，努力推进优质草畜业转型升级。在政策激励带动下，农户养殖积极性提高，2018年底全省牛存栏373.41万头，同比增长0.2%；羊存栏1734.07万只，同比增长3.1%。

4. 优质林果整体良好

林果生产淘汰老旧品种，增加新产品。预计2018年全省果园面积稳定在650万亩以上，园林水果产量稳定在900万吨以上；茶园面积稳定在175万亩，茶叶产量达到6.3万吨。各地把中草药作为调整优化农业结构、发展农村经济、助推产业脱贫的重要特色产业大力扶持，预计全年全省中药材产量达到163万吨左右，同比增长13%左右。

（三）乡村产业振兴开局良好

1. 涉农工业增长较快

2018年，河南以"粮头食尾""农头工尾"为抓手，加快实施农产品加工业提升行动，全年全省规模以上食品产业增加值同比增长4.1%，服装服饰工业同比增长10.6%，生物产业同比增长14.6%，增速分别比农林牧渔业增加值增速快0.3个、6.8个和10.8个百分点；全省粮食加工机械和食品制造机械产量同比分别增长42.3%和34.6%，糖果、糕点、纸制品和鲜冷藏肉产量同比分别增长16.1%、14.4%、14.0%和10.3%，啤酒、棉纱、轻革、服装和速冻米面食品产量同比分别增长9.8%、7.7%、7.4%、6.9%和6.6%。

2. 农村新业态蓬勃发展

休闲农业和乡村旅游持续走热，亲子游和以采摘、赏花、乡村农事体验等为主的休闲度假游成为亮点，据省农业农村厅调查，2018年全省休闲农业经营主体突破1.6万个，休闲农业和乡村旅游年接待游客9000多万人次，营业收入达到440亿元。农村电商持续快速发展，据省商务厅统计，1～11月前四批国家级和前两批省级电商进农村综合示范县（市）电商交易额1436.5亿

元，网络零售额 709.0 亿元。

3. 农产品消费市场较为活跃

2018 年 1 ～ 11 月，全省限额以上批发和零售业的木材及制品、家具、水产品和蔬菜销售额增速保持在两位数，同比分别增长 24.9%、13.5%、13.1% 和 11.9%；肉禽蛋和饮料的销售额也分别实现了同比 9.4% 和 8.0% 的较快增幅。

4. 农产品出口快速增长

河南省农产品不断创新，农产品出口优势明显。据郑州海关统计，2018 年 1 ～ 11 月全省农产品出口额为 154.91 亿元，同比增长 19.0%。其中食用菌出口额为 76.25 亿元，同比增长 42.2%；蘑菇罐头出口额为 15.53 亿元，同比增长 194.6%。

二 全省农业农村稳定健康发展的支撑因素增强

2018 年，省委、省政府坚持农业农村优先发展，将"三农"问题作为全省工作的重中之重，加大各项投入，出台一系列惠农政策，吸引各类人员到乡村干事创业，形成了支持农业农村发展的强大支撑。

（一）高标准农田规模超6000万亩

2018 年，河南确保投入力度不减，进一步扩大高标准农田建设规模，提高高标准农田质量和水平，已累计建成高标准农田 6042 万亩，约占全省耕地面积的一半。高标准农田建设大规模推进，为确保长久发挥稳产保粮核心作用奠定了坚实基础。

（二）农业机械化水平明显提高

预计 2018 年全省主要农作物耕种收综合机械化水平达到 82.3%，比 2017 年提高 1.5 个百分点，高出全国平均水平 15 个百分点左右；小麦机播、机收水平稳定在 98% 以上，玉米机播、机收水平分别达到 92%、86%，农业机械的广泛应用对粮食增产的贡献率达 20% 以上。同时，花生机收水平达到 58%，比 2017 年提高 1 个百分点，推动了花生种植面积的增长。农业机械化水平的明显提高，一方面提升了河南农业综合产能，另一方面改变了农民的生产生活方式，成为实现农业节本、提质、增效和加速农业现代化步伐的关键手段。

（三）涉农财政支出和涉农投资较快增长

2018年以来，全省各地认真贯彻中央关于农业农村优先发展的要求，持续增强政府投资的引导作用，加大农业农村的投资力度，农业农村日益成为投资的"蓝海"。1～11月，全省地方一般公共预算支出中农林水支出745.66亿元，同比增长12.4%，增速快于一般公共预算支出2.3个百分点；全省农林牧渔业投资同比增长15.5%，水利管理业投资同比增长25.7%，分别比全省固定资产投资增速快7.3个和17.5个百分点。涉农财政支出和涉农投资的较快增长进一步夯实了农业农村发展的基础。

（四）返乡下乡创业人员增加

在现代农业发展、美丽乡村建设和实施乡村振兴战略的吸引下，大量新农民回到农村创业创新，2018年1～11月，全省新增返乡下乡创业人员22.45万人，返乡下乡创业人员总量达到123.40万人。返乡下乡创业创新人员基本上是技能型、经验型和知识型人才，他们将"就地"和"进城"两种就业创业方式结合起来，把"靠技能"就业和"靠融合"创业结合起来，为农业农村发展注入了新动能。

（五）农药化肥减量使用持续推进

初步预计，2018年全省农用化肥施用量（折纯）自2016年以来首次低于700万吨；农药施用量（折纯）自2010年以来首次低于12万吨，均呈现下降趋势。农药化肥实现零增长甚至负增长，不仅有助于降低农业生产投入消耗，更有助于推动全省农业绿色发展，形成与资源环境承载力相匹配、与生产生活生态相协调的农业发展新格局。

（六）农民收入特别是贫困地区农民收入实现较快增长

2018年前三季度，全省农村居民人均可支配收入9486.14元，比上年同期增加743.31元，增长8.5%，快于城镇居民0.6个百分点。全省贫困地区农

村居民人均可支配收入8081.31元，同比增加755.31元，增长10.3%，比全省农村平均水平高1.8个百分点。农民收入特别是贫困地区农民收入的持续较快增长，有助于不断缩小城乡发展差距。

三　全省农业农村经济面临的挑战

在农业经济运行中，也出现了一些突出问题：如小麦种植收益明显下降，生猪养殖抗疫病风险能力偏弱，农业与第二、第三产业融合程度不高等。

（一）小麦种植收益下降

2018年以来，小麦价格持续下降，已从1月的2.48元/公斤下跌至11月的2.27元/公斤，降幅达8.5%，同比下降7.6%。而1～11月农业生产资料价格指数连续上涨，其中饲料、化学肥料价格上涨6%以上，农用机油价格上涨15%以上。据省地调队调查，2018年小麦亩均产值下降4.5%，亩均生产成本上涨4.4%，亩均收益下降15.5%，小麦种植收益明显下降。河南是全国小麦生产第一大省，小麦种植收益下降涉及大量农民的切身利益，可能会影响农民种植积极性，需引起高度重视。

（二）生猪养殖抗疫病风险能力偏弱

2018年8月16日和9月14日，郑州经开区和新乡获嘉县先后发生2起非洲猪瘟疫情。据省畜牧局监测，第一起疫情发生后，生猪价格立即下跌，最低跌至13.11元/公斤，较疫情发生前下跌了6.0%。第二起疫情发生后，猪价快速回落，最低跌至11.45元/公斤，较疫情发生前下跌17.9%。疫情发生后，郑州双汇屠宰厂封闭6周，周边省份多家屠宰企业拒收河南生猪，省内部分地区限制猪群流动，造成生猪外调受限，尤其是调往外省生猪明显减少。虽然本次疫情发生在从外地调入的生猪上，但疫情的出现还是较大程度地影响了全省生猪生产，暴露出生猪生产抗疫病冲击的薄弱性。

（三）一、二、三产业融合层次和程度不高

尽管全省一、二、三产业融合发展取得一定成绩，但是农产品加工转化率

不高,农产品加工业链条较短、附加值较低、效益偏低等仍然较为突出。河南省农业资源丰富,但是农产品加工业除速冻米面食品、高端肉制品等在国内占有重要位置外,其他食品加工与山东、北京、上海、广州等地存在较大差距。如河南是油料生产大省,但在2018年11月中国粮食行业协会公布的食用油加工企业50强名单中,河南省仅有2家企业上榜。另外,第一产业与第三业产融合程度较低,农家乐、休闲农业、休闲旅游等经营户数量少、规模小、辐射带动范围小、总量偏小、竞争力偏弱。

四 促进全省农业农村经济平稳健康增长的对策建议

2019年是全面建成小康社会的关键时期,是打赢脱贫攻坚战和实施乡村振兴战略的历史交汇期。在经济下行压力加大、外部环境发生深刻变化的复杂形势下,农业农村稳定发展对于经济社会大局至关重要。河南省只要坚持农业农村优先发展,深入实施乡村振兴战略,切实落实强农惠农富农各项政策,继续提升粮食产能,深入推进农业供给侧结构性改革,进一步提高农产品质量效益和竞争力,全省农业经济就有望保持稳定增长态势。

(一)双策齐施破解小麦种植收益下降难题

破解小麦种植收益下降难题有两条途径,一是提高亩均收益,二是降低生产成本。事实证明,优质专用小麦能够实现优质优价,均价高于普通小麦10%以上,具有更高的经济效益。因此,要提高亩均收益,就要通过积极搭建产销对接平台,推进粮食收储企业、加工企业与产地规模经营主体产销衔接、以销定产,根据市场需求大力发展优质专用小麦,实现优质优价,提升种植收益。要降低生产成本,就要继续提升农业机械化水平降低人工成本;继续大力实施农药、化肥减量行动,降低物质投入成本。

(二)完善生猪生产应急机制提升抗风险能力

继续毫不松懈地抓好非洲猪瘟防控。严格落实现行防控措施,以更严更实的举措保护好规模化养殖场、种猪场等基础产能。重点做好疫情监测与排查,加强监管,严格疫情报告制度,科学防控,防止疫情扩散。完善疫情应急处理机制,完善

应急预案，健全应急机制，加强部门协作、措施联动，规范疫情处置程序，进一步提高应急处置能力，形成防控合力。提升疫病防控能力，加强对养殖户生物安全管理的意识教育，加强对基层防疫人员业务素质的培训，提升基层防疫体系。

（三）提升一、二、三产融合质量

打造河南优质、特色农产品品牌，将农产品的质量优势转变为品牌优势；加强农产品加工、分级、仓储、物流和营销等工作，提高农业综合效益；充分发挥龙头企业带动作用，加大对农业龙头企业科技研发的支持力度，在培育本土现代化农业企业的同时，注重引进国内外大中型农产品加工龙头企业；大力拓展农业多种功能，发展休闲农业和乡村旅游等，使农业与第二、第三产业有机融合，提高三产融合的层次和融合程度。

B.4
2018～2019年河南省工业
形势分析与展望

杨森山*

摘　要：　2018年以来，全省工业经济运行总体平稳，产业结构不断优化，发展动能不断增强，企业效益有所改善。但三季度以来，在全国宏观经济持续下行等因素的影响下，河南工业经济下行压力加大，工业增加值增速趋缓。展望2019年，全省工业经济仍然面临市场需求不足、环保约束加大、企业资金约束趋紧等诸多不利因素，工业经济平稳增长的压力仍然较大。针对工业运行现状和问题，本文从环保、减轻企业经营负担、金融创新、增强企业内生动力和竞争力四个方面提出了保持工业稳定增长的政策建议。

关键词：　河南　工业经济　企业内生动力

　　2018年以来，面对复杂的国内外环境，全省上下以习近平新时代中国特色社会主义思想为指导，认真贯彻落实中央和省委、省政府各项决策部署，坚持稳中求进工作总基调，坚持新发展理念，坚持工业高质量发展根本方向，着力优化工业产业结构，上半年全省工业经济运行呈现总体稳健的发展态势，工业主导产业、新兴产业较快增长，产业结构优化成效显著，发展动能不断增强，企业效益有所改善。但三季度以来，全国宏观经济持续下行、市场有效需求不足、环保约束持续加力、资金约束日益趋紧、中美贸易摩擦不断加深等因

---

* 杨森山，高级统计师，河南省统计局工业处。

素相互交织，河南工业经济下行压力加大，工业增加值增速逐步放缓，全省工业经济运行呈现出稳中趋缓、稳中有好、稳中有增的发展态势。

一 2018年全省工业经济运行发展状况

（一）工业经济运行稳中趋缓

2018年，全省规模以上工业（以下简称工业）增加值同比增长7.2%，增幅较前三季度回落0.1个百分点，较上半年回落0.6个百分点，较2017年全年回落0.8个百分点。从分月情况看，上半年工业增加值增速基本平稳，但7月以来，非洲猪瘟疫情持续蔓延，全省农副食品加工业增速大幅回落；鸿富锦公司新手机市场反应疲软，全省电子信息产业增长乏力；另外，全省汽车、烟草等行业增长趋缓。在上述诸多因素的影响下，全省工业增加值增速逐步放缓，个别月份明显回落，尤其是10月，当月工业增加值同比增长4.5%，为年度最低点（见图1）。

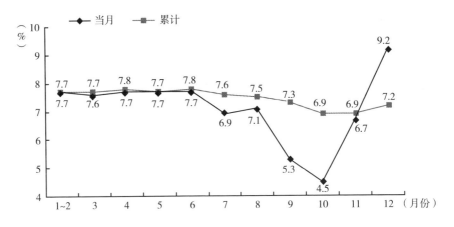

图1　2018年河南规模以上工业增加值分月增速

1. 八成行业增加值实现增长

2018年，在河南40个工业行业大类中，有33个行业增加值实现同比增长，增长面为82.5%，与前三季度持平，较上半年回落5.0个百分点，较2017年全年回落5.0个百分点。其中，计算机通信和其他电子设备制造业、电气机械和器材制造业、黑色金属冶炼和压延加工业、有色金属冶炼和压延加工业、专用设备制造业和纺织服装服饰业6行业增加值保持较快增长，同比分别增长14.4%、14.3%、12.9%、12.9%、12.2%和11.2%；食品制造业、仪器仪表制造业、电力热力生产和供应业、通用设备制造业和汽车制造业5个行业分别同比增长9.3%、8.8%、8.7%、8.0%和7.5%，高于全省平均水平。

2. 三成以上行业增加值增速较上半年回升

与上半年相比，煤炭开采和洗选业、石油和天然气开采业、开采专业及辅助性活动、纺织业、造纸和纸制品业、石油煤炭及其他燃料加工业、非金属矿物制品业、黑色金属冶炼和压延加工业、有色金属冶炼和压延加工业、金属制品业、仪器仪表制造业、废弃资源综合利用业、电力热力生产和供应业和水的生产和供应业14个行业增加值增速有所回升，回升面为35.0%。其中，废弃资源综合利用业、开采专业及辅助性活动、黑色金属冶炼和压延加工业、有色金属冶炼和压延加工业4个行业增速回升在4个百分点以上。

3. 五成以上产品产量保持增长

2018年，在河南省全部508种工业产品中，有256种产品产量实现同比增长，增长面为50.4%。在重点监测的105种产品中，有56种产品产量实现同比增长，增长面为53.3%。在食品类产品中，鲜冷藏肉、冷冻蔬菜、糕点、糖果、罐头和营养保健食品6种产品同比分别增长10.3%、32.0%、14.4%、16.1%、17.7%和57.4%。在服装鞋帽类产品中，服装、轻革和鞋3种产品同比分别增长6.9%、7.4%和52.0%。在装备类产品中，锻件、起重机、气体压缩机和矿山专用设备4种产品同比分别增长13.3%、30.3%、14.0%和18.2%；汽车产量同比增长28.3%，其中轿车产量同比增长103.0%，SUV同比增长22.0%，新能源汽车同比增长70.4%。在钢材类产品中，生铁同比增长11.2%，粗钢同比增长19.0%，钢材同比增长17.1%。手机产量同比下降30.6%，其中智能手机同比下降25.9%。

（二）工业结构调整步伐加快

1. 五大主导产业较快增长，比重增加

2018年，全省电子信息产业、装备制造业、汽车及零部件产业、食品产业和新材料产业五大主导产业增加值同比增长7.7%，增速高于全省工业0.5个百分点，占工业增加值比重为45.1%，较上半年提高1.4个百分点，较

2017 年提高 0.5 个百分点。

2. 工业高技术产业、战略性新兴产业增速加快，比重增加

2018 年，全省工业高技术产业增加值同比增长 12.3%，增速高于规模以上工业 5.1 个百分点，占工业增加值比重为 10.0%，较上半年提高 2.0 个百分点，较 2017 年提高 1.8 个百分点；全省战略性新兴产业增加值同比增长 12.2%，增速高于规模以上工业 5.0 个百分点，占工业增加值比重为 15.4%，较上半年提高 2.1 个百分点，较 2017 年提高 3.3 个百分点。

3. 传统产业低速增长，比重下降

2018 年，全省冶金、建材、化学、轻纺等传统产业增加值同比增长 6.7%，增速低于规模以上工业 0.5 个百分点，占工业增加值比重为 41.1%，较上半年下降 3.7 个百分点，较 2017 年下降 4.0 个百分点。

（三）工业经济发展质量不断提升

1. 企业效益明显改善

2018 年，全省工业企业实现利润总额同比增长 24.5%，增速高于 2017 年全年 16.0 个百分点；每百元主营业务收入中的成本为 85.38 元，同比减少 1.02 元；每百元资产实现的主营业务收入为 90.2 元，同比增加 4.8 元；人均主营业务收入为 97.1 万元，同比增加 15.0 万元；应收账款平均回收期为 43.1 天，同比减少 4.6 天。

2. 高耗能、高污染领域产品产量明显下降

经过持续的绿色化改造，全省工业高耗能高污染领域产品产量明显下降。2018 年，全省电解铝产量同比下降 9.7%、平板玻璃产量同比下降 1.4%、石墨及碳素制品同比下降 3.2%。技术含量较高、污染较少的产品产量较快增长，锂离子电池产量同比增长 142.8%，新能源汽车同比增长 70.4%，生物基化学纤维同比增长 45.3%，服务机器人同比增长 37.8%。

3. 工业三大改造持续推进，节能降耗效果明显

2018 年，全省工业"智能化改造、绿色化改造、技术改造"持续推进，有力促进了重点产业转型升级提质增效。全年认定了 103 个省级智能车间、47 个智能工厂、49 个服务型制造示范项目；认定了省级绿色工厂 32 家，创建国家级绿色工厂 28 家，新增国家级绿色园区 4 个；全省实施技改项目 5494 个，

完成投资 5964 亿元，工业技术改造投资增长 21.5%。"三大改造"为全省产业升级注入了强大动能。工业节能降耗成效明显，2018 年，全省单位工业增加值能耗同比下降 8.0%。

二 影响全省工业经济平稳增长的主要因素

2018 年以来，全省工业经济运行面临市场有效需求和信心不足、资金持续紧张、环保治理和安全生产刚性约束、中美贸易摩擦加剧等"内忧"与"外患"，诸多不利因素相互影响、持续作用，多方压力相互传导形成"共振"，对全省工业经济平稳运行产生较大压力。

（一）全国宏观经济波动下行影响河南经济平稳增长

2018 年以来，全国工业经济持续下行，工业增加值增速由 1～2 月增长 7.2%，回落到 1～12 月的 6.2%，回落 1.0 个百分点。全国工业经济持续下行，势必在需求端影响河南工业经济增长。由于河南工业能源原材料行业占比近 40%，主要行业大多处在产业链前端和价值链低端，波动周期往往滞后于全国经济，更滞后于东部沿海地区，因此，河南工业经济指标增速的回落是全国宏观经济波动的必然反映，特别是随着中美贸易摩擦的进一步加剧，这一回落态势有可能会进一步强化。

（二）市场需求依然不足

从河南情况看，市场需求不足特征较为明显。从投资需求来看，2018 年，河南固定资产投资同比增长 8.2%，增速较 2017 年回落 2.2 个百分点，较 1～2 月回落 1.6 个百分点。从消费需求来看，2018 年，全省社会消费品零售总额增速持续回落，由 1～2 月同比增长 11.6% 回落至全年同比增长 10.3%，回落 1.3 个百分点。从价格走势来看，2018 年，全省工业品生产价格指数（PPI）同比增长 3.6%，较 2017 年回落 3.2 个百分点。2018 年 6 月以来，全省 PPI 持续收窄，至 12 月全省 PPI 同比上涨 0.9%，较 11 月、10 月、9 月、8 月、7 月、6 月分别回落 1.2 个、1.5 个、1.7 个、2.4 个、3.2 个、3.8 个百分点。

（三）环保治理对工业增长影响较为明显

2018 年入冬以后，环保管控对企业和地市工业生产造成了较大影响。2018年环保虽然没有采用"一刀切"措施，但河南在京津冀"2＋26"通道城市范围内的城市受到影响较为明显。受环保管控等因素影响，一些大型企业产值大幅下降。安阳钢铁 11 月产值同比下降 29.5%，12 月产值下降 44.5%，利源煤焦集团11 月产值同比下降 23.1%，12 月下降 10.4%；鹤壁煤业（集团）11 月产值同比下降 39.0%，12 月下降 24.1%；华电新乡发电有限公司 11 月产值下降 48.1%，12 月下降 29.1%。企业环保改造成本高，企业无力承担。随着环境治理的深入推进，环保改造成本高的问题凸显，一个中型企业需几千万元到上亿元资金不等，小一点的企业也得需要几百万元，很多企业根本拿不出钱进行改造，有的企业因为环保管控标准不一而不愿意改造，企业无法正常生产，陷入经营困难的境地。

（四）生产成本不断攀升，企业亟须降本减负

2018 年，在防范系统性金融风险和"去杠杆"影响下，企业普遍反映不仅融资成本高，而且续贷难。全省规模以上工业企业利息支出同比增长15.9%，高于 2017 年 8.8 个百分点。用工成本仍然较高。河南省企业缴纳的综合社保费率为职工税前工资的 27%～29%。对比浙江，由于浙江企业职工社保中企业缴纳费率远低于河南，因而其用工成本大幅低于河南。其中，浙江省企业缴纳的养老保险、失业保险、生育保险费率分别比河南低 5 个、0.2个、0.14 个百分点，企业缴纳的综合社保费率比河南低 2.84～4.84 个百分点。能源原辅料成本和物流成本不断上升。受供给侧结构性改革以及去产能等政策影响，钢铁、有色、化工、纺织、医药等领域不少工业用原辅材料价格呈上涨趋势，同时天然气价格上涨幅度较大，推高企业生产经营成本，压缩中下游企业利润空间。受环保管控和超限治理限制，工业企业原材料和产成品难以正常出入，生产经营陷入被动，也在一定程度上抬高了企业的经营成本。

三　对2019年全省工业经济形势的判断及建议

综合判断，在全国经济稳中有变的情况下，预计 2019 年全省工业经济仍

会保持平稳增长态势，但增速将会继续趋缓，工业经济下行压力将不断加大。主要原因有三：一是全国宏观经济波动下行、市场需求不足的状况没有改变；二是全省七成行业增速较上半年回落，全省工业经济运行中的不稳定因素和潜在风险增多；三是企业效益不容乐观，融资依旧困难，要素成本持续攀升的状态没有改变。

面临工业经济下行压力不断加大的形势，河南应保持定力，既要正确应对当前工业经济下行的巨大压力，又要客观全面地分析河南工业发展的积极因素，坚定信心，积极作为。就目前来讲，河南工业虽然下行压力较大，但工业主导产业、新兴产业保持较快增长，产业结构优化成效较为显著，发展动能不断增强，尤其是传统行业、优势企业效益明显改善，河南工业经济平稳增长的基本面并没有改变。展望下一阶段，针对工业经济出现的问题，只要我们积极应对，正确施策、合理调度，工业经济平稳增长、稳中有好的发展势头仍有可能延续。一是利好河南经济的外部条件没有发现根本变化，虽然中美贸易摩擦日渐深入，但世界经济整体复苏态势并没有改变，"一带一路"、自贸区、自创区、中部崛起、郑州建成国家中心城市等国家层面战略机遇叠加，为河南经济提质增效升级提供了良好的外部条件。二是河南工业经济结构调整优化不断深入，高技术产业、装备制造业发展势头良好，战略性新兴产业、技改投资保持较快增长、消费升级不断加快，河南工业增长的动力与潜力仍将不断集聚。三是支撑河南经济持续增长的基础条件没有变，河南区位优势突出、产业基础良好、科教资源丰富，工业化、城镇化加速发展，发展后劲不断积蓄，综合优势正在转化，经济发展的韧性好、潜力大、后劲足。针对河南工业运行的以上特点，建议下一阶段应做好以下几个方面的工作。

（一）环保管控要兼顾经济平稳运行

环保管控要科学管控精准施策，要严格按照《河南省重点行业差异化错峰生产指导意见》和各地具体实施方案，因地制宜，实施差异化错峰生产，精准列出每个行业豁免类、限产类、限制类企业名单，杜绝错峰生产"一刀切"和随意扩大错峰生产行业范围现象发生，坚决避免以生态环境为借口紧急停工、停业、停产等简单粗暴行为。对于环保达标企业，要加强要素保障，确保企业正常生产。在淘汰落后企业的同时，着力改善一批经营质量效益优、

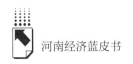

符合转型升级方向的化工类企业，扶持一批技术先进、环境友好、具有持续发展潜力的企业，以这些企业的规模化、高质量发展减缓关停落后化工企业带来的影响。

（二）加大政策引导力度，切实减轻企业经营负担

扎实推进开展企业减负降本成效第三方评估，根据国务院减负办部署，先期组织对一般工商业电价平均降低10%政策进行执行效果评估。抓紧研究并出台支持高技术人才个人所得税减免、返还、奖励等措施，通过税收减免帮助企业留住人才。此外，营改增后物流运输等行业企业增值税进项抵扣严重不足，建议有关部门尽快出台符合实际的替代抵扣措施。

（三）大力推动金融创新，破解企业发展瓶颈

一是拓宽贷款抵押范围。引导银行业金融机构开展更为广泛的抵押贷款，在土地、厂房等不动产抵押物基础上，进一步扩大企业生产设备等动产抵押，以及知识产权质押贷款比例，提升企业贷款额度。二是鼓励发展融资租赁业务。鼓励设立更多的融资租赁机构，支持制造业企业发展金融租赁公司，推广北京、上海等地做法，根据其融资总额给予一次性一定比例的资金补助。三是支持地方更多地开展产融合作试点等直接融资活动。

（四）增强内生动力和产品核心竞争力，积极应对并减弱中美贸易摩擦带来的影响

在巩固扩大内需市场的同时，着力开拓新的外需市场。特别是在中美贸易摩擦不断，汇率频繁波动的状态下，应多措并举稳定国内市场，提高国内市场消费拉动力，确保整体经济平稳增长；同时，政府应鼓励、引导和帮助企业不断提升研发能力，掌握关键领域核心技术，优化产品结构，着力绿色制造、智能制造，提升产品质量与市场竞争力，不断开辟拓展新的国际市场，缓冲由中美贸易摩擦冲击带来的不利影响。

B.5
2018～2019年河南省服务业
形势分析与展望

陈哲 孟静*

摘　要： 2018年以来，全省各级各部门认真贯彻省委、省政府各项决策部署和加快服务业发展的政策措施，服务业保持平稳较快发展态势，经济支撑能力不断增强，发展基础不断夯实，但服务业运行的阶段性、结构性矛盾并行，下行风险犹存。2019年随着河南服务业供给侧改革的深入，加快服务业发展的政策措施效果逐步显现，服务业将呈现总体平稳、稳中有进的发展趋势，但增速可能稳中趋缓。本文提出要补齐服务业发展短板，大力发展新兴服务业，激发市场活力，促进品牌升级，逐步形成积聚效应。

关键词： 河南　服务业　品牌升级

　　2018年，在习近平新时代中国特色社会主义思想指导下，全省上下以党的十九大精神和习近平总书记调研指导河南时的重要讲话为统领，认真贯彻落实党中央国务院和省委、省政府各项决策部署，按照推动高质量发展要求，以供给侧结构性改革为主线，坚持稳中求进工作总基调，全省服务业保持较快发展。

---

* 陈哲，河南省统计局服务业统计处主任科员；孟静，河南省统计局服务业统计处副处长。

一　2018年全省服务业发展状况

2018年，河南服务业持续发力，服务业投资支撑逐步显现，税收贡献日益突出，金融业服务实体经济能力不断增强，新增市场主体加速，新兴业态快速发展，服务业逐步成为全省经济增长主要动力。同时，服务业发展基础日益巩固，服务领域基础设施建设提速，客货运量及邮政电信业务快速增长，载体建设成效显现。

（一）服务业对经济增长支撑作用持续增强

1. 服务业继续成为经济增长主要动力

服务业供给结构不断优化，有效带动全省国民经济的发展，成为新常态下经济增长的主动力。2018年前三季度，服务业增加值为15618.96亿元，同比增长8.9%，快于全省GDP增速1.5个百分点，分别高于第一产业、第二产业6.2个、1.6个百分点，继续领跑全省经济增长。随着服务业的快速发展，增加值占GDP的比重不断提高，产业结构进一步优化。前三季度，服务业增加值占全省GDP的比重为44.0%，同比提高1.4个百分点；对生产总值增长的贡献率达到50.0%，高于第二产业4.3个百分点；拉动GDP增长3.7个百分点，高于第二产业0.3个百分点，是全省经济增长的第一支撑力。

2. 服务业投资支撑作用明显

2018年1~11月，服务业投资同比增长10.0%，增速高于固定资产投资增速1.8个百分点，高于第二产业增速7.1个百分点；服务业投资占全部投资的比重为66.4%，高于第二产业37.4个百分点，服务业成为河南固定资产投资的中坚力量。随着人民生活水平的逐年提高以及国家鼓励消费政策的积极出台，全省医疗、旅游、教育、文化、养老、体育等民生领域投入不断加大，相应领域的投资快速增长。租赁和商务服务业投资连续三个季度同比增长超过50%；科教文卫投资同比增长22.7%，其中科学研究和技术服务业投资同比增长36.5%，教育投资同比增长19.8%，文化、体育和娱乐业投资同比增长12.4%。

3. 服务业税收贡献突出

截至 2018 年 11 月末，服务业税收收入 2962.93 亿元，同比增长 14.2%，高于去年同期 1.2 个百分点；服务业占全部税收比重为 59.6%。其中，房地产业，批发零售业，金融业，公共管理、社会保障和社会组织，租赁和商务服务业五个行业，分别占服务业税收收入的比重为 36.4%、27.1%、18.2%、4.1% 和 3.7%，合计达 89.5%。

4. 服务业新增市场主体加速

随着"放管服"等重点改革的深入推进，营商环境逐步改善，创业创新蓬勃发展，全省市场主体快速增长。2018 年 11 月末，全省服务业市场主体达到 502.64 万户，同比增长 17.4%，占市场主体总数的 85.1%，新登记注册服务业市场主体 115.05 万户，同比增长 21.2%，占全部新登记企业的 87.2%。吸纳就业人口占总就业人口比例达 89.4%，服务业成为名副其实的社会发展"稳定器"。

5. 金融服务实体经济的能力不断增强

2018 年，全省金融运行总体平稳。各项存款平稳增长。11 月末，全省金融机构本外币各项存款余额为 64796.4 亿元，同比增长 7.1%，其中人民币各项存款余额为 63688.8 亿元，同比增长 7.3%，比上年同期回落 2.0 个百分点。各项贷款保持较快增长，金融支持实体经济力度进一步加大。11 月末，全省金融机构本外币各项贷款余额为 48408.5 亿元，同比增长 14.0%，其中人民币各项贷款余额为 47423.8 亿元，同比增长 14.1%。全省人民币余额和新增存贷比（各项贷款/各项存款）分别为 74.5% 和 122.8%，分别比上年同期提高 4.5 个和 29.0 个百分点。银行业金融机构逐步回归银行信贷主业，表内结构不断优化，高杠杆、高风险的同业、投资、委外等业务明显收缩；9 月末全省银行业金融机构资产总额 8.05 万亿元，比年初增加 0.46 万亿元，贷款占资产的比重为 59%，比上年同期提高 3.2 个百分点。

6. 新兴业态快速发展促使消费品市场平稳增长

2018 年，河南限额以上网上零售无店铺零售同比增长 13.1%，高于有店铺零售 5.2 个百分点；网上商店同比增长 17.3%，高于有店铺零售 9.4 个百分点；限额以上批发和零售业企业通过公共网络零售商品同比增长 12.9%，高于限额以上商品零售额 5.1 个百分点。新兴业态的蓬勃发展促进了河南消费品市场的平稳增长，全年社会消费品零售总额同比增长 10.3%。

（二）服务业重点领域加快发展

2018 年，河南服务业供给结构持续改善，重点领域亮点纷呈，服务业基础设施建设硕果累累，交通运输四通八达，邮政电信业持续增长，"幸福"产业步入发展快车道。

1. 基础设施建设三线联动，硕果累累

2018 年，河南加大交通设施基础建设，累计完成交通运输业投资 476 亿元，超额完成省政府 472 亿元考核目标。在铁路建设方面，"米"字形高速铁路网加快建设，郑万、郑阜、商合杭铁路线下工程已基本完工，无砟轨道铺设分别完成 86.5%、70% 和 63%，"四电工程"和沿线站房已开始施工；太焦、郑济高铁郑州至濮阳段线下工程正在建设；郑欧班列在全国率先实现满载运输、往返均衡、高频常态开行，截至 2018 年 12 月 31 日累计开行 752 班，总货值达 32.36 亿美元，总货重 34.68 万吨。班列总载货量、货物种类、合作伙伴及业务覆盖范围、往返高频次对开等综合实力在全国中欧班列中持续保持领先。在高速公路建设方面，持续推进 14 个高速公路续建项目，机西二期高速、三淅高速豫晋界至灵宝段、安阳西北绕城 3 个项目建成通车，新增通车里程77 公里，全省高速公路通车总里程达到 6600 公里。在民航建设方面，郑州机场三期工程如期启动，西部航空郑州分公司挂牌成立，新开郑州至莫斯科、沙巴直达客运航线，新开郑州至哈恩货运包机航线、郑州至芝加哥跨境电商包机航线，国际知名物流在郑州设立亚太区分拨中心，郑州机场多式联运数据交易服务平台与海关实现全面互通。

2. 交通运输客货运量同增，发展势态良好

客货运输量和周转量稳定增长。2018 年，全省货物运输量 25.95 亿吨，同比增长 13.1%；货物周转量 8934.35 亿吨公里，同比增长 9.5%；旅客周转量 1512.62 亿人公里，同比增长 1.9%。

机场吞吐量增速继续居全国大型机场前列。2018 年，全省机场旅客吞吐量 2955.74 万人次，同比增长 13.8%；货邮吞吐量 51.74 万吨，同比增长 2.4%。随着郑州航空港经济综合实验区战略措施的逐步实施，郑州机场航空货邮吞吐量增速大幅提升。2018 年，郑州机场旅客吞吐量 2733.47 万人次，同比增长 12.5%，增速在全国前十大机场排首位；货邮吞吐量 51.49 万吨，同比

增长 2.4%，货邮量在中部机场中遥遥领先。郑州机场旅客和货邮吞吐量占全省比重分别为 92.5% 和 99.5%。

3. 邮政电信业快速发展

电信业务总量继续保持高速增长。2018 年前 11 个月，完成电信业务总量 3495.5 亿元，同比增长 171%；完成电信业务收入 599.5 亿元，同比增长 2.5%，电信业务总量和业务收入规模分别居全国第 4 位、第 6 位。全省电话用户新增 856.2 万户，总数达到 10560.1 万户，居全国第 5 位。移动电话用户新增 898.3 万户，总数达到 9867.2 万户，居全国第 4 位。其中，4G 移动电话用户新增 1065 万户，总数达到 7110.7 万户，居全国第 4 位。

邮政业务总量稳步增长。1~11 月，全省邮政行业业务收入（不包括邮政储蓄银行直接营业收入）累计完成 253.24 亿元，同比增长 20.96%；全省邮政行业业务总量累计完成 391.04 亿元，同比增长 30.47%。全省快递服务企业业务量累计完成 13.45 亿件，同比增长 39.89%，业务收入累计完成 137.42 亿元，同比增长 31.96%。

4. "幸福"产业步入发展快车道

2018 年，在一系列产业政策的引领下，河南紧紧围绕文化、旅游、体育、健康养老、教育培训等幸福产业重点领域，加大投入力度，不断提升服务品质、增加服务供给，"幸福"产业快速崛起，步入发展快车道。一是文化旅游产业蒸蒸日上。全省在推进郑州、洛阳国家文化消费试点城市建设方面，利用财政专项资金扶持近百个文化产业和新型文化业态项目。全省加快推进旅游业转型各项工作，"中华源"沿黄九省（区）国际精品旅游线路采购大会等系列推介活动成效显著，旅游业高速增长，全省接待游客人次、旅游总收入同比增长 25% 和 30%，"十一黄金周"同比分别增长 33.5% 和 37.7%，高于全国 24.1 个和 28.7 个百分点。二是健康养老转型升级。随着河南省开发性金融支持健康养老产业、健康养老产业转型发展等政策的进一步落实，省内外金融机构支持健康养老体系建设协议逐步完善，郑州、洛阳、濮阳等 11 个国家和省级医养结合试点城市试点工作逐一开展，107 个城市老年人日间照料中心相继落成。三是教育投入稳步增长。1~11 月，全省教育经费总投入 1537.79 亿元，同比增长 8.3%，占一般公共预算八项支出的比重为 23.4%。教育经费逐年增加，有力支持了教育事业发展，全省各级各类教育规模持续扩大。民办教

育和职业教育快速发展，规模以上技能培训、教育辅助及其他教育营业收入同比增长16.2%。

5. 持续优化，载体建设成效显现

全省商务中心区和特色商业区营商环境持续优化，集聚能力不断提高，转型升级步伐加快。截至2018年11月底，全省服务业"两区"共入驻服务业企业1.55万家，比上年同期增加942家，增长6.4%，其中规模以上服务业企业达到5325家，同比增加888家，增长20.0%；"两区"服务业企业从业人员达到60.42万人，同比增长28.4%。

相继完成两批78个省级服务业专业园区规划，海昌海洋公园、新乡现代公铁物流园中亚班列、温县太极文化创意产业园等项目顺利实施。郑州国际物流园和豫东综合物流产业园成功获批国家第二批示范物流园区，河南国家级示范物流园区数量居全国第1位；保税中心买卖全球网和鲜易冷链马甲列入全国首批骨干物流信息平台试点。

二 2019年全省服务业发展形势预测

2019年，服务业发展仍然面临机遇与挑战。一方面随着省委、省政府各项决策部署和加快服务业发展政策措施的实施，各项政策带来的红利逐步释放，新动能加速成长，服务业有望保持平稳增长。另一方面服务业运行的阶段性、结构性矛盾同时存在，发展形势更加严峻复杂，经济运行稳中有缓、稳中存忧。

（一）服务业发展支撑因素较多

一是政策给力，积极因素不断叠加。2018年以来，省委、省政府相继出台《河南省人民政府关于促进外资增长的实施意见》《河南省人民政府关于强化实施创新驱动发展战略进一步推进大众创业万众创新深入发展的实施意见》《河南省人民政府办公厅关于优化营商环境激发民间有效投资活力的实施意见》《郑州国际航空货运枢纽战略规划》等纲领性和专项性文件，为河南服务业发展提供了强有力的政策支撑，这些政策效果将在2019年逐步释放。同时，在当前中美贸易摩擦加剧、国内经济下行压力加大背景下，中央提出把扩大内需放在更加突出位置，出台一系列促进消费、扩大服务业对外开放、降低服务业准入门槛等政策措施，健康、养老、家政、教育培训等成为服务消费新热点，服务业作为熨平经济波动"稳定器"和吸纳就业"主战场"的作用将更加突出。二是国家相关扶持政策的密集落地，将极大释放服务业发展潜力。国家高度重视河南发展，先后批复了粮食生产核心区、中原经济区、航空港实验区、郑洛新国家自主创新示范区、中原城市群、河南自贸试验区、中国（郑州）跨境电子商务综合试验区、建设国家中心城市等战略规划和发展平台，为全省服务业发展提供了广阔的空间和难得的机遇。三是服务业持续增长，发展后劲不断增强。在一系列改革创新举措作用下，河南服务业保持平稳较快增长，成为全省经济运行"助推器"。从2018年前三季度看，服务业增加值同比增长8.9%，高于全国1.2个百分点，分别高于生产总值、第二产业1.5个、1.6个百分点，服务业领跑全省经济增长的引擎作用持续发挥，也有望在今后一个时期保持平稳增长。

（二）服务业运行的阶段性、结构性矛盾兼有，下行风险犹存

当前国内经济发展面临的困难和外部风险挑战增多，经济运行稳中有缓、稳中存忧，下行压力加大，不少企业生产经营困难，市场预期和信心受到影响。河南省服务业运行也存在一些困难和问题。一是服务业增加值占比不高。2018年前三季度，服务业增加值占GDP比重为44.0%，低于全国9.1个百分点，居全国第13位，仅高于宁夏。二是服务业投资增速同比降低。1~11月服务业固定资产投资同比增长10.0%，增速较上年同期回落4.4个百分点，分行业看，批发零售业、居民服务、修理和其他服务业同比分别下降5.7个、11.4个百分点，且存在进一步下行的可能。三是房地产业拉动作用减弱。2018年河南房地产市场也出现了深度调整，1~11月，全省开发投资增速和商品房销售面积增速持续回落。开发投资同比下降1.4%，商品房销售面积同比增长5.2%，增速较2017年和2018年上半年分别回落12.6个和10.6个百分点。四是消费增速持续下降。2018年，消费品市场缺乏新的消费热点，导致消费、增速回落较多。1~11月，社会消费品零售总额同比增长10.3%，增速较上年同期及上月分别回落1.3个、0.1个百分点。五是实体经济生产经营困难增多。企业经营成本居高不下、利润逐年下滑是困扰企业发展的主要原因。

1~11月，全省规模以上服务业企业营业成本为3765.95亿元，同比增长11.5%，高于营业收入增速3.4个百分点，高于营业利润增速8.3个百分点，企业每百元营业收入成本为72.26元，较上年同期上升1.58元。1~11月，规模以上服务业企业生产经营景气状况调查问卷显示，仅有33%的企业对下季度企业经营状况呈乐观态度，35%的企业对下季度国内宏观经济形势呈乐观态度，与上年同期相比市场预期和信心都受到一定影响。

总体上看，2019年服务业发展机遇与挑战并存，发展形势更加严峻复杂。随着服务业供给侧改革的深入，"十三五"规划及全省经济社会发展目标的推进，河南加快服务业发展的政策措施效果逐步显现，服务业将呈现总体平稳、稳中有进的发展趋势，但增速可能稳中趋缓。

三　加快全省服务业发展的对策建议

随着我国经济已由高速增长阶段转向高质量发展阶段，服务业占国民经济比重逐步增大，其对经济的带动作用也会逐步增强。解决当前服务业发展中存在的突出矛盾和关键问题，有助于打破服务业发展瓶颈，从而促进整个经济健康稳定发展。

（一）补齐短板，打造服务业新高地

着力补齐服务业发展不足的短板，打造中原经济区服务业发展新高地。一是针对服务业发展中的短板，着力扩大服务业发展规模，提高服务业占比，优化服务业发展结构，推进服务业加快发展。二是立足建设中部服务业强省的战略定位，开展服务业平台载体提质扩容、企业主体培育、重大项目建设、服务消费升级和营商环境优化"五项行动"，推进建设现代化服务业强省。

（二）创新驱动，发展服务业新动能

充分发挥河南人口及区位对服务发展的集聚优势，推动全省服务业创新发展，培育壮大新动能。以《河南省人民政府关于强化实施创新驱动发展战略进一步推进大众创业万众创新深入发展的实施意见》为依托，聚焦新业态新模式，深入推进互联网、大数据、云计算、人工智能与服务业紧密结合，以电子商务、国际贸易为载体，大力发展新零售、泛娱乐、共享经济、智慧物流、在线金融等新业态。加快新旧动能转换，通过政府引导和对创新相关政策的宣传，鼓励和支持传统产业转型升级。

（三）企业减负，激发投资、消费新活力

一是激发服务业市场准入及投资。用足河南自贸区先行先试政策，以《河南省人民政府关于促进外资增长的实施意见》为依托，大力放宽民间资本、外资市场准入政策，引导民间资本更多投向服务业，激活服务业发展的内生动力。二是激发企业新活力。制定有效措施，降低企业的用能成本、物流成本、融资成本、税费负担、制度性交易成本和用工成本，减轻企业负担，增强企业活力。三是激发消费市场新活力。积极落实《完善促进消费体制机制实施方案（2018～2020年）》，加快破除制约居民消费的体制机制障碍，促进释放居民内需、深挖市场潜力、升级消费结构。

（四）品牌升级，形成总部空间新聚集

一是培育龙头企业和服务业品牌。通过定向扶持的方式，着力培养河南省服务业龙头企业，形成服务业发展"新雁阵"模式，发挥龙头企业的引领作用和带头作用，提高服务业品牌的全国影响力和号召力。二是提升服务业集聚力。把握东部及一线城市产业转移机会，积极引进国内外知名企业区域总部和功能总部，推动形成总部聚集；优化服务业空间布局，打造服务业亮点区块，推动业态空间聚集。

B.6
2018～2019年河南省固定资产投资形势分析与展望

顾俊龙　邱倩*

摘　要： 2018年，河南坚持以高质量发展为根本方向，以提高经济质量为根本要求，推动基础设施和服务业投资保持较快增长，过剩领域投资继续下降，投资结构进一步优化，实现了全省固定资产投资的较快增长。本文在对2018年河南固定资产投资运行状况进行研究的基础上，对2019年全省固定资产投资形势进行了展望，指出2019年受外部经济环境更趋严峻复杂影响，河南固定资产投资稳定增长面临较多困难，需要坚持以供给侧结构性改革为主线，更加注重投资质量、效益和结构，有效发挥投资对经济增长的关键作用，实现河南经济的稳定健康发展。

关键词： 河南　固定资产投资　投资结构

一　2018年全省固定资产投资运行基本情况

2018年，河南省固定资产投资同比增长8.1%，比全国平均水平高2.2个百分点，居全国第13位，比上年前移2位；增幅较一季度、上半年、前三季度分别回落1.4个、1.2个和0.2个百分点，整体运行呈缓中趋稳的态势。

---

* 顾俊龙，博士，河南省统计局固定资产投资处处长；邱倩，河南省统计局固定资产投资处副处长。

（一）基础设施等短板领域投资快速增长

2018年以来，河南聚焦关键领域，统筹实施百城建设提质工程，进一步完善基础设施和公共服务，保持基础设施等领域补短板力度。2018年全省基础设施投资同比增长18.5%，比全国平均水平高14.7个百分点，对投资增长的贡献率达46.6%，拉动投资增长3.8个百分点，对全省投资增长发挥了重要的支撑作用。其中，交通运输业和邮政业同比增长32.0%；信息传输业同比增长47.5%；水利管理业投资同比增长31.3%；公共设施管理业投资同比增长20.6%。

（二）投资结构调整持续优化

1. 服务业投资保持较快增长

2018年全省服务业投资同比增长10.6%，高出全部投资增速2.5个百分点；占全部投资的比重为66.8%，较2017年提高1.5个百分点；对全部投资增长的贡献率达85.0%，较2017年提高11.6个百分点。其中高技术服务业投资快速增长，同比增长24.3%，增速比全部服务业投资高13.7个百分点。社会事业建设加快，教育、科技、卫生、文化、养老等领域的投入不断加强，全省科教文卫领域投资同比增长18.0%，比全部服务业投资高7.4个百分点，其中科学研究和技术服务业投资同比增长45.2%；教育投资同比增长16.6%；卫生投资同比增长9.3%；文化、体育和娱乐业投资同比增长18.7%。

2. 技术进步投资增长较快，技术改造投资高速增长

工业企业技术改造强力推进，绿色化、智能化、技术化"三大改造"成效明显，新旧动能加快转换。2018年全省工业企业技术改造投资同比增长21.5%，高出全省工业投资增速19.5个百分点；占工业投资的比重为21.1%，较2017年提升3.4个百分点；对全部工业投资增长的贡献率为192.1%，是工业投资增长的重要拉动力。其中，制造业技术改造投资同比增长25.2%，高出全省制造业投资增速21.8个百分点；占制造业投资的比重为22.5%，较2017年提升3.9个百分点。五大主导产业投资增速加快。同比增长2.5%，增速较2017年加快8.4个百分点。过剩领域投资继续下降。高耗能行业、产能过剩行业投资分别下降1.7%和3.8%。

（三）重大项目支撑作用明显

2018 年，信阳明港机场、淅川通用机场建成投入使用；郑州地铁 5 号线全线通车试运行；前坪水库、出山店水库大坝主体建设基本完工；郑州南站、周口至南阳高速公路加快实施，重大项目进展良好。全省亿元及以上在建项目7852 个，较 2017 年增加 663 个，占全部在建项目个数的 45.0%，较 2017 年提高 9.8 个百分点；完成投资同比增长 24.8%，增速高出全部投资增速 16.7 个百分点，较 2017 年加快 29.4 个百分点。亿元及以上在建项目对全省投资增长的贡献率高达 151.6%，同比提高 183.1 个百分点，拉动全省投资增长 12.3 个百分点，同比加快 15.6 个百分点。

二　2019年全省固定资产投资运行形势展望

展望 2019 年，支撑河南固定资产投资增长的积极因素依然存在，同时，受外部经济环境更趋严峻复杂制约，企业投资意愿不强，实体经济利润空间缩减、环境治理力度加大等影响，全省固定资产投资稳定增长面临较多的困难，下行压力加大。初步预计，2019 年全省固定资产投资总体上仍有望保持稳定增长态势。

（一）全省固定资产投资有望保持稳定增长

1. 从政策层面看，投资仍是实现稳增长的重要抓手

2018 年 12 月中央经济工作会议指出，国家继续实施积极的财政政策和稳健的货币政策，保持经济运行在合理区间，进一步稳就业、稳金融、稳外贸、稳外资、稳投资、稳预期。投资对于经济增长具有易操作、见效快的特点，仍是当前稳增长的重要抓手。做好河南 2019 年经济工作七项重要任务中的五项，都需要通过投资来实现。因此，深入推进供给侧结构性改革，打好三大攻坚战，持续推进乡村振兴，保持基础设施领域补短板力度，完善基础设施和公共服务，完善基础设施供给质量等稳增长措施，更有利于投资发挥关键性作用，增加新经济总量、调结构、惠民生。

2. 从投资空间看，投资需求潜力仍然巨大

河南仍处在工业化、城镇化加速发展期，人力资源、市场空间、区位交通等比较优势明显。与先进发达地区相比，河南发展仍存在不少短板和不足，尤以新经济规模小、差距明显，投资是释放需求潜力、解决发展不足和发展瓶颈的主要措施。郑州航空港经济综合实验区、中国（河南）自由贸易试验区、郑洛新国家自主创新示范区、中国（郑州）跨境电子商务综合试验区、国家大数据综合试验区等战略平台加快建设，中原城市群等战略规划加快实施，百城提质工程、乡村振兴战略、污染防治攻坚、产业转型攻坚等深入推进，新型城镇化、生态环保、先进制造业、新兴产业建设等，都表明投资需求很大、潜力很大、投资前景看好。

3. 从投资环境看，营商环境更加优化有利于投资实施

通过进一步推动优化营商环境政策落实，深化投资领域"放管服"改革，降低市场准入门槛，调动民间投资积极性；通过进一步放宽市场准入，引导民间资本更多地投向传统产业优化升级、基础设施建设和新兴产业培育壮大等方面。随着全省"放管服"改革深入推进，投资审批流程进一步优化，优化营商环境行动加快，减税降费等降成本政策落地见效，2019年全省投资稳定增长的环境更加优化，将进一步提升投资者信心、增强投资的便利化，有利于投资项目的更快落地实施。

（二）影响投资增长的因素仍然较多

当前，外部经济环境更趋严峻复杂，世界经济处于深度调整期，国内经济面临较大下行压力，河南长期积累的结构性问题与深层次矛盾愈发突出，新旧动能转化正处于胶着状态，实体经济利润空间缩减、环境治理力度加大带来各种显性和隐性成本增加，投资稳定增长面临较多的困难，下行压力加大。

1. 企业投资意愿不强

全省工业偏重偏粗，传统产业比重较高，产能过剩仍较为严重，制造业企业普遍面临资金紧缺、市场疲软、用工短缺、盈利预期降低等问题，加之环保政策趋严、"去产能"政策等多重因素制约，企业对新增投资或转型升级大多持谨慎态度，投资意愿不强，全省工业投资增速持续放缓。2018年，全省工业投资同比增长2.0%，较2017年回落1.5个百分点，增速低于全国平均水平

4.5个百分点；占全部投资的比重为28.5%，较2017年回落1.7个百分点。分行业看，在41个工业行业中，有20个行业的投资力度同比下降，其中占比较大的行业是电力热力生产和供应业投资同比下降5.1%，纺织业投资下降8.5%，电气机械和器材制造业投资下降9.1%，医药制造业投资下降12.9%，有色金属冶炼和压延加工业投资下降28.9%。

2. 民间投资增长乏力

一是民间投资低位运行。2018年以来，受生产经营成本上升、融资困难及技术创新能力不足等因素影响，民间投资持续低位运行，全年同比增长2.9%，低于全国平均水平5.8个百分点，较2017年回落6.2个百分点；占全部投资的比重为71.2%，较2017年下降3.6个百分点。二是结构有待进一步优化。民间投资高度集中于房地产开发和制造业，二者占民间投资的比重超过七成，制约着民间投资回升企稳，而基础设施、教育、文化、科研、医疗卫生、环保等领域投入不足。2018年，民间投资中基础设施投资同比增长2.0%，占民间投资比重的10.5%；科教文卫投资同比增长47.2%，占民间投资比重只有0.8%。

3. 对新经济投资不足

战略性新兴产业、高技术制造业投资均是负增长，且规模明显偏小。2018年全省战略性新兴产业投资同比下降7.4%，占全省工业投资比重为7.6%；高技术制造业投资同比下降4.3%，比全国平均水平低20.4个百分点，占全省工业投资的比重为9.3%。受制于新经济投资不足，新兴产业规模偏小，尚未成为支撑经济转型发展的主力。全省战略性新兴产业产值占全省规模以上工业产值的比重为15.4%，高技术产业产值占规模以上工业总产值的比重为10.0%，在中部六省中不仅远低于江西，与安徽、湖南等省份也有较大差距。

4. 房地产开发投资拉动作用减弱

随着房地产市场调控政策持续深化，2018年以来全省房地产开发投资增速总体呈一路走低的趋势。2018年同比下降1.1%，低于全国平均水平10.6个百分点，较2017年回落15.8个百分点，比一季度、上半年、前三季度分别回落14.3个、6.7个和0.5个百分点，对投资增长的影响由正面带动转为下拉，拉动全省投资回落0.4个百分点。

5. 融资难问题依然存在

2018年，全省投资到位资金（不含5000万元以下项目）中自筹资金所占比重高达 73.6%，融资渠道相对单一，国内贷款仅占 9.1%，同比下降 13.2%，企业获得银行贷款的难度加大，后续项目建设资金保障困难。此外，国家加强防范化解地方政府债务风险，对地方政府举债融资行为和公益性项目建设模式进行更加严格的规范管理，部分政府投融资平台实施的项目以及 PPP 项目后续建设资金保障难度加大。

三 做好2019年全省固定资产投资的几点建议

2019 年，河南省要全面贯彻落实党的十九大精神，按照省委十届八次全会部署要求，继续坚持以供给侧结构性改革为主线，更加注重投资质量、效益和结构，扩大合理有效投资，更好地发挥投资对经济增长的关键作用。

（一）积极推动民间投资健康发展

要进一步落实河南省政府《关于优化营商环境激发民间有效投资活力的实施意见》21 项具体措施，坚决破除民营企业发展障碍，增强投资增长内生动力。要进一步放宽市场准入、破除隐性障碍，降低民间资本进入基础设施、社会事业等重点领域的门槛，取消和减少阻碍民间投资进入养老、医疗等领域的不合理附加条件，营造公平竞争市场环境。要进一步落实好减税降费措施，通过建立民营企业贷款风险补偿机制开展"银税互动"，以设立民间投资基金等多种方式，解决好小微企业和民营企业融资难、融资贵问题，多措并举降低企业成本。

（二）促进房地产开发投资平稳增长

坚持房子是用来住的、不是用来炒的定位，因城施策、分类指导，落实政府主体责任，完善住房市场体系和住房保障体系，健全房地产市场健康发展长效机制。对库存不足、控房价压力较大的地区，要加大土地供应力度、加大对闲置土地的处置力度、加快商品住房项目建设。对于开发商手中的存量土地，要强化督促监管机制，督促企业按期开发建设，增加市场有效供给，在尽快形成有效供应的同时实现房地产开发投资平稳快速增长。

（三）加强项目储备

紧紧围绕国家和全省重大战略、重大规划、重大政策、重大部署，在先进制造业、重大基础设施、新型城镇化、乡村振兴、生态环保、现代服务业、社会事业等领域谋划实施一批重点项目，落实投资项目审批制度，改革创新措施，加快完善前期手续，优先保障土地、资金等要素资源，推动项目尽快开工建设。

（四）保障项目融资需求

在有效防范化解财政金融风险的基础上，统筹安排各级财政性建设资金，积极探索创新融资方式，拓展融资渠道，保障项目融资需求。聚焦国家重大资金投向，针对性地加强项目储备、完善前期条件，加快地方政府债券发行和使用进度，积极争取中央预算内投资，有效保障政府投资项目资金需求。完善政银企合作的长效机制，继续分领域、分行业组织融资对接活动，引导金融机构加大支持力度。持续推动信用大数据、债转股、绿色发展等领域产业投资基金设立落地，引导企业发行小微企业增信集合债、绿色债券等创新品种。积极探索开展信用大数据融资，创新推广"信易租""信易批""信易贷"等守信激励应用，为项目融资提供有效保障。

B.7
2018～2019年河南省消费品
市场形势分析与展望

董 军 周文瑞*

摘 要： 2018 年，河南扎实推进"稳增长、调结构、促改革"各项政策落实，消费结构持续升级，消费市场总体平稳，全省社会消费品零售总额同比增长 10.3%，增速同比回落 1.3 个百分点。展望 2019 年，河南消费品市场面临着汽车等传统消费拉动作用持续减弱、网上零售增速有所放缓等压力，但只要积极贯彻激发居民消费潜力、促进消费升级的政策措施，全省消费品市场仍有望保持总体平稳的发展态势。

关键词： 河南 消费品市场 消费升级

2018 年，在以习近平同志为核心的党中央坚强领导下，河南全省上下认真贯彻落实党中央、国务院印发的"进一步激发居民消费潜力若干意见"，省委、省政府积极推动"大众创业，万众创新"深入发展，制定企业成长促进行动方案，制定新能源及网联汽车三年行动计划等一系列政策措施，维持消费品市场平稳发展，促进消费转型升级。全省消费品市场行业零售差距逐步缩小，城乡市场协调发展，消费结构持续升级，消费品市场总体平稳。

---

* 董军，河南省统计局贸易外经统计处副处长；周文瑞，河南省统计局贸易外经统计处主任科员。

一　2018年全省消费品市场运行情况

（一）消费品市场运行总体平稳，稳中趋缓

2018年，全省社会消费品零售总额同比增长10.3%，增速同比回落1.3个百分点。增速高于全国1.3个百分点，居全国第8位，中部六省第4位。

1. 分月零售额增速震荡回落，走势与全国基本一致

从月度增速看，上半年各月零售额增速保持在10%以上，其中1~2月增长11.6%，3月增长11.8%，为全年各月最高增速。下半年多数月份增速低于10%，其中8月增长8.6%，增速为全年最低，第四季度各月增速呈逐月回升态势，但均未达到10%水平。从累计增速看，1~2月和第一季度均增长11.6%，之后增速逐步放缓，缓中趋稳，全年增长10.3%（见图1）。

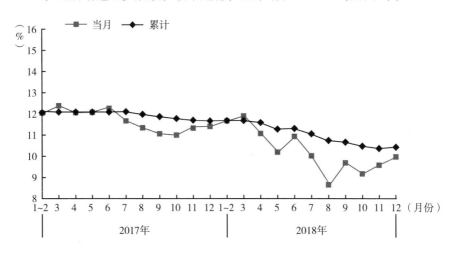

图1　2017年和2018年河南社会消费品零售额增速走势

从大环境看，河南消费品市场与全国走势基本一致。2018年一季度、上半年、前三季度和全年河南社会消费品零售总额同比分别增长11.6%、11.1%、10.6%和10.3%，一季度、上半年、前三季度和全年全国社会消费品零售总额同比分别增长9.8%、9.4%、9.3%和9.0%，全年河南增速高于全国1.3~1.8个百分点。

2. 餐饮业较快增长，行业零售额增速差距缩小

2018 年，全省批发和零售业零售额同比增长 10.0%，其中批发业同比增长 9.5%，零售业同比增长 10.1%；住宿和餐饮业零售额同比增长 11.7%，其中住宿业同比增长 9.4%，餐饮业同比增长 11.8%。餐饮业增速分别高于批发业、零售业和住宿业 2.3 个、1.7 个和 2.4 个百分点。四个行业中增速最低的住宿业与餐饮业的差距，比上年缩小了 0.4 个百分点。

3. 城乡市场协调发展

2018 年，城镇市场零售额同比增长 10.0%，其中城区增长 9.4%。乡村市场零售额同比增长 11.2%，增速高于城镇市场 1.2 个百分点。乡村市场零售额占社会消费品零售额的比重为 19.3%，比上年提高 0.9 个百分点，乡村市场占比稳步提高，城乡市场发展更趋协调。

4. 餐饮收入增速高于商品零售

从消费形态看，2018 年，餐饮业收入零售额同比增长 11.7%，增速高于商品零售 1.7 个百分点。分季度来看，一季度、上半年和前三季度餐饮业收入增速分别高于商品零售额增速 1 个、1.3 个和 1.6 个百分点，呈逐步扩大态势。

5. 传统零售业态增速放缓，新兴业态较快增长

从零售业态看，传统有店铺零售增速有所放缓。2018 年，全省限额以上有店铺零售同比增长 7.9%，增速同比回落 3 个百分点。其中，大型超市、百货店、专卖店和专业店分别增长 9.1%、8.4%、7.1% 和 6.3%，分别比上年回落 3.2 个、2.8 个、2.7 个和 3 个百分点。无店铺零售等新兴业态较快增长。2018 年，全省限额以上无店铺零售同比增长 13.1%，高于限额以上零售额增速 5.1 个百分点。其中，网上零售同比增长 17.3%，高于限额以上零售额增速 9.3 个百分点。

6. 多数商品类别有所回落，传统商品种类拉动力减弱

2018 年，在 23 类限额以上商品类别中增速比上年回落的有 16 类，提高的仅 7 类。合计占限额以上商品零售额 54.9% 的粮油食品类、家用电器及音像器材类、石油及制品类和汽车类增速分别比上年回落 3.3 个、5.3 个、2.9 个和 4.6 个百分点，合计少拉动限额以上零售额增速 2.3 个百分点。

7. 零售业销售额增速较大幅度回落，餐饮业营业额较快增长

2018 年，全省批发和零售业、住宿和餐饮业销售额（营业额）同比增长

11.8%，比上年增速回落 1.8 个百分点。批发和零售业销售额同比增长 11.6%，比上年增速回落 1.8 个百分点。其中批发业同比增长 10.4%，上年增速回落 1.8 个百分点；零售业同比增长 12.8%，上年增速回落 2 个百分点，回落幅度分别大于批发业销售额、住宿和餐饮业营业额增速 0.2 个、0.7 个和 0.4 个百分点。住宿和餐饮业营业额同比增长 13.9%，其中住宿业同比增长 11.5%，餐饮业同比增长 14.2%。餐饮业在四个行业营业额（营业额）中同比增速最高，分别高于批发业、零售业销售额和住宿业营业额增速 3.8 个、1.4 个和 2.7 个百分点。

（二）2018年河南消费品市场运行中呈现的特点

1. 新兴业态较快发展

虽然部分网上零售企业受实行分仓、电商企业基数变大等因素影响使网上零售增速有所放缓，但仍保持较高速度增长，占社会消费品零售总额比重稳步提高。国家统计局数据显示，2018 年前三季度，全省网上零售同比增长 38.4%，高于全省社会消费品零售总额增速 27.8 个百分点。其中实物商品网上零售额同比增长 39.9%，高于社会消费品零售总额增速 29.3 个百分点。实物商品网上零售额占社会消费品零售总额的 6.6%，比上年提高 2.7 个百分点。2018 年，限额以上单位通过公共网络实现的商品零售额同比增长 12.9%，高于限额以上零售额增速 4.9 个百分点，占限额以上零售额的 3.3%，比上年提高 1 个百分点。

2. 消费升级类商品较快增长

2018 年，限额以上化妆品类、体育娱乐用品类、书报杂志类、中西药品类和通信器材类同比分别增长 13.7%、10.7%、20.6%、13.7% 和 12.2%，分别高于限上零售额增速 5.7 个、2.7 个、12.6 个、5.7 个和 4.2 个百分点。

3. 消费结构持续优化

2018 年，消费升级持续深化，餐饮消费、新型业态、消费升级类商品占比提高，基本生活类商品占比下降。一是餐饮收入占比提高。2018 年，全省餐饮收入占社会消费品零售总额的 14.7%，比 2017 年底提高 0.8 个百分点。其中限额以上单位餐饮收入占限上零售额的 7.6%，比 2017 年提高 1.4 个百分点。二是消费升级类占比上升。2018 年，限额以上书报杂志类、计算机及其配套产品类和通信器材类占限上商品零售额比重分别比 2017 年提高 0.3 个、

0.1个和0.2个百分点。三是汽车类、化妆品类等高档消费品占比显著提高。2018年，限额以上汽车类和化妆品类占限额以上商品零售额比重分别比2017年底提高1.7个和0.5个百分点。四是基本生活类商品占比回落。2018年，粮油食品类、饮料类、烟酒类、服装鞋帽针纺织品类和日用品类占限额以上商品零售额比重分别比2017年底回落1.2个、0.1个、0.2个、0.4个和0.2个百分点。

二 全省消费品市场运行中需要关注的问题

2018年以来，消费品市场持续走低，呈稳中趋缓态势，汽车类、网上零售等增速回落影响明显。2018年，限额以上零售额同比增长8.0%，比1~2月回落3.1个百分点，汽车及网上零售合计下拉限额以上零售额3个百分点，影响限额以上零售额增速达96.8%。

（一）社会消费品零售总额增速回落，汽车类影响明显

2018年以来，汽车类商品零售额增速基本呈逐月回落态势，从8月开始汽车类商品零售额转入负增长，2018年限额以上汽车类商品零售额增长1.8%，比1~2月回落8.5个百分点，下拉限额以上零售额增速2.6个百分点，影响达83.9%。汽车类增速回落主要受以下几个方面因素的影响：一是河南近几年汽车拥有量快速攀升，目前高速增长期已过，汽车消费空间明显缩小。二是2018年以来小排量汽车购置税优惠取消，2016年汽车购置税减半和2017年七五折优惠政策已经在一定程度上提前释放了汽车购买潜力。三是地铁等公共交通快速发展，出租车、网约车等替代性出行服务日益完善，城市交通拥堵日益严重，停车难、车位贵等因素，也在一定程度上影响了消费者的购车意愿。河南汽车销售与全国汽车市场形势一致。

（二）网上零售等新型零售业态增速放缓

2018年，限额以上通过公共网络实现的商品零售额增长12.9%，比1~2月回落22.9个百分点，下拉限额以上零售额增速0.4个百分点，影响12.9%。网上零售增速回落的主要原因有：一是辖区内部分网上零售企业从8月起改变发货模式，实行分仓，其大部分消费者来自一线城市，重点仓在宁波、广州等

地，而郑州仓受二、三线城市消费群体薄弱、消费力不足的影响，在这种发货模式下交易额完成情况较以往降幅明显。二是受电商行业整体增速放缓等因素影响网上零售企业市场活跃度明显降低，增速明显回落。

（三）扣除汽车、网上零售，全省社会消费品零售总额增速总体平稳

2018 年以来，从月度累计看，限额以上零售额增速逐月回落，波动幅度在 0.2~0.8 个百分点之间，其中有 4 个月回落幅度超过 0.4 个百分点；扣除汽车类后，限额以上零售额增速逐月回落幅度在 0.1~0.5 个百分点，除 1~8 月回落0.5 个百分点外，其余均在 0.3 以内。汽车与网上零售同时扣除后，除 1~3 月比1~2 月提高 0.7 个百分点外，限额以上零售额累计增速有升有降，小幅波动，且波动幅度不超过 0.3 个百分点。消费品市场保持总体平稳。

三 2019年全省消费品市场展望

展望2019 年，全省上下仍应认真贯彻中央及省委省政府各项促消费政策措施，积极应对市场下行压力，消费品市场仍有望保持总体平稳的发展态势。

（一）消费品市场发展的有利因素

1. 宏观经济平稳发展，产业结构持续优化

2018 年以来全国及河南经济总体平稳。初步核算，2018 年，全省 GDP 增长 7.6%，高于全国 1 个百分点。产业结构持续优化，第三产业快速发展。2018 年，全省第三产业增加值增长 9.2%，高于 GDP 增速 1.6 个百分点。第三产业增加值占 GDP 比重的 45.2%，比 2017 年同期提高 1.9 个百分点。社会消费品零售总额增速高于固定资产投资 2.2 个百分点，比 2017 年扩大 1 个百分点，消费对经济增长拉动作用明显。

2. 消费品市场潜力巨大

河南有 1 亿人口，消费市场容量巨大，随着居民收入水平持续提高，消费结构升级，城镇化加快推进，消费潜力正加快释放。从城镇化发展进程来看，2017 年河南常住人口城镇化率为 50.16%，比 2016 年提高 1.66 个百分点，提

高幅度高于全国 0.49 个百分点。经测算，未来一段时期河南常住人口自然增长率若仍保持 2017 年水平，城镇化率保持年均提高 1.66 个百分点，每年城镇消费者将增加 170 万人以上，按照 2017 年城镇居民人均生活消费支出高于农村居民人均生活消费支出 1 万元左右水平计算，城镇化将带动河南消费品市场每年扩大 175 亿元以上。从人均消费水平来看，2017 年河南人均社会消费品零售总额 20574 元，低于全国平均水平 5700 多元，同比增长 11.3%，高于全国增幅 1.7 个百分点。

（二）消费品市场平稳发展面临的压力

一是宏观经济下行压力影响消费品市场。2018 年下半年以来，受诸多不确定因素影响，宏观经济下行压力有所加大，与此同时促消费政策的实施有一个滞后过程，消费者观望情绪仍然存在，河南消费品市场与全国一致，仍有可能延续稳中趋缓态势。二是居民收支持续放缓制约消费品市场平稳增长。2018 年一季度、上半年、前三季度和全年全省居民人均可支配收入分别增长 9.1%、9.1%、8.9% 和 8.9%，居民可支配收入增速的放缓在一定程度上将制约消费品市场增速。三是汽车销售持续走低对消费品市场影响持续显现。2018 年以来全省汽车类商品零售持续回落，8 月汽车类商品零售额增速由正转负，之后各月持续负增长，全年汽车类零售额累计增速比上年同期回落 6.4 个百分点。由于汽车类商品零售额占全省限额以上零售额的 30%，汽车类商品增速持续走低对全省消费品市场影响不容忽视。

（三）2019年消费品市场发展展望

总体来看，2019 年全省消费品市场平稳增长的动能依然存在，但在新常态下宏观经济保持中高速运行背景下，河南消费品市场面临汽车等传统消费拉动作用减弱，网上零售增速放缓，新的消费热点形成尚需一定时间等诸多方面的压力，但随着居民收入持续增长，消费升级不断深入，绿色消费、健康消费、品质消费等新的消费观念不断深入人心。基本生活类商品消费平稳增长；体育健身、文化娱乐、健康养老等消费升级类商品消费方兴未艾；新能源汽车销售较快增长；电子产品、通信器材等商品消费动力不减，消费

品市场平稳发展的动能依然存在。只要全省上下坚定贯彻中央与省委、省政府有关决策部署，全省消费品市场仍有望保持总体平稳，稳中趋缓的态势。

四　促进消费品市场快速增长的政策建议

当前，河南正处于经济转型发展关键时期，消费保持平稳增长是经济增长的主要驱动力，对经济增长的基础性作用持续增强。进一步完善消费品市场政策措施，维护消费品市场健康平稳发展对全省经济平稳健康运行具有重要作用。

（一）持续提高城乡居民收入，释放居民消费潜能

一是稳步提高城镇居民收入。建立健全收入增长机制，改革和完善收入分配制度。二是提升农村居民收入水平。优化农村产业结构，鼓励发展镇村企业，促进农业体验经济和乡村旅游健康发展，完善农村社保体系，加快城镇化进程，推动农村劳动力向城镇转移。三是继续鼓励"大众创业，万众创新"。加大对"双创"活动的政策扶持力度，降低创业门槛，切实保护知识产权和研究成果，提高人民创业、创新积极性。四是健全社会保障机制，进一步健全住房、医疗、教育等基本保障力度，大力推进租购并举的住房制度发展，完善医疗保障支付制度，优化医疗资源配置，着力解决入城务工人员子女就近入学、入托难问题。解决居民消费的后顾之忧，进一步释放城乡居民消费潜能。

（二）大力推动网上零售发展，促进线上线下消费加快融合

一是紧抓互联网消费等新型消费特点，以跨境电子商务实验区、河南自贸区等国家战略为契机，加大信息消费基础设施建设力度，加快推进第三方交易平台建设，大力发展电子商务。加快推进传统商贸领域与电子商务线上线下交易融合发展，实现商品、交易、营销等数据的互融共通，向消费者提供跨渠道、无缝化的消费新体验。二是加强引进新零售巨头线下店铺，加大对淘宝、京东等线下体验店的引进力度，大力支持网上零售巨头在河南设立物流仓和配送中心，增强居民消费体验，减少网购商品物流成本和时间成本，稳定区域内购买力。三是鼓励传统零售企业借助网上零售平台加快推进商业模式转变，扩

大消费品市场影响范围。积极推进网上订房、网上订餐等服务模式，提升服务效率和服务品质。

（三）加快推进服务消费发展，促进消费升级

一是加快发展文化旅游消费。充分利用河南历史文化积淀深厚优势，充分发掘名人故里、姓氏起源等文化资源，打造好"老家河南"文化名片。加强文化、旅游资源整合，规范旅游市场秩序，大力发展全域旅游。加强对乡村旅游的政策指导，提升乡村旅游品质。二是进一步健全健康养老家政服务。在有效保障基本医疗和健康服务的前提下，支持社会力量提供多层次多样化的医疗健康服务。健全以居家为基础、以社区为依托、机构充分发展、医养相结合的多层次养老服务体系。积极引导家政服务业专业化、规模化建设，加强家政服务人员岗前岗中培训，切实提高服务质量。

（四）加强消费市场保障机制建设

要严把消费产品和服务质量关，深入推进内外销产品"同线同标同质"工程稳步实施，加快推进消费品和服务标准制定完善。规范市场经营秩序、严厉打击违法经营行为、切实维护消费者权益。要继续加强企业诚信建设，健全守信激励和失信惩戒机制，进一步完善守信激励和失信惩戒措施。要切实维护消费者权益，畅通消费者维权渠道，重点加大对侵犯消费者隐私权行为的打击惩戒力度。

B.8

2018～2019年河南省对外贸易形势分析与展望

付晓莉　郭　谦*

摘　要：　2018年，河南省外贸进出口值达5512.05亿元，再创历史新高。外贸进出口额在中部居第1位，在全国居第11位。整体来看，河南对外贸易市场更趋多元化，贸易方式进一步转变，商品结构进一步优化。本文在分析河南省外贸面临的不利和有利因素的基础上，建议通过驱动创新，提高贸易便利化，加大多元化市场开拓力度，积极扩大进口等措施推动全省外贸做大做强。

关键词：　河南　对外贸易　进出口

2018年以来，面对错综复杂的国际经贸环境，河南省在扩大进口、优化口岸营商环境、促进跨境贸易便利化、出口退税等方面，出台了一系列有力度的政策措施。各地区、各部门狠抓政策落实，营造良好的发展环境，切实降低进出口企业成本，提振企业进出口信心。2018年，全省有进出口记录的企业7747家，较2017年增加了993家。进出口总额为5512.05亿元，与2017年相比增长5.3%，分别居中部第1位，全国第11位。其中出口额为3578.25亿元，同比增长12.8%；进口额为1933.80亿元，同比下降6.2%。进出口企业主动适应市场需求新变化，加快转型升级，国际竞争力进一步提高。

＊　付晓莉，郑州海关综合统计处处长；郭谦，郑州海关综合统计处主任科员。

一　2018年全省外贸进出口主要特点

（一）上半年月度进出口保持平稳，9月当月进出口额创全年新高

2018年上半年，全省外贸季度进出口额均维持在1000亿元左右，第三季度全省进出口额攀升至1542.54亿元，第四季度进出口额超1800亿元，达1842.84亿元。全年外贸整体呈现先抑后扬的态势（见图1）。

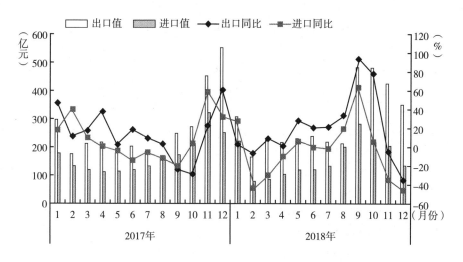

图1　2017年和2018年河南省月度进出口额走势

（二）贸易方式进一步优化，一般贸易占比持续提高

2018年，国内产业链长、附加价值高的一般贸易进出口额为1856.09亿元，同比增长16.3%，比整体进出口额增速高11个百分点，占进出口总额的33.7%，比2017年提升3.2个百分点。其中，一般贸易出口额为1276.57亿元，同比增长20.9%，占出口总额的35.7%，比2017年提高2.4个百分点。一般贸易实现较快发展，表明外贸自主发展能力进一步增强。加工贸易进出口额为3563.50亿元，同比增长1.8%。其中，出口额为2267.97亿元，同比增长9.3%；进口额为1295.54亿元，同比下降9.1%。

（三）对美国、欧盟、东盟等主要市场增长态势良好，对日本、韩国出口有所下滑

2018 年，河南省对美国进出口额为 1382.66 亿元，同比增长 27.6%，占同期全省外贸总额的 25.1%，美国居全省第一大贸易伙伴地位。对欧盟、东盟进出口额分别为 647.47 亿元、638.82 亿元，同比分别增长 2.0%、38.8%。同期，对中国台湾地区、日本进出口额分别为 460.45 亿元、357.41 亿元，同比分别下降 11.8% 和 24.9%（见表 1）。

表 1　2018 年河南省与主要贸易伙伴进出口情况

单位：亿元，%

产终国	进出口额	同比增长	出口额	同比增长	进口额	同比增长
美国	1382.66	27.6	1326.02	31.4	56.64	-24.1
欧盟(28 国)	647.47	2.0	539.11	5.5	108.36	-12.2
东盟(10 国)	638.82	38.8	276.14	17.1	362.68	61.6
中国台湾	460.45	-11.8	25.28	2.0	435.18	-12.4
日本	357.41	-24.9	246.86	-22.4	110.55	-29.8
韩国	326.93	-25.3	79.71	2.9	247.22	-31.4
中国香港	185.79	4.2	185.66	4.1	0.13	86.3
澳大利亚	162.85	4.4	82.34	10.2	80.51	-1.0
墨西哥	114.14	17.6	46.63	39.9	67.51	5.9
巴西	101.73	14.9	39.77	-5.4	61.96	33.4

（四）外商投资企业超六成，民营企业增势显著

2018 年，全省外商投资企业进出口额为 3562.39 亿元，同比下降 0.8%，占同期全省外贸总额的 64.6%；民营企业和国有企业进出口额分别为 1501.24 亿元和 446.83 亿元，同比分别增长 23.2% 和 6.3%。

（五）机电产品出口保持稳定增长，化妆品进口额有所下降

2018 年，河南省机电产品出口额为 2607.08 亿元，同比增长 11.1%；高新技术产品（与机电产品有重合）出口额为 2277.38 亿元，同比增长 10.0%，

其中手机出口额为 2115.78 亿元，同比增长 9.4%；服装、箱包、家具等劳动密集型产品出口额为 212.73 亿元，同比增长 22.5%；农产品出口额为 169.05 亿元，同比增长 13.3%。此外，未锻轧铝和铝材出口额为 101.16 亿元，同比增长 31.8%；汽车出口额为 51.28 亿元，同比增长 22.8%；汽车零配件出口额为 43.26 亿元，同比下降 5%。进口方面，集成电路是河南省第一大进口商品。2018 年，河南省集成电路进口额为 710.78 亿元，同比下降 9.1%；同期电视、收音机及无线电信设备的零附件进口额为 192.39 亿元，同比下降 14.7%、铜矿砂及其精矿进口额为 106.20 亿元，同比增长 56.5%；美容化妆品及护肤品进口额为 62.35 亿元，同比下降 3.9%（见表2）。

表2　2018 年河南省出口、进口主要商品统计

单位：亿元，%

出口商品	出口额	同比增长	进口商品	进口额	同比增长
机电产品	2607.08	11.1	机电产品	1401.09	-9.1
其中:手机	2115.78	9.4	其中:集成电路	710.78	-9.1
农产品	169.05	13.3	铜矿砂及其精矿	106.20	56.5
未锻轧铝及铝材	101.16	31.8	农产品	85.83	-18.8
服装及衣着附件	74.75	29.9	美容化妆品及护肤品	62.35	-3.9
纺织纱线、织物及制品	70.87	11.8	铁矿砂及其精矿	52.53	-16.3
汽车	51.28	22.8	大豆	37.68	-35.7
汽车零配件	43.26	-5.0	计量检测分析自控仪器	34.26	19.2
家具及其零件	29.47	35.3	纸浆	25.11	5.8
陶瓷产品	27.15	19.1	印刷电路	22.36	-16.0
新的充气橡胶轮胎	26.98	-13.2	煤及褐煤	20.08	44.6

（六）对外贸易区域分化明显，郑州市占比增至七成

2018 年，郑州、南阳、焦作进出口总额居河南省各地市前列，进出口额分别达到 4105.40 亿元、169.54 亿元和 161.47 亿元，同比分别增长 2.2%、28.7% 和 8.6%。其中郑州市进出口额占全省外贸进出口总额的 74.5%（见表3）。

表3　2018年河南省各地市进出口值统计

单位：亿元，%

地市	进出口值	同比增长	出口值	同比增长	进口值	同比增长
郑州市	4105.40	2.2	2577.14	10.7	1528.26	-9.4
南阳市	169.54	28.7	142.17	30.7	27.37	19.5
焦作市	161.47	8.6	117.32	8.9	44.15	7.8
洛阳市	143.68	7.9	133.41	13.4	10.27	-33.8
济源市	134.99	-3.4	28.72	-7.9	106.27	-2.1
许昌市	112.11	-3.3	102.87	-4.2	9.24	7.7
三门峡市	111.51	38.9	26.60	19.4	84.92	46.4
周口市	93.69	21.6	77.59	43.8	16.10	-30.2
新乡市	79.56	14.6	63.35	19.7	16.22	-1.7
漯河市	62.63	18.5	57.42	22.4	5.21	-12.0
安阳市	59.20	2.3	33.30	38.1	25.90	-23.2
开封市	57.62	53.9	50.54	45.9	7.09	152.7
濮阳市	54.62	36.7	41.67	25.0	12.94	96.0
信阳市	46.89	27.5	27.38	35.9	19.51	17.3
平顶山市	38.96	2.0	36.08	10.1	2.88	-46.8
驻马店市	32.72	38.2	26.74	30.1	5.97	91.1
鹤壁市	23.83	52.7	16.29	46.8	7.54	67.4
商丘市	23.62	19.5	19.66	7.4	3.96	170.0

二　2018年全省外贸进出口稳步增长的有利因素

（一）"空中丝绸之路"为河南对外开放提供新动能

2018年6月，由中国民用航空局联合河南省政府编制的《郑州国际航空货运枢纽战略规划》发布并逐步实施，这是全国唯一一个以货运为主的战略规划，规划将郑州机场定位为全球航空货运枢纽、现代国际综合交通枢纽、航空物流改革创新试验区以及中部崛起的新动力源。2018年，郑州机场客货运规模继续保持中部地区"双第一"，其中完成旅客吞吐量2733万人次，同比增长12.5%，增速在全国2000万人次以上大型机场中排名第一，一年净增客运量超过 300 万人次，全国行业排名上升至全国第 12 位；完成货邮吞吐量 51.5 万吨，货运规模稳居全国第 7 位。最新数据显示，在郑运营货运航空公司、全货机航线、通航城市分别增加到 21 家、34 条和 37 个，行业位次由第 15 位提升至第 7 位；周计划航班量超过 110 班，在全球前 20 位货运枢纽机场中已开通 15 个航点，货运航空公司数量、货运航线、通航城市、全货机运力及航班量均居全国第 5 位；基本形成了横跨欧亚美三大经济区、覆盖全球主要经济体的航线网络，货运航线网络的通达性和便利性持续提升，集疏能力显著增强。

（二）推进陆路运输通道建设和开放口岸建设，对外开放水平提高

"一带一路"倡议实施以来，河南省紧跟中央步伐，紧抓有利时机，掌握战略主动，依托中欧班列，着力打造贯通欧亚、通江达海的交通走廊，发挥产业间的关联效应，带动进出口增长和产业转移，全面提高河南省对外开放水平。2018 年 12 月 7 日，中欧班列（郑州－东盟越南）国际货运线路正式开通，郑州－东盟越南线路是中欧班列（郑州）继欧洲线路（汉堡、慕尼黑和列日等）、中亚线路（塔什干、阿拉木图等）开行之后，新增的第三个地区性线路。也是继中欧班列（郑州）东向亚太的铁公海多式联运通道、西向新疆阿拉山口和北向内蒙古二连浩特通道之后，开辟的第四个方向——广西凭祥对接东盟的南向通道。5 年来，凭借交通区位优势，中欧班列（郑州）的载货量以每年 20%~30% 的速度递增，境内覆盖以郑州为中心 1500 公里半径、国内 3/4 的省份，拥有境内外合作伙伴 3000 多家，开行班次从每月一班发展到每周八班，已经成为中欧班列 65 条线路之中的精品班列。中欧班列（郑州）自 2013 年 7 月 18 日运行以来，截至 2018 年底已累计开行近 1760 班，是国内唯一一家实行高频往返常态化开行的中欧班列，在国内所有的中欧班列中综合实力保持领先位置。

（三）综合保税区产业集聚效应明显

作为全省承接加工贸易产业转移的重要阵地，新郑综合保税区经过多年的发展和运作，区内企业进出口额逐年扩大，2018 年，新郑综合保税区有进出口业务的企业达 29 家，进出口额为 3415.35 亿元，是推动全省外贸保持快速增长的重要力量。

（四）国际市场布局进一步优化，"一带一路"贸易合作取得丰硕成果

2018 年是习近平总书记提出共建"一带一路"倡议五周年。五年来，共建"一带一路"倡议从理念转化为行动，从愿景转化为现实，取得了丰硕成果，贸易畅通给双方都带来了实实在在的利益。河南与"一带一路"沿线国家的进出口贸易保持良好发展态势，双向贸易额为 1187.89 亿元，同比增长 23.0%，高出同期全省外贸整体增速 20.8 个百分点，占全省进出口总额的 21.6%，较 2017 年提升 3.1 个百分点。其中，出口额为 777.99 亿元；进口额为 409.90 亿元。

三　当前全省外贸发展中存在的问题和不利因素

（一）外贸规模与经济总量不相匹配，对内生经济的拉动作用有待进一步提升

近年来，全省外贸取得长足发展，但由于基数偏小，外贸依存度一直以来低于全国平均水平。2018 年，河南外贸总值占全国比重的 1.8%，外贸总体规模与全省经济总量并不匹配。同时，全省外贸依存度与全国平均水平和中部其他省份相比也存在较大差距。近年来，河南省外贸依存度维持在 10% 左右，与同期全国 30% 的平均水平有较大差距，较同处中部的江西、安徽也处于劣势。过低的外贸依存度反映出全省外贸对经济发展的贡献率尚有较大提升空间。

（二）商品出口结构取得长足发展，但在全球价值链中的地位仍处于下风

近年来，河南出口商品结构得到很大程度的优化和提升，但总体上仍处于全球价值链分工体系低端环节的格局没有得到根本改观。特别是出口竞争力较强的劳动密集型产品，更多仍是以廉价劳动力为核心竞争要素，随着劳动力成本上升，相关行业及产品赖以生存的"人口红利"必须要从低成本的数量红利，加快向素质红利转换，通过高素质人才积累，在全球价值链分工中获得新

的比较优势。而对于出口占比最高的技术密集型产品，其核心技术和产品定价权仍被发达国家的跨国公司所掌握，迫切需要通过自主创新，力争在关键核心技术上取得突破，以避免在全球价值链分工上的"低端锁定"。

（三）全球经济周期性复苏势头减弱的风险上升给全省外贸发展带来不确定因素

从国际形势看，主要经济体工业生产、制造业采购经理人指数等主要指标已现减速趋势，发达经济体房地产市场涨幅趋缓，显示经济由较快增长转为平稳增长。美国减税政策的刺激效应逐渐减退，美欧等发达经济体持续收紧货币，全球宏观经济政策支撑经济增长的力度减弱，抑制作用增强。特别是一些新兴经济体自身经济脆弱性凸显，又受发达经济体收紧货币外溢效应影响，经济金融形势严峻，成为威胁世界经济增长的重要风险。国际货币基金组织（IMF）最新预测显示，2019 年全球经济增速将为 3.7%，与 2018 年持平。

四　2019年全省外贸形势展望及相关建议

（一）2019年外贸形势展望

2018 年，全球经济维持复苏态势，但分化态势明显，主要经济体增速接近触顶，部分新兴市场国家出现金融动荡。展望未来，全球经济面临的下行风险加大，加息或将成为 2019 年货币政策主旋律。其中，美国经济增长见顶、全球债务负担等是全球经济运行潜在风险，值得高度警惕。一方面经济增长的动力仍然存在。摩根大通全球综合 PMI 指数仍维持在 53% 以上的水平，其中新订单指数、服务业指数均保持在 53.5% 以上，制造业指数略有下滑，但也维持在 52% 以上。全球就业状况持续改善，美日两国基本处于充分就业状态；在一系列劳动力市场改革措施的推动下，欧元区失业率大幅降低至 8.1%，接近危机前最低水平。全球通胀率略有上升，但仍处于温和状况，有利于企业扩大生产和提高薪资水平，从而推动固定投资、居民消费增长。另一方面经济下行风险日益凸显。全球范围直接投资流量连续三年下滑，其中 2016 年同比减少 2%，2017 年同比减少 23%，2018 年上半年同比减少 41%，降幅创国际金

融危机以来最大幅度，主要由作为全球投资主导力量的发达经济体在收缩国际投资所致。在贸易保护主义的阴霾下，全球贸易增速明显下滑。

从产业机构看，手机产业作为全省外贸的支柱产业，对外贸进出口的稳定起到至关重要的作用。从 2015 年至今，手机行业进出口额占比从高峰期的 67% 逐渐回落到 2018 年的 60%，依存度进一步下降。2018 年，全省出口手机 2115.12 亿元，同比增长 9.4%。摩根大通最新报告显示，由于更换周期延长和中国市场需求疲软，2019 年苹果手机销量将同比下降两位数。预计全行业的销量将下降 4.8% ~ 5.5%，较 2018 年下降 2.9 ~ 3.3 个百分点进一步恶化。如果全球手机销量整体回落，将在一定程度上影响全省外贸的进一步发展。

（二）促进对外贸易的对策建议

1. 坚持驱动创新，构筑国际竞争新优势

引导企业加强对自主研发的投入，在准确评估不同产品和产业在全球价值链的分工和竞争力基础上，明确升级的目标和方向，通过重点开发高新技术、高附加值的产品及配套零部件，提高产品技术含量，加强自主品牌建设，从出口产品向输出"产品＋服务"转变，培育向全球价值链中高端延伸的国际竞争新优势。

2. 优化进口结构，促进贸易平衡和消费升级

当前，我国正处于从投资拉动型向消费驱动型的转型过程中，而扩大进口是促进国内消费升级、满足人民对美好生活需求的有效手段。自 2018 年以来，国家层面高度重视扩大进口工作。2018 年 4 月，习近平总书记在博鳌亚洲论坛年会开幕式上对外宣布，中国将主动扩大进口，促进经常项目收支平衡，努力增加人民群众需求比较集中的特色优势产品进口。同年 5 月持续出台降税举措，不断释放我国主动扩大进口的信号。在新时期，河南应认真落实国务院《关于扩大进口促进对外贸易平衡发展的意见》以及各项进口降税措施，提高进口便利化水平，健全完善进口管理工作机制，推动进口与国内流通衔接，搭建更多进口促进平台，抓住中国国际进口博览会的机遇，做好招展和招商工作，扩大进口规模，优化进口结构，促进对外贸易的平衡发展。

3. 充分发挥自贸试验区政策红利，改善营商环境

河南自贸试验区的建立和发展，为河南对外贸易创造了良好的平台和机

遇。尤其是自贸试验区内的跨境电子商务作为一种新型贸易业态，具有传统外贸所不具备的优点，有利于提高全省外贸企业经营的创新性和灵活性，对促进全省外贸转型升级具有积极作用。此外，区内企业的规模聚集有利于外贸企业降低经营成本，加快信息传递和彼此合作，共享创新成果。准确把握河南自贸试验区发展的总体特点和典型特征，灵活地调整政府政策和保障性规章制度，为自贸试验区内企业营造更好的营商环境。

4. 优化营商环境，提高贸易便利化新水平

提高外贸公共服务水平，减税降费切实降低企业负担，鼓励创新型、创业型中小企业发展，支持中小微企业走"专精特新"和与大企业协作配套发展的道路，增强外贸企业参与国际分工、开拓国际市场的能力；深化金融综合改革，增强金融支撑，加大对企业特别是小微企业、科创企业的融资支持力度，降低企业融资成本；复制推广上海、广东、海南等自贸区改革试点经验，提升投资贸易便利化、自由化水平，把河南打造成吸引和利用外资新高地；针对口岸通关环节存在的突出问题，加强口岸建设管理，加快国际贸易"单一窗口"建设，改进通关服务，提高查验、物流、仓储等设施装备自动化和协作水平，提高效率、降低费用，进一步缩小与国内先进省份的差距。

5. 积极应对国际贸易摩擦，维护河南外贸稳定发展

2018年以来，河南外贸发展形势有所改善，但外贸发展面临的风险因素也在增多。要及早开展外贸市场研究，重点关注美国、欧盟、韩国等政治、经济方面的"黑天鹅"风险，采取相应措施，稳定传统市场，同时加大对东盟、印度等发展较快市场的开拓力度，降低河南外贸集中度；降低"走出去"风险。在金融、保险、外汇等领域加强对进出口企业的综合支持力度，帮助企业预判、降低新兴市场投资风险，帮助企业更好地实现国际化发展；积极应对贸易摩擦。密切关注国际贸易摩擦的动态和发展趋势，加强监测预警和预判，建立贸易摩擦事前、事中、事后应对体系，加强对企业应对贸易摩擦的指导和政策支持，鼓励企业积极应诉，将贸易摩擦对河南外贸的影响降到最低。

B.9
2018～2019年河南省财政
形势分析与展望

胡兴旺　赵艳青*

摘　要：　2018 年河南财政收支运行总体平稳，为全省经济社会发展提供了有力支撑。但同时，财政运行和管理中也存在收支矛盾突出、资金使用效率不高、改革进展不均衡等问题。2019 年要以习近平新时代中国特色社会主义思想为指导，深刻把握新时代对财政工作的新要求，全面深化财税体制改革和实施更加积极有效的财政政策，更好发挥财政在国家治理中的基础和重要支柱作用。

关键词：　河南　财政收支　财税体制改革

2018 年，面对严峻复杂的经济形势，全省财政系统以习近平新时代中国特色社会主义思想为指导，认真贯彻落实省委、省政府决策部署，按照高质量发展的要求，以推进供给侧结构性改革为主线，统筹做好稳增长、促改革、调结构、惠民生、防风险各项工作，财政预算执行情况总体较好，为全省经济社会平稳健康发展提供了支撑。

一　2018年全省财政收支情况

2018 年，河南省财政收支运行总体平稳，圆满完成了年度预算收支任务。

---

* 胡兴旺，博士，研究员，河南省财政厅政策研究室主任；赵艳青，硕士，河南省财政厅政策研究室。

全省一般公共预算收入 3763.9 亿元（快报数，下同），同比增长 10.5%；一般公共预算支出 9225.4 亿元，同比增长 12.3%，突破 9000 亿元大关。

（一）一般公共预算收入平稳增长

2018 年，在全省一般公共预算收入中：地方税收收入 2656.5 亿元，同比增长 14.0%，税收收入占一般公共预算收入比重的 70.6%，同比提高 2.2 个百分点。非税收入完成 1107.4 亿元，增长 2.7%。一般公共预算收入的增长与全省 GDP 增长相适应。

一是收入质量逐步提高。积极推进综合治税，推进涉税信息共享，堵塞跑冒滴漏；升级非税收入征管系统，规范非税收入管理，持续优化收入结构，税收收入占一般公共预算收入的比重为 70.6%。二是增速呈回落趋势。全年一般公共预算收入增长 10.5%，增幅比前 11 个月和前 10 个月分别回落 1.3 个、2.2 个百分点；税收收入增长 14.0%，增幅比前 11 个月和前 10 个月分别回落 1.9 个、3.2 个百分点。三是受减税政策效应持续显现影响，主要税种增长放缓。国内增值税、改征增值税、企业所得税和个人所得税分别增长 11.9%、15.9%、11.5% 和 19.0%，增幅比前 11 个月分别回落 1.9 个、2.6 个、1.8 个和 3.8 个百分点。四是地区之间收入不均衡。18 个省辖市一般公共预算收入 3557.5 亿元，同比增长 10.7%。一般公共预算收入增速最低的南阳市（3.8%）比增速最高的济源市（24.1%）低 20.3 个百分点；人均一般公共预算收入最高的郑州市（11660 元）是人均一般公共预算收入最低的周口市（1476 元）的 7.9 倍；税收收入占一般公共预算收入最低的洛阳市（66.9%）比税占比最高的济源市（84.0%）低 17.1 个百分点。

（二）财政支出增长较快，民生和重点支出保障较好

2018 年全省一般公共预算支出 9225.4 亿元，连续三年每年迈上一个千亿元台阶。全省民生支出 7126.5 亿元，占一般公共预算支出比重的 77.2%，其中落实重点民生实事资金 1023.6 亿元，各项民生政策得到较好保障。分科目看，教育、科学技术、社会保障和就业、医疗卫生与计划生育、城乡社区、农林水、节能环保、住房保障分别增长 11.8%、13.4%、12.6%、12.0%、8.4%、5.2%、48.3% 和 30.5%。一般公共预算支出增长较快，反映财政部门

管理水平进一步得到提升，财政资金绩效观念得到进一步加强，财政改革的成效得到进一步的体现。财政支出从以下几方面为经济保驾护航，为民生添砖加瓦。

一是财政着力助发展。完善财政政策，健全投入机制，聚焦关键领域和薄弱环节，推动深化供给侧结构性改革，助推实体经济健康发展；支持创新驱动发展，抓好创新载体，壮大创新主体，助推加快新旧动能转换；支持打好打赢防范化解重大风险、精准脱贫、污染防治三大攻坚战，补齐突出短板。二是财政合力强基础。加大投入力度，创新投入方式，支持现代交通、信息、水利等项目建设，加快乡村振兴战略实施，完善百城建设提质工程投融资体系，统筹推进"五区"联动、推动"四路"并进、强化"四类平台"建设，筑牢河南发展基础。三是财政聚力保民生。强化资金保障，加强资金管理，支持高校毕业生就业创业和农民工返乡创业，提高养老金标准，提高医疗保险财政补助标准，加快国家区域医疗中心建设，支持扩充教育资源，支持公益性文化设施免费开放，扎实做好住房保障工作，提高人民群众获得感。

（三）财税体制改革扎实推进

河南省把抓好重大改革任务落实作为政治责任，精心谋划、周密组织、扎实推进，各项重点改革取得新成效，八大类改革任务111项具体改革事项均按时间节点保质保量完成，很多好的经验、好的做法受到中央和省委、省政府的肯定。一是推进省与市县财政体制改革，在基本公共服务、外交、教育、科技、交通、环境保护6个领域开展省与市县财政事权和支出责任划分改革试点。以中央确定的八大类18项基本公共服务事项为基础，研究提出基本公共服务领域省与市县共同财政事权和支出责任划分改革的方案。二是完善预算管理制度改革。启动县级中期财政规划编制改革，实现中期财政规划管理省、市、县三级全面覆盖。积极盘活财政沉淀资金，收回财政存量资金65.1亿元。建立盘活财政存量资金与预算安排挂钩机制，推动省直部门和市县财政部门切实加强存量资金管理。加强专项资金清理整合，专项资金项目数量由2017年的170项压缩到2018年的110项，避免了专项资金使用的碎片化问题。三是全面加强预算绩效管理。坚持"花钱必问效、无效必问责"原则，将绩效理念和方法深度融入预算管理全过程，着力提高财政资金使用效益。研究起草河南省《关于全面推进预算绩效管理的实施意见》和绩效目标、绩效监控、绩效评价、结果应用等配套办法，构建"1＋6"政策制度体系，加快建成全方位、全过程、全覆盖的预算绩效管理体系。四是深化税制改革。出台《河南省环境保护税核定征收暂行办法》《河南省水资源税改革试点实施办法》及征收方式和税额标准等建议，稳步推进环保税、水资源税、资源税、个人所得税等各项税制改革。从调整税制结构、培育地方税源、加强地方税权等方面积极谋划地方税体系建设。五是深化国有资产管理制度、政府购买服务等其他改革。

二 2019年全省财政形势及政策取向

（一）财政形势分析

当前经济形势复杂，危和机并存。从全国情况看，虽然世界经济出现了新情况、新变化，但我国发展拥有足够的韧性、巨大的潜力，经济长期向好的态势不会改变。同时，我国发展面临内需增长放缓、发展新动能不足、融资难融资贵、重点领域风险压力较大以及能源原材料、人工、用地等要素成本较高的掣肘。从全省情况看，全省经济运行总体平稳的态势没有改变，社会用电量、货物运输量等经济先行指标增速仍比较高，规模以上工业企业中盈利面仍在80%以上。河南人口多、市场大、城镇化率不高，消费和投资的增长空间大。与此同时，全省经济社会发展面临不少困难，存在转型发展任务艰巨、企业经营困难较多、风险隐患不容忽视、民生还有不少短板，特别是受经济下行及贸易摩擦影响，全省经济运行将面临较大压力。从财政运行看，受经济下行压力加大、2019年要实施更大规模减税降费，以及2018年年中实施新的减税降费政策带来的翘尾减收等因素影响，预计2019年财政收入增长将明显放缓。同时，财政支出增长刚性较强，支持打好三大攻坚战、科技创新、供给侧结构性改革、"三农"工作、保障和改善民生等领域资金需求较大。综合分析，2019年财政收支平衡压力较为突出，必须加强统筹安排，确保财政运行的可持续性。充分考虑经济发展和减税降费因素，2019年全省一般公共预算收入预期增长目标为7%。

（二）财政政策取向

按照国家安排部署，2019年宏观政策要强化逆周期调节，积极的财政政策要加力提效。"加力"体现在实施更大规模的减税降费和增加支出规模。一是实施更大规模的减税，坚持普惠性减税和结构性减税相结合，重点减轻制造业和小微企业负担，支持实体经济发展。二是推进更为明显的降费，清理规范地方收费项目，加大对乱收费行为的查处和整治力度。三是加大财政支出力度。根据经济形势和各方面支出需求，适度扩大财政支出规模。同时，较大幅度增加地方政府专项债券规模，支持重大在建项目建设和补短板。

"提效"体现在提高财政资金配置效率、使用效益和财政收入质量。一是提高财政资金配置效率，就是要坚持有保有压，聚焦重点领域和薄弱环节，进一步调整优化支出结构。要增加对脱贫攻坚、"三农"、结构调整、科技创新、生态环保、民生等领域投入。大力压减一般性支出，严控"三公"经费预算，取消低效无效支出。二是提高财政资金使用效益，将预算绩效管理贯穿预算编制执行全过程。继续盘活财政存量资金，统筹用于急需资金支持的领域。

2019年实施积极财政政策，在稳定总需求的同时，要坚持以供给侧结构性改革为主线不动摇，认真贯彻落实"巩固、增强、提升、畅通"八字方针，围绕巩固"三去一降一补"成果、增强微观主体活力、提升产业链水平、畅通国民经济循环，发挥好财税政策的结构性调控优势，推动经济高质量发展。

三 2019年全省财政政策建议

2019年是新中国成立70周年，是全面建成小康社会关键之年。要以习近平新时代中国特色社会主义思想为指导，全面贯彻落实党的十九大和十九届二中、三中全会精神以及习近平总书记视察指导河南工作时的重要讲话，认真贯彻落实"六稳"要求，科学谋划，统筹兼顾，做好各项财政工作、保持经济平稳运行、维护社会和谐稳定。

（一）加强财政收支管理

加强财政收支管理是确保全省经济社会持续健康发展的重要基础，特别是

2019 年经济面临不少困难，加之实施更大规模的减税降费政策，同时保障民生及重点支出不断增加，收支矛盾异常突出，因此要提高收支管理，进一步提高财政运行的科学化和规范化水平。一是加强收入管理。切实加强对财政的前瞻性研究，注重财政收入预测分析，及时发现预算执行中存在的问题并加以解决。深入推进综合治税，做好分析比对，确保实现应收尽收，提高税收征管效能，切实堵塞"跑冒滴漏"，进一步提高财政收入质量。二是强化支出管理。继续做好中期财政规划编制工作，提高规划编制质量，强化预算约束力，规范预算执行中追加支出事项的申报、审批程序。加快盘活财政存量资金力度，调整用于急需资金支持的领域。加快预算执行进度，进一步提高预算执行的及时性、均衡性、有效性。继续完善"制度＋技术"模式，加快推进收入、支出、债务三个方面在线监控系统建设。三是加快推动全面实施预算绩效管理，进一步完善事前绩效评估、绩效目标设置、指标体系建设、执行监控、绩效评价、结果应用等机制，切实提升财政资源配置效率和使用效益。

（二）积极支持打好三大攻坚战

全面贯彻党中央、国务院和省委、省政府决策部署，坚定支持打好三大攻坚战。一是严格控制地方政府隐性债务，全面推进政府隐性债务化解工作，全方位监控政府债务，严堵违法违规举债"后门"；同时要坚持开好"前门"，用足用好专项债券政策，合理扩大专项债券使用范围，支持铁路、机场、收费公路、保障性住房等领域有一定收益的公益性项目建设，做好项目储备，加快资金拨付，充分发挥债券资金使用效益。二是全力支持精准脱贫，强化财政投入社会保障领域，将脱贫攻坚投入作为优先保障项目，足额安排省级配套资金，深入推进贫困县涉农资金整合试点，拓宽扶贫资金来源渠道。三是支持打好污染防治攻坚战，积极推进生态文明建设，统筹利用各类资金来源，积极支持实施经济结构提质、生态功能提升、国土绿化提速、环境治理提效"四大行动"，加强大气、水和土壤治理，坚决打赢蓝天保卫战，加快解决突出生态环境问题。

（三）加力提效为市场增活力

统筹财政政策和资金，聚焦支持全省发展的关键领域和薄弱环节，释放市场活力，推动经济高质量发展。一是发挥财政资金撬动作用。规范高效推广应

用 PPP 模式，加快政府投资基金项目落地，综合运用贴息、奖补、风险补偿等方式，积极发挥科技贷、小额信贷、小微企业信贷风险补偿、政府采购合同融资等政策的作用，撬动更多金融资本支持实体经济发展。二是积极落实支持民营经济发展壮大的财税政策。全面落实已出台的减税降费政策，对小微企业和科技型初创企业实施普惠性税收减免，适度下调养老保险费率，稳定缴费方式，确保总体上不增加企业特别是小微企业负担。统筹运用普惠金融发展专项资金，引导各类企业对接资本市场，推进政策性融资担保体系建设，继续用好政府采购合同融资、小微企业信贷补偿金，切实缓解民营企业融资压力。三是推动经济转型升级。聚焦短板和薄弱环节，综合采用财政贴息、奖补、专项资金、政府投资基金等政策手段，支持实施 12 个省定重点产业转型发展专项方案，推进实施"三大改造"和十大重点新兴产业发展。四是提升经济创新力和竞争力。完善先行先试政策体系，深化科技经费管理改革，提升专项资金使用效益，支持郑洛新三市培育创新优势产业。统筹重大科技专项等资金，重点支持河南省关键共性技术攻关。

（四）推进统筹城乡区域协调发展

支持农业农村发展和新型城镇化建设，缩小城乡发展差距，着力构建全省一体化新格局。一是继续加大"三农"投入力度，深化农业供给侧结构性改革，落实好惠农、富农政策，完善支持政策体系，建立健全实施乡村振兴战略多元投入保障机制。二是健全完善农业社会化服务体系，促进小农户和现代农业发展有机衔接。落实农业保险补贴政策，推动农业保险提质增效。三是持续加快新型城镇化建设。重点支持百城建设提质工程、机场、铁路、保障性住房等领域重大公益性项目建设，充分发挥债券资金使用效益。引导各市县加快城镇基础设施和公共服务设施建设，有序推动农业转移人口市民化。四是积极支持基础设施补短板，统筹使用省级新增债券资金，支持"米"字形铁路、新郑机场三期扩建工程、十大水利工程、省科技馆等重点项目建设，发挥投资对优化供给结构的关键性作用。

（五）提高保障和改善民生水平

牢牢把握以人民为中心的发展思想，坚持经济发展和民生改善相协调，尽力而为、量力而行，突出保基本、兜底线，不断满足人民日益增长的美好生活需要。一是进一步优化教育支出结构，支持郑州大学、河南大学加快"双一流"建设。落实义务教育经费保障机制，提高连片特困县义务教育阶段乡村教师生活补助标准，推动城乡义务教育一体化发展。二是用好就业专项资金，实施全民技能振兴工程，支持农民工、退役士兵、大学生等重点群体就业创业。三是提高城乡低保补助、城乡居民最低基础养老金等标准，稳步提高社会保障水平。四是提高城乡居民基本医疗保险财政补助、基本公共卫生服务均等化补助等标准，提高医疗卫生服务水平。五是整合设立公共文化服务体系建设专项资金，加快建设覆盖城乡、便捷高效的现代公共文化服务体系。

（六）深入推进财税体制改革

按照河南省委、省政府关于深化改革的统一安排，贯彻财政部工作部署，加快推进全省财税体制改革。一是加快财政体制改革。加快推进分领域省以下财政事权和支出责任划分改革，完善省对市县转移支付制度，设立省与市县共同财政事权转移支付。进一步完善增值税制度，逐步健全地方税体系。二是深化预算管理制度改革。进一步深化部门预算改革，不断提高中期财政规划的科学性。加强财政资金统筹使用，全面提高预算透明度，自觉接受社会监督。三是全面实施预算绩效管理。构建全方位、全过程、全覆盖的预算绩效管理体系，加快实现预算和绩效管理一体化。加强绩效目标管理，做好绩效运行监控。对预算执行情况开展绩效评价，将绩效评价结果与预算安排和政策调整挂钩。

B.10
2018～2019年河南省就业形势分析与展望

孙斌育　王玉珍*

摘　要： 2018年，河南在习近平新时代中国特色社会主义思想指引下，深入实施就业优先战略，保持了就业稳定发展。但由于受经济下行压力等多重因素制约，一些地区、行业的就业受到不同程度影响。本文在对全年就业状况分析的基础上，提出河南就业市场出现的新特点、新变化，指出当前就业工作中存在的主要矛盾和问题，预判2019年就业形势的发展态势，并提出促进就业工作的对策建议。

关键词： 河南　就业　劳动力转移

2018年，河南省以党的十九大精神和习近平总书记调研指导河南时的重要讲话为统领，积极贯彻落实党中央、国务院和省委、省政府各项工作决策部署，坚持稳中求进工作总基调，统筹推进"五位一体"总体布局和协调推进"四个全面"战略布局，努力将打好"四张牌"贯穿到全省全面做好稳增长、促改革、调结构、惠民生、防风险各项工作中，全省经济运行总体平稳、稳中向好，多措并举促就业惠民生，促进和带动了全省就业形势稳定发展，城镇新增就业提前完成年度目标，创业带动就业成效凸显。但同时我们也应看到，由于经济下行压力，全省重点群体就业和"去产能"企业职工安置工作、农民

---

* 孙斌育，高级统计师，河南省统计局人口和就业统计处处长；王玉珍，高级统计师，河南省统计局人口和就业统计处副处长。

工"回流"、高校毕业生就业、中美贸易摩擦等诸多因素的影响，使全省就业任务依然较重、压力较大，部分地区或行业的就业风险依然存在。

一 2018年全省就业形势稳定发展

2018年，河南省委、省政府高度关注民生，坚持以人民为中心的发展理念，深入实施就业优先战略，狠抓政策落实，优化就业服务，在经济增长带动和各项稳就业、促就业政策支撑下，全省就业形势继续保持总体稳定，城镇新增就业提前完成年度目标任务。

（一）城镇新增就业提前完成年度目标任务

省委、省政府近两年连续把"城镇新增就业100万人以上"纳入重点督办的民生实事之一，各级、各部门坚持把做好就业促进工作作为一项重要责任，千方百计稳定和扩大就业。2018年全省城镇新增就业139.24万人，完成年度目标任务的139.20%；失业人员再就业33.86万人，完成年度目标任务的135.40%；就业困难人员实现就业12.01万人，完成年度目标任务的150.20%（见图1）。

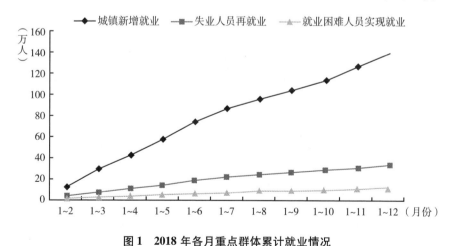

图1 2018年各月重点群体累计就业情况

（二）城镇登记失业率保持"低位"区间运行

2018年第一、第二、第三和第四季度城镇登记失业率分别为2.89%、

2.96%、2.99% 和 3.02%，分月份来看基本上在 2.8% ~ 3.1% 的低位运行，与上年相比保持了平稳态势。城镇登记失业人员保持在 36 万 ~ 49 万人。城镇登记失业率、城镇登记失业人员基本保持平稳状态，继续保持低位运行，登记失业率远低于 4.5% 年度控制目标。就业的稳定性进一步增强。

（三）企业用工中大型企业好于中小企业

根据 2018 年度对全省 908 家企业开展的企业用工情况调查，从不同规模的企业看，规模大的企业用工情况明显好于中小企业，其同比、环比小幅度增加；而中小企业的同比和环比下降幅度相对较大。调查 30 家用工超过 4000 人的企业，用工总量达 26.5 万人，同比增加 6.4%，环比增加 1.8%；其中 "农民工" 13.4 万人，同比增加 17.5%，环比增加 5.4%。在用工人数少于 4000 人的 755 家中小型用工企业，用工总量达 34.5 万人，同比下降 6.9%，环比下降 2.8%；"农民工" 用工量 12.7 万人，同比下降 9.9%，环比下降 0.4%。

（四）农村劳动力转移就业有序推进

随着新型城镇化建设进程的不断推进，自 2003 年以来，全省农村劳动力转移就业人数持续增加。截至 2018 年 10 月底，全省实现农村劳动力新增转移就业 54 万人，为全年新增转移就业 50 万人目标任务的 107.24%。目前，全省农村劳动力转移就业总数达到 2993 万人，其中省内转移 1798 万人，占 60.1%；省外输出 1195 万人，占 39.9%（见表 1）。完成培训农村劳动力 53.41 万人，为全年培训农村劳动力 50 万人目标任务的 106.82%。

表 1　2003 ~ 2018 年河南省农民工转移就业情况一览

单位：万人

年份	转移就业人数	比上年增加	省内转移	省外输出
2003	1310	—	—	—
2004	1411	101	569	842
2005	1557	146	460	1097
2006	1746	189	590	1156

续表

年份	转移就业人数	比上年增加	省内转移	省外输出
2007	1940	194	736	1204
2008	2155	215	946	1209
2009	2258	103	1020	1238
2010	2363	105	1142	1221
2011	2465	102	1268	1197
2012	2570	105	1451	1119
2013	2660	90	1523	1137
2014	2742	82	1590	1152
2015	2814	72	1653	1161
2016	2876	62	1709	1167
2017	2939	63	1762	1177
2018(10月)	2993	54	1798	1195

（五）高校毕业生就业率保持稳定增长

2018年，全省应届高校毕业生人数为57.3万人，约占全国毕业生总数的1/15，再创历史新高。近年来，河南省委、省政府始终坚持把促进高校毕业生就业摆在就业工作重要位置，促进高校毕业生就业水平持续稳定，连续多年实现就业、创业人数"双增长"，大学生就业率稳定小幅提升。截至2018年9月1日，全省高校毕业生实现初次就业达到47.27万人，较上年同期净增加4.87万人，就业率达82.5%，较上年同期提高0.57个百分点（见图2）。

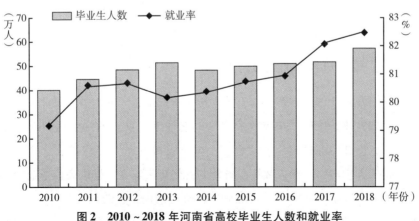

图2　2010~2018年河南省高校毕业生人数和就业率

二 2018年全省就业呈现的新变化、新特点

2018年，全省人力资源市场活跃有序，重点群体就业得到重点保障，创业带动就业倍增效应等更加凸显，就业呈现新变化、新特点。

（一）全省人力资源市场活跃有序

2018年，全省上下统一认识、强化组织，实施积极的就业政策措施，依托省、市、县三级345个人力资源市场，累计提供就业岗位181.1万个，进场求职人数达到121.9万人，帮助37.5万人找到或转换工作岗位。高校毕业生"工作啦"、农民工就业"打工直通车"等一大批专业性市场中介机构迅速成长。线上招聘成为青年群体求职的一项重要途径，全省网络招聘市场发布岗位269.7万个，活跃人才169.4万人次，招聘供需比为1.59：1，人力资源市场活跃度有所提高。

（二）人力（才）市场需求旺盛

制造业岗位需求旺盛，2018年第三季度占全省人力资源市场需求总数21.49%，较上季度18.83%高出2.66个百分点，与全省经济稳定发展、PMI指数连续多月超过50.0%的大背景相吻合。网络招聘市场监测显示，第三产业招聘需求231.5万个、较上年增加13.5万个，新一代信息技术为代表的新兴产业需求旺盛，给求职者提供了更多、更好的就业选择。

（三）重点群体就业平稳

把握引导就业困难群体就业工作，托底安置全省失业人员再就业和就业困难人员实现就业，确保"零就业家庭"动态清零。重点做好农村劳动力转移就业工作，提高劳务输出组织化程度，全省农村劳动力转移就业总量继续提升，保持了省内转移就业人数高于省外的良好势头。强力推进高校毕业生就业创业促进计划，统筹实施"特岗教师""政府购岗""选调生""三支一扶"等专门项目，确保高校毕业生就业水平不降低。努力做好贫困劳动力就业保障工作，实行送政策、送服务、送培训、送岗位活动，在全省建档立卡未脱贫的71.8万贫困劳动力中，实现转移就业51.6万人，为全省脱贫攻坚做出了积极贡献。

（四）创业带动就业倍增效应更加凸显

一是简政放权、减税降费力度进一步加大，改革红利持续释放，市场主体迅速增长。2018年前三季度全省新增市场主体94.13万户，同比增长12.3%，带动了就业发展。二是加大创业培训、孵化、贷款等工作力度，打造"双创升级版"。截至2018年9月底，为创业者贴息65亿元，撬动民间创业投资4000多亿元，扶持个体工商户134.7万户，扶持小微企业1.2万家，同时扶持了自主创业、就业。

（五）实施农民工"返乡创业"效果明显

全省着力建设返乡创业农民工孵化体系，认定省级农民工创业示范县20个、省级示范园区28个、省级示范项目50个和返乡下乡创业助力脱贫攻坚优秀项目30个。设立创投基金，省级层面建立总规模100亿元的农民工返乡创业投资基金，首期50亿元已到位。新增返乡、下乡创业人员20.31万人，完成年度目标任务的101.6%；返乡下乡创业人员总量达121.26万人。开展全省引老乡、回故乡、建家乡已成燎原之势，返乡创业形成"雁归效应"的同时带动了省内就业。

（六）公共服务平台为促进就业发挥了较好作用

新增发放创业担保贷款84.56亿元，完成年度目标任务的105.7%，扶持9.3万人自主创业，带动就业24.8万人。实施失业人员就业技能培训18.04万人，实现农村劳动力转移就业技能培训53.41万人。省人才交流中心举办招聘会143场，提供岗位17.26万个，有23.51万人次进场求职，有11.24万人达成就业意向。省公共就业服务中心举办招聘会55场，提供岗位9.16万个。推进和谐劳动关系构建工作，企业劳动合同签订率达到96.8%，集体合同签订率达到93.8%。

三 全省就业工作面临的主要问题和矛盾

受复杂经济环境特别是中美贸易摩擦影响,全省就业市场规模性失业风险增加,农民工返乡回流变数加大,稳定就业面临考验和挑战。

(一)就业总量压力和结构性难题依然突出

一方面 2018 年需要就业的城乡劳动力超过 230 万人,就业总量压力不减;另一方面"招工难""就业难"相互交织,就业结构性矛盾依然突出。不少产业仍处在产业链和价值链的中低端,用人单位提供薪酬、工作环境与求职者心理预期有一定差距,双方有效对接较难,不少食品、电子等劳动密集型企业处在全年"长期招工"的状态,而高层次、高技能人才严重短缺。据对郑州等 6 个省辖市职业供求分析,高级工程师、高级技师、高级技工求人倍率分别达到 2.74、3.76 和 2.32。

(二)技工人员缺口较大

从 2018 年度全省企业用工调查情况看,在企业需缺人员类型中,普通技工和高级技工缺口最大,其次是经营管理人员和科研人员。在被调查的企业中,有 26.0% 的企业表示普通技工需缺,比上年同期减少 4.1 个百分点;有 26.0% 的企业表示高级技工需缺,比上年同期增加 0.8 个百分点;有 21.0% 的企业表示经营管理人员需缺,比上年同期减少 0.6 个百分点;有 13.0% 的企业表示科研人员需缺,比上年同期增加 2.6 个百分点。

(三)中美贸易摩擦对就业造成的影响不容忽视

中美贸易摩擦成为影响全省经济发展和就业稳定的一个"变数"。从目前看,对全省就业的直接影响还不十分明显;从长期看,规模性失业风险加大,特别是农民工回流可能性增加,深层次影响不容小觑。从省内情况看,加征关税的影响已开始显现,主要涉及全省铝制品、汽车零部件、计算机和通信设备等行业,部分企业对美出口额受较大冲击,特别是铝制品企业对美订单已全部取消,目前这些企业通过积极开拓和寻找替代市场,生产经营和企业用工尚未受较大影响。

中美贸易摩擦对服务业、建筑业和其他行业农民工就业稳定性冲击相对较轻，但对从事电子、服装等制造业的农民工带来的直接冲击很大。若是这些制造业企业生产经营出现问题，就可能引发外出务工人员阶段性集中回流，将会给全省就业安置工作带来一定压力。

（四）农民工"返乡回流"情况要关注

从流出省外农民工情况看，河南农民工返乡回流"变数"加大。目前，全省省外转移就业的农村劳动力高达1194万人，在"长三角""珠三角"等经济外向度较高地区务工约为700万人，其中有近160万人已在当地创业或从事生活性服务业，占省外农民工就业的23%；有180万人从事建筑防水、装修等生产性服务业，占26%；有40万人从事其他行业，占6%；有320余万人从事以电子、服装等劳动密集型制造业普工岗位为主的第二产业，占46%。

（五）大学生就业和"去产能"职工安置压力叠加

高校毕业生就业问题一直是就业工作的一个重点。2018年全省应届高校毕业生达57.3万人，再创历史新高，加上部分毕业生需要二次就业，以及往届未就业的毕业生，大学生就业压力明显加大。"去产能"职工安置也是就业工作的一个难点，2018年全省"去产能"关闭矿井20对，涉及职工1.73万人，为全国需安置人数最多的一个省份。

上述这些问题若与中美贸易摩擦相互叠加，会进一步增加全省就业形势的复杂性，加大安置就业工作难度。

四 2019年全省就业形势预测及促进就业发展建议

2018年河南省面对错综复杂的国内外环境，战胜了各种风险和困难，保持了全省经济和就业的稳定发展。2019年，随着结构调整深入推进、质量效益稳步提升、改革开放持续深化、发展动能加快转换、高质量发展将取得新进展，推动经济和就业工作稳定发展的积极因素继续积累巩固。

（一）对2019年就业形势预测

2019年1月召开的河南省委十届八次全会，全面安排部署了2019年全省经济工作，会议要求"要切实保障和改善民生，把稳就业摆在突出位置，大力推进民生事业发展，加强和创新社会治理，提高人民群众在高质量发展中的幸福指数"。省委经济工作会议要求在2019年全省经济社会发展中，要以继续深入开展三大攻坚战，持续推进"四个着力"、打好"四张牌"，坚持稳中求进工作总基调，努力推动高质量发展和供给侧结构性改革，以改革开放创新的动力源泉，增强保障和改善民生的持久力，使全省经济社会继续保持稳定发展的良好势头；要以统筹推进稳增长、促改革、调结构、惠民生、防风险、保稳定工作，进一步稳就业，将更好地促进更高质量和更充分就业，推动创业就业与经济发展的良性互动。预计2019年全省就业形势将继续保持总体稳定态势，实现城镇新增就业100万人以上，城镇登记失业率稳定在4.5%以内，城镇调查失业率控制在5.5%以内。

（二）对促进就业稳定发展的建议

根据当前全省就业工作中存在的困难和问题，按照省委、省政府的工作要求，对做好2019年促进就业工作提出以下建议。

1. 加大"稳岗"就业力度

一是促进重点群体就业，扩大就业规模。启动高校毕业生基层成长计划、深入实施高校毕业生就业创业促进计划，统筹实施"三支一扶""政府购岗"计划等基层就业项目，启动实施青年就业"启航"计划，确保高校毕业生就业率同比不降低。稳妥做好"去产能"职工安置工作，积极开展就业困难人员精准帮扶。二是实施"重点"推进政策。继续做好针对重点行业、地区、企业、人群的帮扶政策。实施失业保险援企稳岗"护航行动"，对受影响较大但不裁员、少裁员的企业，由失业保险基金给予50.0%的稳岗补贴。三是加强重点群体职业培训。深入推进校企合作，探索推行理论教学与实践教学融通合一、技能培养与工作岗位对接合一、实习实训与顶岗工作教学合一的一体化教育教学模式，积极推广订单式、工学一体的技能人才培养模式。

2. 做好农民工返乡就业创业工作

开展好新生代农民工专项培训，有计划开展对农村劳动力转移就业培训计划、企业职工素质提升行动等，面向农民工开展岗前培训和实用技能培训。全面发力，综合施策。加大省内就业统筹力度和岗位余缺调剂，有序承接返乡农民工到招工难的企业就业。发挥人力资源市场主渠道作用，引导劳动力在企业、行业和城乡间合理流动、优化配置，减少信息不对称而导致的摩擦性失业；加强省际劳务协作，引导全省农民工向受影响相对较小的地区转移，使之分布更趋合理，提升抗风险能力。大力支持农民工返乡创业。深化国家返乡创业试点工作，积极构建返乡创业园区平台体系、基础设施和公共服务支撑体系、返乡创业成长促进体系、返乡创业融资保障体系。发挥农民工创业综合服务中心作用，组织开展创业指导、创业担保贷款等综合帮扶，积极引导农民工返乡创业。

同时，要继续关注大学生就业、"去产能"就业安置以及中美贸易摩擦可能会对就业造成的影响。

3. 提升就业公共服务水平

一是强化政策落实和储备。认真贯彻落实国家《关于大力发展实体经济积极稳定和促进就业的指导意见》《关于发展数字经济稳定并扩大就业的指导意见》，统筹推进发展新动能和劳动力供给侧改革，创造更多高质量的就业机会。二是提升创业及就业活力。加强创业孵化，开展"豫创天下"创业大赛、导师团走基层等系列服务活动。完善中国中原大学生创业孵化基地功能，构建"一中心、多基地"发展格局，形成覆盖全省创业孵化载体。三是提升公共就业服务水平。进一步推进政府职能转变，持续深化"放管服"改革、投融资体制改革，激发全社会就业创业活力。积极推动就业服务数字化建设，力争2019年建成全省统一的"互联网＋就业创业"信息系统，实现就业业务全覆盖、就业经办全天候。同时，推进街道（乡、镇）人力资源社会保障服务平台标准化建设，深入开展充分就业社区创建活动，夯实促进就业的基层基础。四是加强职业技能培训，提升就业创业技能。全面提升劳动者职业素质，重点依托企业、职业院校和各类职业培训机构，大规模开展就业技能培训、岗位技能提升培训和创业培训，推行工学一体、企业新型学徒制、"互联网＋"等培训形式，持续提升职业培训的针对性和有效性，使就业人员岗位匹配度不断提升。

战略措施篇

Strategic Measures Part

B.11
河南供给侧结构性改革成效
测度及问题分析

王世炎*

摘　要：　随着中国特色社会主义进入新时代，经济发展也进入了新时代，由高速增长阶段转向高质量发展阶段。推动高质量发展，就要建设现代化经济体系，坚定不移地以供给侧结构性改革为主线，这就需要对供给侧结构改革的成效进行测度，以便更好地把供给侧结构性改革推向深入。本文从背景和统计学角度分析了供给侧结构性改革的意义和内涵，在此基础上提出了改革成效测度指标体系，并利用河南2013～2017年相关数据进行了实证分析，根据分析结果对深化供给侧结构性改革提出了几点思考，以期能对河南供给侧改革的深化与扩展起到一定的参考作用。

* 王世炎，高级统计师，河南省统计局局长。

关键词： 河南　供给侧结构性改革　成效测度指标体系

以习近平同志为核心的党中央在综合分析世界经济长周期和我国经济发展新常态的基础上，创造性地提出了供给侧结构性改革，之后逐步完善形成理论体系，进一步指导实践推动经济发展。河南始终坚定不移地以供给侧结构性改革为主线，坚决依靠改革破解经济发展和结构失衡难题，有序推进去降补重点任务，优化要素资源配置，调整产业产品供给结构，提升供给体系质量和效益，经过三年多的实践，改革取得明显成效，为全省经济由高速增长转向高质量发展提供了强有力的支撑。

一　对供给侧结构性改革重要意义的认识

（一）经济发展进入新阶段，提高发展质量必须进行供给侧结构性改革

自改革开放以来，河南经济保持了持续较快增长，GDP 年均增长 10.9%，高于全国 1.4 个百分点，经济总量自 2004 年起稳居全国第 5 位。在经济规模快速扩大的过程中，河南资本、劳动力成本不断上升，自然资源约束日益强化，在长期扩张性政策带来的经济繁荣的背后，积累了大量诸如产能过剩、发展方式和产业结构不合理、创新驱动不足、流动性过剩等结构性失衡的矛盾；同时，高投入、高污染、高消耗的粗放型经济增长方式也造成了生态环境、资源的巨大压力，传统的依靠扩大要素投入拉动经济增长模式已经难以为继，传统优势减弱，新优势因结构调整滞后无法迅速形成，导致经济增长动力不足，增速下滑。因此，必须推动供给侧结构性改革，提高资源配置效率，优化经济结构，实现发展方式由规模速度型粗放增长转向质量效率型集约发展，在质的大幅提升中实现量的有效增长。

（二）社会主要矛盾发生变化，推动更加平衡更加充分的发展必须进行供给侧结构性改革

进入新时代以来，河南居民生活水平和收入水平不断提高，对产品的需求

也随之转型升级，而供给却不能跟上需求形势的变化，出现了严重的供需错配。一方面有供给无需求，全省能源原材料行业占比大，钢铁、水泥、煤炭等行业产能过剩较为严重；另一方面有需求无供给，需求更加高端化、个性化、多样化，对产品质量的要求也不断提高，而供给却不能适应需求的改变，全省消费者购买力一直处于外流状态，2018年前三季度网上零售卖方零售额比买方购买额少1185.6亿元。因此，必须要推进供给侧结构性改革，形成更加优质高效多样化的供给体系，实现供需在新的更高水平上的动态平衡。

（三）加快发展方式转变、经济结构转型、增长动能转换，建设现代化经济体系必须进行供给侧结构性改革

河南正处在加快发展方式转变、经济结构转型、增长动能转换的攻关期，必须要建设现代化经济体系。而建设现代化经济体系的核心内容：一是在质量变革、效率变革、动力变革和提高全要素生产率的基础上，建设实体经济、科技创新、现代金融、人力资源协同发展的产业体系；二是在坚持社会主义市场经济改革方向的基础上，构建市场机制有效、微观主体有活力、宏观调控有度的经济体制。

供给侧结构性改革抓住了建设协同发展产业体系的关键。建设现代化经济体系，必须把发展的着力点放在实体经济上，供给侧结构性改革的主要任务正是振兴实体经济。从产业体系建设的三个关键层次看：一是在生产力中起主导作用的因素——劳动者，供给侧结构性改革着眼于建设知识型、技能型、创新型劳动者大军，提高劳动生产率；二是生产力和生产资料的结合——企业，供给侧结构性改革着眼于鼓励企业推进技术创新，提高竞争力，同时激发和保护企业家精神，鼓励更多社会主体投身创新创业；三是企业的集合——产业，供给侧结构性改革要优化产业结构，支持传统产业优化升级，大力发展新产业和新业态，培育世界级先进制造业集群。这些举措必将激发经济活力，全面提高实体经济特别是制造业水平。

供给侧结构性改革有利于构建市场机制有效、微观主体有活力、宏观调控有度的经济体制。习近平总书记在2016年中央经济工作会议上指出，供给侧结构性改革"根本途径是深化改革，就是要完善市场在资源配置中起决定性

作用的体制机制，深化行政管理体制改革，打破垄断，健全要素市场，使价格机制真正引导资源配置，同时要加强激励、鼓励创新，增强微观主体内生动力，提高盈利能力，提高劳动生产率，提高全要素生产率，提高潜在增长率"。也就是说从实现市场机制有效、微观主体有活力角度来看，供给侧结构性改革本身就要完善市场机制，打破行业垄断、地方保护等，增强企业对市场需求变化的反应和调整能力，提高企业资源要素配置效率和竞争力；在尊重市场规律的基础上发挥好政府作用，用法治规范市场行为，完善市场监督，使各种所有制经济和各种类型的产权得到清晰界定和严格保护，实现产权有效激励、要素自由流动、价格反应灵活、竞争公平有序、企业优胜劣汰，有效提高微观主体活力。从实现宏观调控有度角度来看，以供给侧结构性改革为主线，供给侧改革与需求调控有机结合，有利于把短期调控与长期调控、总量调控与结构调控统一起来，以适度的总需求管理创造经济稳定增长的有利环境，以供给侧结构性改革推动总量失衡深层矛盾的有效解决。

二　对供给侧结构性改革深刻内涵的理解和把握

从国民经济循环过程来理解和把握供给侧结构性改革这一重要理论，有助于构建测量供给侧改革成效的指标体系。国民经济循环过程包括生产、分配和使用，反映经济运行成果的综合指标 GDP 有三种计算方法，即使用法、生产法和分配法。使用法从最终使用角度反映经济活动成果，包括总消费、总投资和净出口，也就是常说的需求侧"三驾马车"，这虽然不属于供给侧的内容，但仍然要关注需求，适度扩大总需求，除此之外国民经济的生产和分配均属于供给侧，所以从统计角度看，供给侧结构性改革内涵深刻。

（一）从国民经济生产的角度来看

经济活动成果是由各产业生产的，包括农业、工业、建筑业和服务业。进行供给侧结构性改革，可以调整产业结构，发展更有效率的现代农业，发展更有市场竞争力、产品附加值更高的先进制造业，加快发展需求层次更高、符合经济社会发展趋势的现代服务业，改造提升传统产业产品结构、技术水平、生

产效率，大力发展新产业、新业态和新商业模式，以此增加有效供给，提高生产力水平，增强经济实力，实现更有效率、更高质量的发展。这一点没有问题，都能理解，而且好多人认为供给侧结构性改革就是这些，实际上这只是供给侧改革的一部分。

（二）从国民经济分配的角度看

经济活动的最终成果在各种生产要素之间进行分配，包括劳动者报酬、计入成本的固定资产价值、生产税净额和营业盈余。要素的投入也是要素供给，因此供给侧结构性改革也包括要素供给结构。

劳动者报酬指劳动者因从事生产活动所获得的全部报酬。进行供给侧结构性改革，提高劳动者素质，激发劳动者创业积极性，发挥人力资本优势，可以提高劳动者收入水平，提升劳动者满足自身需求的能力，扩大社会有效需求。因此，要建设知识型、技能型、创新型劳动者大军，提高劳动生产率。

固定资产折旧指一定时期内为弥补固定资产损耗而按照规定提取的计入成本的固定资产价值，反映了固定资产在当期生产中的转移价值。进行供给侧结构性改革，通过促进企业提高技术创新能力，加大技术改造力度，不仅可以提高机器设备等固定资产的使用寿命，还可以提高其使用效率，使每一元固定资产折旧都更有价值，并且先进的技术设备生产的产品具有更高的竞争力。

生产税净额指生产税减生产补贴后的差额，生产税指政府对生产单位所征收的各种税、附加费和规费；生产补贴指政府对生产单位的政策性亏损补贴、价格补贴等。生产税是政府管理服务的收入，是政府财力的保证，政府集中财力可以进行基础性的公共建设；但生产税过高必然挤占劳动者报酬和企业利润。因此，进行供给侧结构性改革，通过简政放权，减税降费，降低企业制度性交易成本，为企业增加盈利和劳动者提高收入水平提供空间。"放管服"改革、"多证合一"改革及减税都是供给侧结构性改革的内容。

营业盈余指常住单位创造的增加值扣除劳动者报酬、生产税净额和固定资产折旧后的余额。企业要提高营业盈余，就要提高收入降低成本，技术创新、管理创新能够帮助企业研发新产品，提高生产效率，降低生产和管理成本，增强企业的市场竞争力。因此，进行供给侧结构性改革，鼓励企业加大技术创新力度，激发企业创新活力，保护企业家精神，提高生产效率，创新产品供给，进而提升生产力水平，更好地满足人民中高端消费需求，提高企业家和劳动者收入，增强企业进行扩大再生产的能力和意愿。

总的来看，通过进行供给侧结构性改革，调整优化生产结构，创新完善现代产业体系，增强企业创新力、需求捕捉力、品牌影响力、核心竞争力，提高产品和服务质量；合理配置生产要素，实现投资有回报、企业有利润、员工有收入、政府有税收，使要素收入符合各自按市场评价的贡献，从而推动我国经济实现高质量发展，提升生产力水平，更好地满足人民美好生活需要。

三 对河南供给侧结构性改革成效的测度

（一）科学构建改革成效测度指标体系

供给侧结构性改革的供给侧是立足点，改革要从要素配置、产品和服务供给入手；结构性是关键，重点是围绕生产端的结构性问题寻找解决之策；改革是抓手，通过改革束缚要素配置、市场供给、结构优化的体制机制，进一步提高全要素生产率，推动实现更高水平、更为长期的供需动态平衡，以提高社会生产力水平，落实好以人民为中心的发展思想。综合考量，构建测度成效的指标体系时，以供给侧结构性改革的内涵为依据，从优化要素配置、调整生产结构、提高供给质量和效率这三个反映改革本身成效的方面来选取指标，而不包含满足人民需要和促进经济发展这样的外延含义。

1.优化要素配置

支撑经济增长的要素主要是劳动力、土地和自然资源、资本这三大传统生产要素以及科技、制度创新。各国经验表明，三大传统要素一般在一个国家或地区发展的初期和经济起飞阶段起比较重要的推动作用，也就是靠要素投入驱动实现粗放增长的阶段；在进入中等收入阶段之后，人口、资本、资源等红利逐渐消退，制度、科技和管理创新发挥越来越大的作用，是提升全要素生产率的关键。要通过制度变革发挥人力资本和技术等智力资源的作用。因此，把优化要素配置细分为科技创新、人力资本和制度改革这三个方面，使用全要素生产率反映技术进步对配置效率的提升。

科技创新从总体情况、企业、市场等方面反映，用研发经费支出占 GDP 比重指标反映总的研发投入；科技进步贡献率指标反映技术进步对经济增长的贡献；每万名研发人员发明专利授权数指标反映总体研发成效；创新型企业数量指标反映具有较高自主创新能力的企业数；技术改造投资、更新设备投资指标反映企业主动进行技术改造等方面的投入；技术市场交易额指标反映创新的产学研结合情况。

人力资本从企业家和劳动者两方面反映，用主营业务收入超百亿元企业数量反映企业家情况；高技能人才占技能劳动者比例反映知识型、技能型、创新型劳动者情况。

制度改革从体制机制改革方面反映，用行政审批事项数量、新登记注册市场主体数量反映简政放权成效；营商环境指数反映企业对改革成效的满意度。

2. 调整生产结构

结构性问题涉及面比较广，但与供给侧结构性改革联系最紧密的是产业结构及其内部的产品结构。因此，把调整生产结构细分为产业结构以及制造业、服务业和农业内部结构这四个方面。

产业结构升级情况用服务业增加值占 GDP 比重，第二、第三产业从业人员占从业人员比重，新经济增加值占 GDP 比重指标反映；制造业优化从先进制造业发展方面反映，用战略性新兴产业、高技术产业增加值占制造业比重指标；服务业优化从内部结构升级和所有制结构升级方面反映，用生产性服务业增加值占服务业比重、第三产业非公有制经济占第三产业增加值比重指标；农业优化从粮食保障能力提高和一二三产业融合发展方面反映，用累计建成高标准农田面积、农产品加工业产值占农业总产值比重指标。

3. 提高供给质量和效率

这是供给侧结构性改革的目标，从宏观看是要提高全要素生产率，从中观看是要提高产业发展质量，从微观看是要提升产品和服务质量，不但使供给更好地适应需求，还要通过创造新供给释放新需求。从当前来看，重点是优化存量，扩大优质增量，提升供给质量。因此，把提高供给体系质量和效率细分为提升产业质量效率和化解过剩产能、降低商品房库存、化解金融风险、降低企业成本、弥补突出短板 6 个方面。

总的供给体系质量效率提升用单位 GDP 能耗、全员劳动生产率、制造业质量竞争力指数、国家监督抽查产品质量合格率反映；化解过剩产能用原煤生产能力、粗钢生产能力反映；降低商品房库存用商品房待售面积、县城商品房去化周期反映；化解金融风险用地方政府债务占 GDP 比重、国有企业资产负债率、直接融资占社会融资规模的比重反映；降低企业成本用每百元主营业务收入中的成本、成本费用率反映；弥补突出短板用每万人基础设施投资额、一般公共服务支出、空气优良天数比例、贫困发生率反映。最终，供给侧结构性改革成效测度指标体系选取三个方面共计 39 个指标（见表 1）。

表 1　供给侧结构性改革成效测度指标体系

大项	小项	具体指标
优化要素配置	科技创新	研发经费支出占 GDP 比重
		科技进步贡献率 *
		每万名研发人员发明专利授权数
		创新型企业数量 *
		技术改造投资 *
		更新设备投资 *
		技术市场交易额
	人力资本	主营业务收入超百亿元企业数量
		高技能人才占技能劳动者比例
	制度创新	新登记注册市场主体数量
		行政审批事项数量 *
		营商环境指数 *
	综合	全要素生产率 *
调整生产结构	产业结构	服务业增加值占 GDP 比重
		第二、第三产业从业人员占从业人员比重
		新经济增加值占 GDP 的比重 *
	制造业结构	战略性新兴产业增加值占制造业比重
		高技术产业增加值占制造业比重
	服务业结构	生产性服务业增加值占服务业比重 *
		第三产业非公有制经济占第三产业增加值比重
	农业结构	农产品加工业产值占农业总产值比重 *
		累计建成高标准农田面积

续表

大项	小项	具体指标
提高供给质量 和效率	产业质量效率	单位 GDP 能耗
		全员劳动生产率
		制造业质量竞争力指数
		国家监督抽查产品质量合格率 *
	化解过剩产能	原煤生产能力
		粗钢生产能力
	降低商品房库存	商品房待售面积
		县城商品房去化周期 *
	化解金融风险	地方政府债务占 GDP 比重 *
		国有企业资产负债率
		直接融资占社会融资规模的比重
	降低企业成本	每百元主营业务收入中的成本
		成本费用率
	弥补突出短板	每万人基础设施投资额
		一般公共服务支出
		空气优良天数比例
		贫困发生率 *

注: 加 * 的指标为现行统计制度下还不能取得数据或时期过短而无法测度的指标。

(二) 河南供给侧结构性改革成效测度

根据构建的指标体系,利用河南 2013～2017 年数据,共收集到 25 个指标 (空气优良天数比例指标由于统计年份过短无法测度,分析时以财政用于环境保护支出指标替代),使用熵值法客观赋权进行测度。根据测度结果,重点对 2015～2017 年的综合得分和分项得分进行分析。

1. 改革进展成效

(1) 从综合得分来看:第一,2015 年底习近平总书记第一次提出"加强供给侧结构性改革",在此之前的 2013～2015 年河南综合得分虽逐年提高,但年度间变化不大。第二,2016 年是供给侧结构性改革的起步之年、攻坚之年,年初习近平总书记对供给侧结构性改革进一步做了阐释,并明确提出五大重点任务；河南也针对供给侧结构性改革出台了总体方案和种养业、制造业、服务业、去产能、去库存、降成本、促进产业转型升级 7 个专项行动方案并大力推进，当年改革取得初步成效，综合得分相比于 2013～2015 年有明显的提高。第三，2017 年是供给侧结构性改革的深化之年，河南扎实有序推进改革、狠抓各项政策落实，重点抓好去降补任务，积极探索结构更优、效益更佳、活力更足、后劲更强的发展路子，当年改革成效更加明显，综合得分比 2016 年有更大幅度的提高（见表2）。

表 2   2013～2017 年河南供给侧结构性改革成效测度得分

年份	综合得分	优化要素配置得分	调整生产结构得分	提高供给质量效率得分
2013	0.2439	0.0129	0.0130	0.2180
2014	0.2826	0.0405	0.0868	0.1553
2015	0.3536	0.0887	0.1011	0.1638
2016	0.5852	0.1686	0.1364	0.2802
2017	0.8341	0.2537	0.1620	0.4184

（2）从优化要素配置得分来看，党的十八大以来，河南这一项得分持续提高，特别是 2016 年和 2017 年提高的幅度相对较大。表明河南近年来着力加大科技投入力度、推动企业技术改造升级、提升劳动力素质、简政放权激发市场活力等方面的政策措施，取得明显效果。

（3）从调整生产结构得分来看，河南近年来深入实施转型攻坚成效明显，该项得分持续提高。随着促进第三产业发展的工作力度不断加大，河南第三产业发展明显加快，2014 年开始高于 GDP 增速，"领跑"全省经济增长，当年得分比上年有了较大幅度的提高；2016 年产业结构调整出现重大突破，第三产业对经济增长的贡献率超过第二产业，当年得分比上年又有较大幅度的提高；其他年份得分提高幅度总体稳定。

（4）从提高供给质量效率得分来看：2013～2015 年，"三期叠加"特征明显，河南发展方式落后、能耗水平高、产能过剩严重、资源环境约束趋紧、民生欠账多的问题突出，该项得分不但没有提高，反而略有下降。供给侧结构性改革提出以后，河南坚决化解过剩产能，强力推进环境治理攻坚，强化薄弱环节，较好地完成了五大重点任务，供给体系质量效率得到明显提升，特别是2017年该项得分均有大幅度的提高（见表3）。

表3 2017年河南供给侧结构性改革成效测度分项得分

大项		小项	
名称	得分	名称	得分
优化要素配置	0.2537	科技创新	0.1562
		人力资本	0.0684
		制度创新	0.0291
调整生产结构	0.1620	产业结构	0.0715
		制造业结构	0.0378
		服务业结构	0.0227
		农业结构	0.0302
提高供给质量和效率	0.4184	产业质量效率	0.1261
		化解过剩产能	0.0661
		降低商品房库存	0.0435
		化解金融风险	0.0089
		降低企业成本	0.0171
		弥补突出短板	0.1566

2. 改革中存在的问题

（1）从要素配置、生产结构、供给质量和效率三个大项的比较来看，河南调整生产结构得分＜优化要素配置得分＜提高供给质量和效率得分。表明河南产业结构层次偏低问题仍未得到根本解决，经济结构性调整、创新驱动发展、管理体制改革任务艰巨。

（2）从优化要素配置项内部看，在简政放权、激发市场活力、创新投入、研发成效、企业家数量等方面得分相对较低，在加大"放管服"改革力度，优化营商环境，鼓励更多社会主体投身创新创业，提升创新投入力度，激发企业家精神等方面仍需加强。

（3）从调整生产结构项内部看，河南产业结构升级方面得分较高；在产业内部，服务业得分＜农业得分＜制造业得分，表明河南在发展先进制造业和保障粮食安全方面做得相对较好，特别是高标准粮田建设，为提高粮食综合生产能力奠定了坚实基础；发展的薄弱环节依然在服务业，特别是服务业内部层次的提升。

（4）从提高供给质量和效率项内部看，在产业效率方面，劳动生产率和制造业竞争力仍有较大提升空间，节能降耗工作做得相对较好。五大重点任务中去杠杆（化解金融风险）和降低企业成本工作得分最低，客观反映了河南工业企业生产成本偏高、市场竞争力偏低、直接融资能力较差以及国有企业杠杆率偏高，生产经营风险大的实际情况；去产能（化解产能过剩）、去库存（降低商品房库存）工作做得相对较好；补短板工作得分最高，在补齐基础设施建设短板、提升公共服务水平和加强环境保护方面进展都比较快。

3. 结论

经过以上分析，虽然在目前的统计制度下，指标体系中还有部分指标无法获得，但从收集到的指标所分析的结果来看，总体符合实际，结合供给侧结构性改革成效测度指标体系确实能在一定程度上反映供给侧结构性改革的成效，并对改革进展中存在的问题做出较为真实的反映。

四　对河南继续深化供给侧结构性改革的建议

近年来，河南在推进供给侧结构性改革方面迈出了坚实步伐，经济结构加快优化升级，"三去一降一补"重点任务取得明显成效，供给体系质量和效率不断提高。2018年中央经济工作会上，习近平总书记指出，当前我国经济运行的主要矛盾仍然是供给侧结构性的，必须坚持以供给侧结构性改革为主线不动摇，更多采取改革的办法，更多运用市场化、法治化手段，在"巩固、增强、提升、畅通"八个字上下功夫。河南要继续坚定不移地以供给侧结构性改革为主线，巩固"去降补"成果，增强微观主体活力，提升产业链水平，畅通生产、流通、分配、消费循环，切实推动经济实现高质量发展。

（一）以创新为核心引领，促进全要素生产率提升

建立健全创新激励制度，激发企业创新动力，鼓励企业利用技术创新形成竞争新优势，实现产品由河南制造向河南智造转变。弘扬企业家精神，注重产

权保护，营造尊重、鼓励、保护企业家干事创业的社会氛围；着力提高劳动者素质，完善吸引、留住、激活人才的政策措施，把人口优势转化为人力资源和人才优势。创新管理体制，更好发挥政府优化营商环境、提高公共服务水平、监管市场运行等功能，切实激发微观主体活力，提升社会创造力。

（二）以结构调整推进存量调整，实现更高层次的供需均衡

推动制造业高质量发展，增强制造业核心竞争力，大力实施智能制造、高端装备创新、技术改造升级、绿色制造，促进能源利用高效低碳化。实施优势产业集群培育工程，推动产业协同发展，打造产业集群品牌。以满足需求为导向，扩大服务业发展规模，通过消费转型升级带动产业转型升级，增强服务供给体系对需求变化的适应性和灵活性。以实施乡村振兴战略为抓手，发展现代高效生态农业，推行农业标准化生产，提升农业综合生产能力，积极培育新型农业经营主体和新型农业服务主体，推动一二三产业融合发展。

（三）提高质量效率，推动实现高质量发展

以提高质量为重点，支持企业发展个性定制、高端定制，增强供给产品适应市场需求的灵活性，加强全面质量监管，以标准提升引领和倒逼质量变革，推进质量强省。严格执行环保、能耗等标准，坚定不移地淘汰过剩产能和"僵尸企业"，破除各类要素流动壁垒，让要素流动起来。加大对企业境内外上市和新三板挂牌融资的推进力度，支持上市公司进行再融资和并购重组，支持企业发行证券化产品进行融资。加速降低全社会各类营商成本，通过加大减税力度，降低企业的税费负担；提高金融服务实体经济的能力，通过解决企业特别是民营企业融资难、融资贵问题，降低企业的融资成本；通过营造公平竞争环境和构建亲清新型政商关系，降低市场交易成本和制度成本。突出国有企业降杠杆，防范化解金融风险；大力推进污染防治，改善生态环境；深入推进精准脱贫，增强人民获得感。

B.12
贯彻新发展理念
推动河南经济高质量发展

朱启明　张亚丽　徐委乔*

摘　要：　近年来，河南经济朝着高质量发展方向不断迈进，特别是党
的十八大以来，全省推动高质量发展取得一定成效，供需结
构更加匹配，"放管服"改革和国企改革等重要领域和关键环
节改革取得突破性进展，科技、人力资本等投入增加，产出
更加高效，收入分配制度逐步改善，效率与公平兼顾，经济
运行质量逐步提升。但同时河南经济效益偏低，科技创新能
力不足，产业结构、城乡结构等结构性矛盾仍然突出，供给
水平有待提升，绿色发展滞后，脱贫任务艰巨。因此，本文
提出河南应从提升自主创新能力、打造现代产业体系、推动
城乡区域协调发展、增强人民福祉和提升环境综合治理等方
面来推动全省经济尽快进入高质量发展轨道。

关键词：　河南　新发展理念　高质量发展

　　习近平总书记强调，要把推动高质量发展作为当前和今后一个时期确定发
展思路、制定经济政策、实施宏观调控的根本要求。近年来，全省上下牢固树
立和贯彻落实新发展理念，经济发展质量和效益持续提升，河南经济朝着高质
量发展方向不断迈进。但是与全国平均水平和全省人民对美好生活的需要相

---

* 朱启明，高级统计师，河南省统计局综合处处长；张亚丽，河南省统计局综合处副处长；徐
委乔，河南省统计局综合处主任科员。

比，发展不平衡不充分的问题更加突出，结构性问题和深层次矛盾日益凸显，亟须加快转变发展方式、优化经济结构、转换增长动力，推动经济尽快进入高质量发展轨道。

一　对高质量发展内涵的理解

高质量发展，就要实现经济发展各方面和经济循环全过程的高质量发展，不仅包括稳定的物质增长，还包括质量效益的提升；不仅包括协调的经济重大比例关系和合理的空间布局，还包括生产、流通、分配、消费、积累各环节顺畅的循环；不仅包括经济社会与生态环境的平衡发展，还包括民主法治、思想文化等方面建设的同步推进。总的来看，高质量发展的内涵在于更高水平的供需平衡、更加合理的要素配置机制、更加高效的投入产出、更加公平的收入分配、更加通畅的经济循环。具体来看，高质量的发展是指以下几个方面。

（一）高质量的供需平衡

提高商品和服务的供给质量，更好适应居民日益高端化、个性化、多样化的消费需求，促进供需实现更高水平的新平衡。

（二）高质量的资源配置

发挥市场在资源配置中的决定性作用，深化价格、财税、金融、社保等领域基础性改革，减少政府对资源的直接配置行为，把市场的事交给市场，政府集中力量办好市场办不了的事。推进国有企业改革，充分发挥市场配置资源的决定性作用，使价格机制真正引导资源配置，打破资源由低效部门向高效部门配置的障碍，优化资源配置。

（三）高质量的投入产出

集约利用资源，提升科技创新能力，充分发挥人力资本作用，提高劳动、资本、土地、资源、环境等要素的投入产出效率，如提高劳动生产率、产能利用率、投资回报率，降低单位 GDP 能耗，最终提高全要素生产率。

（四）高质量的收入分配

推动合理的初次分配和公平的再分配。初次分配环节健全资本、知识、技术、管理等由要素市场决定的报酬机制，促进各种要素按照市场价值参与分配，促进居民收入持续增长。再分配环节发挥好税收调节等作用，精准脱贫等措施的兜底作用，调节存量财富差距过大的问题。

（五）高质量的经济循环

要畅通供需匹配的渠道，畅通金融服务实体经济的渠道，落实"房子是用来住的，不是用来炒的"要求，逐步缓解经济运行当中存在的三大失衡，即供给和需求的失衡、金融和实体经济失衡、房地产和实体经济失衡，确保经济平稳可持续发展。

二　河南推动高质量发展取得的成效

党的十八大以来，河南始终抓牢发展第一要务，坚持创新、协调、绿色、开放、共享五大发展理念，综合实力显著提升，改革开放创新深入推进，绿色发展步伐加快，民生事业持续改善，经济发展的稳定性、协调性、包容性、可持续性显著增强，全省经济在量的稳定增长中实现质的大幅提升，为转向高质量发展奠定了坚实基础。

（一）供需结构更加匹配

1. 供给规模稳定扩大

全省 GDP 分别于 2013 年、2016 年迈上 3 万亿元和 4 万亿元两个新台阶，2018 年达到 4.8 万亿元，居全国第 5 位，经济大省地位愈加巩固；2013～2018 年年均增长 8.3%，高于全国平均水平 1.3 个百分点，增速居全国的位次由 2012 年的第 20 位前移至 2018 年的第 11 位，为全国经济平稳较快发展做出重要贡献。发展的稳定性显著增强，新常态以来 GDP 增速年度之间回落的幅度总体呈收窄态势，由 2008 年的 2.6 个百分点逐渐缩小到 2012 年的 1.8 个百分

点、2018 年的 0.2 个百分点。

2. 供给结构持续优化

经济增长由第二产业拉动向第二、第三产业协同拉动转变。强力推动第三产业发展的政策效应逐步显现，第三产业"领跑"全省经济增长，2013~2018年第三产业增加值年均增长 9.9%，高于 GDP 年均增速 1.6 个百分点；自 2015年上半年以来，服务业增加值增速超过工业，第三产业逐渐成为经济增长的主要动力，第三产业增加值对经济增长的贡献率从 2016 年一季度至 2017 年全年均超过第二产业，2018 年高于第二产业 4.4 个百分点。

3. 供给体系质量得到提升

（1）第三次农业普查数据显示，2013 年全省粮食总产量跨越 1200 亿斤大关，综合生产能力稳定在 1200 亿斤以上，粮食总产量约占全国的 1/10，稳居全国前两位，夏粮产量占全国的 1/4，稳居全国第 1 位，为保障国家粮食安全做出重要贡献，2018 年粮食产量达到 1329.78 亿斤；主动调减玉米种植面积，扩大优质经济作物种植面积，"四优四化"建设取得初步成效。

（2）工业发展迈向中高端水平。煤炭、钢铁等过剩产能有序退出；传统产业升级改造，产品结构由低加工度向高加工度转化，由产业链前端向中后端延伸；重点培育的新产业新产品较快发展。2013~2018 年五大主导产业、战略性新兴产业、高技术产业增加值年均增速分别高于规模以上工业 2.6 个、5.9 个和 10.2 个百分点。加快培育发展现代服务业，现代物流、现代金融、健康养老、文化旅游等产业快速发展。

4. 消费升级和有效投资良性互动

（1）消费升级步伐加快，有力地发挥了经济增长的"稳定器"作用。随着居民收入水平的提高和消费升级的加快，全省消费品市场保持平稳较快增长态势，2015 年最终消费支出对 GDP 增长的贡献率超过 50%，2017 年达到59.8%，比 2012 年提高 10.7 个百分点，发挥了经济增长的"稳定器"和"压舱石"作用，经济增长由投资拉动向投资、消费协同拉动转变。

（2）突出抓好有效投资，投资结构在补短板、强弱项、增后劲中不断优化。服务业投资快速增长，2013~2018 年服务业投资年均增长 18.8%，高于固定资产投资增速 3.8 个百分点；2018 年占固定资产投资比重的 66.8%，比2012 年提高 24.1 个百分点。在政策引导和市场倒逼的双重作用下，越来越多的工业企业意识到创新发展的重要性,工业技改投资高速增长,2017～2018年工业企业技术改造投资年均增长33.9%,高于工业投资31.2个百分点;2018年工业企业技术改造投资占工业投资的比重达到21.1%,比2016年提高9.9个百分点。

(3)新业态新模式苗壮成长。以互联网、云计算、大数据为代表的新一代信息技术与现代制造业、生产性服务业等融合创新,带动互联网相关行业高速增长。2015～2018年,网上零售额年均增长41.5%,高于社会消费品零售总额30.0个百分点。快递业务量从2012年的1.25亿件增加到2018年的15.26亿件,增长12.2倍。众创空间、星创天地等创业孵化载体大量涌现,分享经济广泛渗透,跨境电商、智能家庭、在线医疗等新服务模式方兴未艾。

(二)重要领域和关键环节改革取得突破性进展

1. "放管服"改革走在全国前列

党的十八大以来,省级行政审批项目精简过半,省级行政审批中介服务事项精简超过3/4,非行政许可审批全面取消,开展减证便民专项行动,编制公布省市县三级政府部门权责清单,基本建成覆盖省市县乡四级的网上政务服务平台,在全国率先实行"35证合一",日均新登记企业数量是改革前的3.5倍。2018年全面实行"证照分离"改革,推进在"一网通办"前提下"最多跑一次"的审批服务便利化改革,预计可提前一年完成国务院要求的目标任务,在新登记市场主体连续多年快速增长的基础上,2018年日均新登记企业仍达到940户。简政放权等体制机制创新,改善了营商环境,激发了市场活力和社会创造力,越来越多的社会主体投身创新创业,新的发展动能持续增强。

2. 国企改革攻坚取得阶段性成果

比国家要求提前一年半完成涉及100多万名职工家属的省属企业剥离办社会职能工作。完成"僵尸企业"处置1124家。国有企业效益逐步好转,2017年规模以上国有控股工业企业利润总额同比增长625.4%,亏损企业亏损额同比下降22.1%;2018年1～11月,国有控股企业利润总额同比增长71.2%,高于全省55.2个百分点,"三煤一钢"全部实现盈利。

3. 其他领域改革向纵深推进

营改增试点全面推开,省级涉企行政事业性收费全面取消,投融资体制改

革向纵深推进，县市农信社改制组建农商行工作总体完成，兰考普惠金融改革试验区建设成效明显。县域综合医改试点拓展深化，城市公立医院综合改革全面推开，分级诊疗、家庭医生签约服务等试点启动实施。依法行政水平不断提高，每万人行政诉讼发案率低于2.5件的目标已提前完成。

（三）投入产出更加高效

1. 科技创新能力稳步提高

郑洛新国家自主创新示范区、国家大数据综合实验区、知识产权强省试点省相继获批建设。2017年，全省R&D经费投入是2012年的1.87倍，占GDP比重1.31%，比2012年提高0.26个百分点。以郑洛新国家自主创新示范区为引领，大力培育创新引领型企业、人才、平台和机构，截至2017年末国家级创新平台达到151家，实现省辖市全覆盖，科技型中小企业突破1.6万家。创新型龙头企业数量从2016年的30家增加到2017年的100家。突破了一批制约产业发展的关键核心技术，形成了一批有技术和市场优势的产业，一大批自主研发的科技成果和装备在神舟、蛟龙、高铁、航母等大国重器上应用，其中超硬材料占全国市场份额的80%以上，高温功能材料占50%以上，特高压输变电装备占40%以上，盾构装备占30%以上，新能源客车占30%左右。

2. 人力资本正在发挥更大作用

自金融危机以来，河南省一批企业家在激烈的市场竞争中锤炼了素质，适应性和抗风险能力不断增强。深入实施职教攻坚工程和全民技能振兴工程，2017年末高技能人才达到179.4万人。随着企业家和知识型、技能型劳动者数量和素质的不断提高，全省劳动生产率得到较快提高，2017年全员劳动生产率为66037元/人，是2012年的1.39倍，其中第三产业劳动生产率为90741元/人，是2012年的1.54倍。

3. 节能降耗成效显著

企业持续加大产品节能改造和技术装备升级力度，降低主要耗能产品单位能耗，全省能源利用效率整体提升，2017年全省单位生产总值能耗同比下降7.9%，2018年前三季度下降4.39%。大气污染治理效果明显，空气质量显著提升。

（四）收入分配制度兼顾效率与公平

1. 三大收入同步增长

2018 年，全省居民人均可支配收入、一般公共预算收入同比分别增长 8.9%、10.5%，1~11 月规模以上工业企业利润总额同比增长 16.0%，均保持较快增长态势。三大收入同步增长为经济社会和谐发展、人民生活水平稳步提高奠定了基础。

2. 脱贫攻坚成效显著

2017 年末，全省贫困发生率为 2.57%，比 2012 年降低 6.71 个百分点，低于全国 0.53 个百分点。兰考县、滑县、舞阳县、新县、沈丘县、新蔡县成功实现脱贫摘帽。

3. 稳定扩大社会就业

就业是最大的民生，2013~2017 年河南省城镇新增就业每年均保持在 140 万人以上，五年累计新增超过 700 万人，2018 年新增 139.24 万人。2018 年末，农村劳动力转移就业总量达到 2995 万人，返乡下乡创业人员总量为 124 万人，累计带动就业 778 万人。"输出一人、致富一家"的打工效应持续向"一人创业、带富一方"的创业效应转变。

4. 兜牢民生保障底线

2013~2018 年，河南省财政累计用于民生支出 3.3 万亿元。2018 年民生支出占一般公共预算支出的比重为 77.2%，比 2012 年提高 4.9 个百分点。城乡居民基本养老保险、职业人群工伤保险制度实现全覆盖；率先在全国实现城乡居民大病保险全覆盖和省级统筹、即时结报，参保个人年度最高支付限额达到 40 万元；率先在全国全面建立困难群众大病补充医疗保险制度，开通跨省异地就医即时结算。

（五）经济循环渠道更加通畅

1. 金融服务实体经济更加有效

实体经济是金融发展的根基，没有实体经济的健康发展，就没有金融业真正的可持续发展，推动实体经济发展是金融的立业之本，服务实体经济是对金融的本质要求。2018 年末，河南省金融机构人民币各项存款余额 63867.6 亿

元，贷款余额47834.8亿元，分别是2012年末的2.0倍和2.4倍；存贷比为74.9%，比2012年提高11.4个百分点。2018年前三季度，全省社会融资规模增量为5943亿元，居全国第7位、中部地区首位，占全国社会融资规模增量的27.4%。其中，对实体经济发放本外币贷款增量为4985亿元，占社会融资规模增量的83.9%，高于全国平均水平20.8个百分点。

2.房地产市场发展更趋稳定

降低房地产高库存是清除供给冗余、抑制房地产泡沫，促进房地产发展回归理性的重要一环。河南省积极推进新型城镇化，加快农民工市民化进程，提高棚户区改造货币化安置比例，全省商品房待售面积自2016年7月末以来持续下降，2017年末同比下降16.2%，2018年末同比下降1.6%。据住建部门监测，2018年11月末全省商品住宅去化周期为9个月，去化周期总体保持稳定。

三 河南实现高质量发展的问题和短板

改革开放以来，全省经济保持高速增长，2018年GDP预计超过4.8万亿元，经济大省地位更加巩固，发展的质量效益不断提升。但也要清醒地看到，河南省长期积累的结构性矛盾和深层次问题日益突出，与全国相比资源环境约束更大，制约经济高质量发展的问题与短板更多，推动经济高质量发展任务艰巨。

（一）经济效益偏低

经济效益水平与经济大省地位不相匹配。2017年全省人均GDP仅相当于全国的78.2%，相当于上海、江苏、浙江、广东等省份的一半左右；居民人均可支配收入相当于全国的77.7%，农村居民人均可支配收入相当于城镇的43.0%，消费支出相当于城镇的47.4%。规模以上工业企业每百元主营业务收入中的成本持续高于全国，实体经济生产经营成本偏高问题持续影响企业竞争力。2017年一般公共预算收入占GDP比重的7.6%，低于全国3.5个百分点，居全国第31位；税收收入占一般公共预算收入的比重68.4%，比2012年降低3.6个百分点。生产效率偏低，2017年全省全员劳动生产率为全国平均水平的62.0%，远低于江苏、浙江等经济强省，分别为江苏、浙江的36.6%、48.2%。

（二）科技创新能力不足

创新投入力度较小，2017 年全省研发经费投入强度仅为全国平均水平的六成，2018 年科学技术支出占一般公共预算支出的比重仅为 1.7%。企业的研发活动不足，2017 年全省仅有 15.7% 的规模以上企业有研发活动，42.4% 和 13.5% 的大、中型工业企业有研发机构。创新人才偏少，全省每万人从事科技活动人员为 34 人，仅相当于全国平均水平的一半；高层次创新领军人才匮乏，截至 2017 年末，河南拥有的"两院院士"、国家"千人计划"、国家"万人计划"、国家杰出青年科学基金获得者、长江学者数量分别占全国总数的 1.7%、0.31%、1.16%、0.33% 和 0.24%；2018 年武汉大学计划招收博士生 1800 人，相当于河南省全部高校博士生招生数的近 3 倍。创新能力偏弱，2017 年全省每万人拥有发明专利 2.04 件，不足全国平均水平的 1/3。成果转化率偏低，2017 年全省每万元生产总值技术市场成交额 17.25 元，居全国第 27 位。

（三）结构性问题突出

第三产业增加值占生产总值比重偏低的问题依旧存在，2013 年全国三次产业结构已经实现"三二一"的历史性转变，而河南仍为"二三一"结构，2018 年第三产业占比低于全国 7.0 个百分点。城镇化发展相对滞后，2018 年末全省常住人口城镇化率为 51.71%，仍低于全国平均水平 7.87 个百分点；户籍人口城镇化率与常住人口城镇化率的差距不断缩小，但仍有近 20 个百分点的差距。由于城镇居民人均可支配收入和消费支出均为农村居民的 2 倍以上，城镇化率偏低必然制约居民收入和消费支出的快速增长。区域发展不平衡问题依然存在，在环保治理常态化的新形势下，资源型城市转型阵痛明显；传统农区发展相对滞后，第一产业比重依然偏高，农业大而不强，产业化程度低。

（四）供给水平有待提升

从产品供给结构看，河南省工业品仍集中在产业链上游和价值链低端，2017 年原煤产量占全国比重的 3.4%，居全国第 8 位；水泥占 6.4%，居全国第 4 位；生铁占 3.8%，居全国第 6 位；原铝占 9.4%，居全国第 3 位。2017 年全省工业机器人产量仅 580 套，占全国的 0.4%；汽车产量仅占全国的

1.6%，居全国第 19 位。这样的产品结构与市场需求显然是不匹配的。从消费来看，河南网上零售额增速持续高于网上购买额增速，省内居民网购商品多来自省外。2017 年河南网上零售额占全国的 2.4%，全省居民网上购买额占全国的 3.9%，网购占比高于网上零售 1.5 个百分点，买卖比达到 1.63∶1；2018 年"双十一"河南天猫成交额居全国第 8 位，全网零售额河南占比仅为全国的 0.8%，虽与湖南、江西并列居全国第 12 位，但居前五位的广东、上海、浙江、北京、江苏全网零售额合计占比已达全国的 81.5%。

（五）绿色发展依然滞后

资源能源消耗较多，2017 年全省万元 GDP 能耗分别是广东的 1.61 倍、江苏的 1.41 倍、浙江的 1.27 倍。经济增长的环境成本仍然偏高。单位 GDP 二氧化硫、氮氧化物、烟（粉）尘等污染物排放量，在 GDP 超 3 万亿元的经济大省中仍然属于偏高水平，经济增长还需要环境付出较大的成本代价。全国首次发布的《2016 年生态文明建设年度评价结果公报》显示，河南绿色发展指数为 78.10，居全国第 22 位，其中环境质量指数、生态保护指数分别居全国第 26 位、第 24 位；公众生态环境满意度仅为 74.17%，居全国第 26 位，人民群众在生态文明建设方面的"获得感"不足。

（六）共享发展任重道远

经过多年的扶贫开发，脱贫难度较小的地区基本已经解决了贫困问题，剩下的都是难啃的硬骨头，脱贫成本更高，脱贫难度更大。2018 年前三季度贫困地区农村居民人均可支配收入仍仅相当于全省平均水平的 85.2%，产业发展活力不强，传统产业占主导地位，非农产业发展缓慢，增收能力有限；人口文化层次低、就业技能差，就业渠道狭窄。受农村贫困人口脱贫任务重等因素影响，2017 年河南全面建成小康社会实现程度仅为 89.2%。

四　推动河南实现高质量发展的建议

中国特色社会主义已经进入新时代，新时代面临新形势，新形势提出新挑战，河南省要以习近平新时代中国特色社会主义思想为指导，继续坚持发展是第一要务，以高质量发展为根本方向，以供给侧结构性改革为主线，抓重点、补短板、强弱项，为决胜全面建成小康社会、开启社会主义现代化建设新征程奠定坚实基础。

（一）以郑洛新自主创新示范区为龙头，着力提升自主创新能力

高质量发展必须是以科技创新为引领的发展，创新能力不强是河南的突出短板。推动高质量发展，要围绕打造中西部地区科技创新高地的目标，推动科技创新从"跟跑"转向"并跑、领跑"，形成以创新为主要引领和支撑的经济体系和发展模式，推动创新成为第一动力。充分利用郑洛新国家自主创新示范区难得机遇，在生物育种、通信技术、超级电容、工业 CT 等方面寻求突破，构建创新引领型高地，促进创新能力跨越式提升。抓住用好"双一流"大学建设重大历史机遇，努力实现河南高等教育事业的历史性跨越，为服务经济社会发展提供人才支撑。建立健全创新制度和科学用才机制，打造人才高地和"白领城市"。聚焦优势产业，强化企业创新主体地位，引导鼓励企业统筹利用创新资源，实施关键领域创新工程，提升科技创新能力与产业竞争力。发展众创、众包、众扶、众筹，在全社会营造支持创业创新社会氛围。主动融入全球开放创新网络，建设高水平的国际、国内科技合作研究基地，大幅提升自主创新能力。

（二）以结构转型升级为方向，着力打造现代产业体系

推动高质量发展，必须加快建设现代化经济体系，推动产业结构优化升级，是建设现代化经济体系的主攻方向。以实现产业结构"三二一"历史性转变为方向，通过做大服务业、做强工业，推动经济增长向依靠科技进步、劳动者素质提高和管理创新转变，着力打造现代产业体系。以供给侧结构性改革为主线，推动供需平衡，以市场化、法制化手段优化存量资源配置，减少无效和低端供给，扩大优质增量供给。加快"四个强省"建设，鼓励装备、食品、新型材料、电子、汽车等重点产业发展新技术、新产品、新工艺、新业态、新模式，提升竞争力，构建链条完整、协作配套、集聚集约、绿色高效、环境友好的现代制造业；培育发展现代物流、信息服务、金融、旅游、商务服务、健康服务、养老及家庭服务等新兴服务业；稳定提高农业质量效益和粮食生产能

力，不断拓展农业现代化新领域；实施云计算应用和大数据产业发展战略，培育信息产业新业态。坚决抓好转型发展攻坚，借鉴国内外先进标杆企业和先进地区转型发展典型经验，加快推进首批 12 个重点产业发展，鼓励绿色化、智能化和技术改造，培育壮大企业群体。

（三）以郑州建设国家中心城市为契机，着力推动城乡区域协调发展

目前河南省超有过 50% 的人口生活在城镇，超过 80% 的消费在城镇实现，超过 90% 的投资发生在城镇，城镇布局直接影响现代化经济体系的空间布局。推进新型城镇化能够起到综合带动作用，而城镇化水平偏低是河南发展的最大潜力。把中原城市群一体化作为支撑新型城镇化的主平台，推动各地优势互补，带动区域协调发展。建设美丽乡村，推进农村一、二、三产业融合发展，激发农业农村经济发展活力，使乡村在功能、环境、人气等方面更像小城镇；推进中心镇建设，扩大产业集聚、扩大镇区规模，使之更像县城；加快县城建设，按照产城融合、生态宜居建设理念，使之更像地级市；在地级城市中，建设一批经济实力强、城市面貌好、基础设施优的城市，使之比肩大城市；推动郑州大都市区发展，加强区域经济协作，形成辐射周边、连通国际的核心区域，增强竞争力辐射力影响力。以郑州为核心，加强核心辐射带动作用，使之发展成为极具特色的国际大都市。

（四）以实现人民对美好生活的向往为目标，着力增强人民福祉

习近平总书记指出，高质量发展，就是能够很好满足人民日益增长的美好生活需要的发展。河南是人口大省、农业大省，人均收入水平低，公共服务水平偏低，脱贫攻坚任务艰巨，更要把人民对美好生活的向往作为奋斗目标，使全体人民在发展中有更多获得感。促进完善收入分配政策，推动居民收入与经济发展同步增长。健全社会保障体系，适当根据经济发展提标升级。巩固专项、行业、社会"三位一体"大扶贫格局，真正做到有贫即扶，无贫退出。发挥政府资金引领和杠杆作用，撬动社会资本参与，高起点规划、高标准定位、全区域打造，不断完善城乡公共设施，提高公共事业服务水平。

（五）以人民满意为导向，着力提升环境综合治理能力

随着经济发展和人民生活水平的提高，生态环境在群众生活幸福指数中的重要性日益凸显，近年来河南省在环境治理方面做了很多工作，取得很大成效，但离群众满意仍有差距，必须以更高标准保护绿水青山，让绿水青山变成金山银山。积极推进生态产业化、产业生态化发展战略，提升综合治理能力，实现理念、生产、生活、行为全渗透、省域全覆盖。规划发展以黄河和南水北调中线工程、京广铁路两岸保护带为核心的"生态金十字带"，推进绿色、循环、低碳、可持续发展。聚焦突出环境问题，在灵活运用治标手段的同时深入研究治本方法，加强源头治理，标本兼治。把生态规划发展与新型城镇化建设有机结合，形成自然、社会、人文和谐发展的城镇生态文明。提升农村生态环境，在抓好"厕所革命"的同时解决好"垃圾围村"问题，努力把农村打造成环境优美、生态宜居、底蕴深厚、各具特色的美丽乡村。

B.13
补短板 强弱项 奋力推进
全面建成小康社会

刘朝阳 宗方 崔岚*

摘　要： 本文按照最新修定的"河南省全面建成小康社会统计监测指标体系"，对 2017 年河南省全面建成小康社会进展情况进行监测，结果显示，2017 年河南省全面建成小康社会实现程度为 89.2%，预计到 2020 年将基本实现全面建成小康社会目标。作为传统农业大省和人口大省，河南发展中不平衡不充分的问题依然突出，实现全面建成小康社会这一战略目标还存在不少短板和薄弱环节。本文从深化供给侧结构性改革、创新社会治理模式、坚定文化自信、统筹城乡发展改善民生、打好精准脱贫和污染防治攻坚战等方面对如何加快推进河南全面建成小康社会提出了一些对策建议。

关键词： 河南 小康社会 统计监测指标

　　2012 年，党的十八大首次提出全面建成小康社会，为小康社会建设提出了新的任务和要求，党的十九大为决胜全面建成小康社会进行了决策和部署。党的十八大以来，河南省深入贯彻习近平总书记调研指导河南工作时的重要讲话精神，以提高发展质量和效益为中心，以推进供给侧结构性改革为主线，统筹推进"五位一体"总体布局和协调推进"四个全面"战略布局，着力发挥

---

* 刘朝阳，河南省统计科学研究所所长；宗方，硕士，高级统计师，河南省统计科学研究所副所长；崔岚，硕士，河南省统计科学研究所。

优势打好"四张牌"，加快推进"三区一群"建设，坚决打响"四大攻坚战"，统筹协调稳增长与调结构、扩需求与促转型、抓改革预防风险、谋发展与惠民生，全省经济社会发展稳中有进，稳中向好，决胜全面建成小康社会迈出坚实步伐。

一　砥砺奋进　克难攻坚　2017年河南全面建成小康社会成绩突出

"河南省全面建成小康社会统计监测指标体系"（以下简称"河南监测指标体系"）是参照2016年国家统计局新修订的"全面建成小康社会进程统计监测指标体系"（以下简称"全国监测指标体系"），并结合河南"十三五"规划纲要制定的。指标体系包括经济发展、民主法治、文化建设、人民生活和资源环境五个方面的内容，共38项指标。按照该指标体系对2017年河南全面建成小康社会进展情况进行了监测。结果显示，2017年河南省全面建成小康社会实现程度为89.2%，较2016年提高2.9个百分点；民主法治、人民生活以及资源环境三大类指标实现程度高于或接近于90%，分别为93.9%、90.6%和89.5%。

（一）经济发展取得重大成就

2017年，全省经济发展类指标实现程度为86.6%，较2016年提高4.9个百分点。在五大类指标中，经济发展基础最为薄弱，但进展较为迅速，经济发展类指标实现程度较2012年提高了20.7个百分点，年均上升4.14个百分点。具体来看，人均生产总值不断增加，发展水平明显提升。2017年，全省人均生产总值达到47130元，按2010年价格计算为45029元，是2016年的1.1倍，是2012年的1.5倍。服务业占比不断提升，经济结构持续优化，服务业增加值占生产总值比重由2012年的33.7%提高到2017年的42.7%，年均增加1.8个百分点。常住人口城镇化率稳步上升，城乡结构发生明显变化，全省城镇化率达到50.2%，较2016年提高了1.7个百分点；较2012年提高了7.8个百分点，年均增加1.56个百分点。互联网普及率大幅提高，信息技术广泛应用。2017年全省互联网普及率指数实现程度为89.2%，较2016年提升了14个百分点；其中固定宽带家庭普及率达到65.5%，移动宽带用户普及率达到72.1%。

（二）民主法治基础不断夯实

2017年，全省民主法治类指标实现程度为93.9%，较2016年提高5.4个百分点；较2012年提升了12.8个百分点，年均增加2.56个百分点。具体来看，基层选举制度执行较好，基层民主制度更加完善。2017年基层民主参选率达到88.7%①，基层民主参选率持续保持较高水平。法治进程不断推进，社会秩序规范有序，律师人数不断增加，全省每万人拥有律师数由2012年1.2人增加到2017年的1.95人；依法行政水平不断提高，每万人行政诉讼发案率低于2.5件的目标值，已提前完成预期目标。社会组织数不断增加，社会活力逐步提升。2017年每万人拥有的社会组织数增加到3.49个，该指标实现程度达87.3%。

（三）文化建设取得长足发展

2017年，全省文化建设类指标实现程度为84.8%，较2016年提高1个百分点；较2012年提升了18.8个百分点，年均增加3.76个百分点。具体来看，基层文化基础设施不断增加，公共文化服务体系逐步完善。2017年，全省图书馆、博物馆、文化馆和文化站等文化设施实现了所有县（区）和乡（镇）基础设施全覆盖；广播和电视人口综合覆盖率达到98.7%，基本实现了所有人口广播和电视信号的全覆盖。居民家庭文化娱乐支出不断提高，居民精神生活更加丰富。2017年，全省城镇居民人均文化娱乐支出达960.04元，占家庭消费比重的7.3%；全省农村居民人均文化娱乐支出达210.22元，占家庭消费比重的2.3%，2017年该指标提前实现预期目标。

（四）人民生活水平持续改善

2017年全省人民生活类指标实现程度为90.6%，较2016年提高2.8个百分点；较2012年提升了6.3个百分点，年均增加1.26个百分点。具体来看，贫困人口大幅减少，脱贫攻坚取得重大进展。2017年全省农村贫困人口为

---

① 由于基层选举每三年进行一次，第九届基层选举工作于2018年6月底结束，故2017年基层民主参选率使用的是2015年第八届基层选举数据。

221.4 万人，自 2012 年累计完成约 550 万人的脱贫任务，按现行贫困标准贫困人口累计脱贫率已达 84.8%（以 2010 年为基期）。居民人均可支配收入持续快速增长，人民生活更加富裕。2017 年，全省居民人均可支配收入 20170 元，较 2016 年增长 9.4%。其中，城镇居民人均可支配收入 29558 元，较 2016 年增长 8.5%；农村居民人均可支配收入 12719 元，较 2016 年增长 8.7%。城镇居民和农村居民人均可支配收入较 2012 年分别增加 9115.24 元和 6115.15 元。按 2010 年价格计算，2017 年城乡居民人均收入是 2012 年的 1.5 倍，年均增长 8.4%。人民群众普遍关心的突出问题得到较好解决，人民生活质量得到全面改善。失业率、城镇居民家庭人均住房面积、基本社会保障参保率、产品质量合格率和单位 GDP 安全事故死亡率均已提前达到预期目标。

（五）资源环境建设取得初步成效

2017 年，全省资源环境类指标实现程度为 89.5%，较 2016 年提高 0.7 个百分点；较 2012 年提升了 7.8 个百分点，年均增加 1.56 个百分点。具体来看，全面节约资源有效推进。单位 GDP 能耗、单位 GDP 用水量、一般工业废物综合利用率等指标先后完成预期目标。土地集约利用取得明显成效，单位 GDP 建设用地面积由 2012 年的 76.8 公顷/亿元下降到 2017 年的 62.1 公顷/亿元。生态环境治理成效初显。2017 年，全省空气质量优良天数比例和地表水Ⅲ类以上水体比例在 2016 年由降转升的基础上继续上升。农村自来水普及率已率先达到目标值，城市和县城污水集中处理率完成预期目标。

二　2020 年河南省基本接近全面建成小康社会

根据"河南监测指标体系"中，五类指标五年来进展情况以及当前经济发展增速，对未来河南全面建成小康社会进程进行预测，结果显示，2020 年河南省全面建成小康社会实现程度可达 96.4%，基本接近全面建成小康社会；生产总值、人均生产总值以及人均居民收入较 2010 年翻一番的目标值均可提前实现。

（一）全面建成小康社会进程预测

2017 年，河南全面建成小康社会实现程度为 89.2%，按照 2013~2017 年年均提高 2.4 个百分点推算，到 2020 年实现程度约为 96.4%，基本接近全面建成小康社会。其中经济发展、民主法治、文化建设、人民生活和资源环境指数实现程度分别可达到 98.9%、100%、96.2%、94.5% 和 94.3%（见表 1）。

表 1 2020 年河南全面建成小康社会实现程度预测情况

单位：%

项目	2017 年实现程度	2013~2017 年年均增速	2020 年预测值
全面小康社会	89.2	2.4	96.4
一、经济发展	86.6	4.1	98.9
二、民主法治	93.9	2.6	100.0
三、文化建设	84.8	3.8	96.2
四、人民生活	90.6	1.3	94.5
五、资源环境	89.5	1.6	94.3

（二）全面建成小康社会关键指标预测

党的十八大确定全面建成小康社会的奋斗目标时提出，要实现国内生产总值和城乡居民人均收入比 2010 年翻一番。

在生产总值方面，2010 年河南省生产总值为 23223 亿元，2017 年达到 42647 亿元（2010 年价格），即使按照全省生产总值的年均 7%[1]增速推算，到 2019 年上半年可以提前实现生产总值翻一番的目标。在人均生产总值方面，2010 年河南人均生产总值为 24585 元，2017 年为 45029 元，从目前经济、人口综合发展情况推算，到 2019 年可以提前实现人均生产总值翻一番的目标。在居民人均可支配收入方面，2010 年城乡居民人均可支配收入为 9353 元，2017 年城乡居民人均收入为 17810 元（2010 年价格），按照党的十八大以来年

---

[1] 初步核算，2018 年全省生产总值增速为 7.6%。

均 8.2% 的增速计算，到 2018 年河南将提前实现城乡居民人均收入比 2010 年翻一番的目标。但要达到 2020 年全国平均预期水平 25000 元的目标，2018～2020 年居民人均可支配收入年均增速需达到 11.9% 以上，河南仍需加倍努力。

三　河南全面建成小康社会存在的问题和短板

2017 年，反映河南全面建成小康社会进程的 38 项监测指标中，实现程度达到 100% 的指标有 14 个，在 90%～100% 的指标有 8 个，在 85%～90% 的有7 个，在 85% 以下的指标还有 9 个。实现程度在 85% 以下的这 9 个指标涉及多个方面，是全面建成小康社会中的主要短板，还有一些指标进展趋缓也值得引起重视。

（一）经济发展质量不高，发展方式还需进一步转换

三次产业结构优化速度趋缓。2017 年服务业增加值占生产总值的比重为 42.7%，比 2016 年提高 0.9 个百分点，占比增长趋缓。创新投入有待提高。2017 年 R&D 经费投入占生产总值的比重为 1.31%，仅比 2016 年提高0.09 个百分点，按目前增速，距离实现 2% 目标值困难较大。对外开放水平仍需提升。2017 年河南省外贸依存度为 11.6%，已连续两年呈现回落态势。当前，在"一带一路"倡议背景下，河南省对外经济交往方式增多，交往渠道不断拓宽，但从最终结果来看，外贸依存度并没有呈现明显上升态势。

（二）文化事业和文化产业还需加速发展

公共文化财政支出与经济社会发展水平不相称。2017 年全省公共文化财政支出为 98.66 亿元，比 2016 年仅增加 0.3 个百分点，而人均公共文化财政支出为 103.21 元，比 2016 年下降了 0.24 个百分点；虽然与 2012 年相比，人均公共文化财政支出增加了 33.58 元，但与预期目标 160 元还有较大差距。文化产业规模和比重仍然较低。自 2012 年以来，文化产业增加值占国民经济比重一直徘徊在 3% 左右，这与河南文化大省的地位不相称，也与加快构筑全国重要的文化高地要求相去甚远。

（三）人民生活水平提升中仍有突出短板

脱贫攻坚形势依然严峻。五年来河南省农村贫困人口显著减少，贫困发生率持续下降，但至 2017 年底全省仍有 221.4 万名贫困人口，数量仍居全国前列，特别是在脱贫攻坚的决胜阶段，一些经济基础薄弱、基础医疗设施落后的地区，容易出现返贫现象。居民收入总体水平偏低，城乡收入差距较大。2017 年城乡居民人均可支配收入为 17810 元，距城乡居民人均可支配收入 25000 元的预期目标差距仍然较大；2017 年，农村居民人均可支配收入仅相当于城镇居民的 43%。农村基础设施建设较为薄弱。2016 年农村社区综合服务设施覆盖率约为 21.3%①。

（四）资源利用环境保护任重道远

资源集约利用仍有较大空间。当前，一些传统的生产生活方式虽受到制约，但集约的生产生活方式还没有完全确立，河南仍处于传统发展向高质量发展转型的初期，土地集约利用，节能降耗等方面仍有较大改善空间。环境治理保护还没有取得根本性好转。2017 年全省地级以上城市空气质量优良天数比例为 53.9%，仅比 2016 年提高 0.3 个百分点，地表水达到或好于Ⅲ水体比例为 56.8%（见表 2），相对较低，环境污染仍然影响生产和生活安全。农村环境治理水平仍待提高。农村生活垃圾处理率以及农村卫生厕所普及率相对较低，仍需进一步加大投入力度，提升农村综合治理水平。

表 2　2017 年河南全面建成小康社会中的短板指标

指标	短板指标	现值	目标值	全面小康实现程度（%）
经济发展	R&D 经费投入占 GDP 比重（%）	1.31	2	65.5
	外贸依存度（%）	11.60	14	83.1
文化建设	文化及相关产业增加值占 GDP 比重（%）	3.00	4	75.0
	人均公共文化财政支出（元）	103.20	160	64.5

---

① 该指标数据来自民政厅，因 2017 年统计口径发生较大变化，故使用 2016 年统计数据。

指标	短板指标		现值	目标值	全面小康实现程度(%)
人民生活	城乡居民收入(元)		17810.00	25000	71.2
	每万人拥有公共交通车辆(辆)		10.60	14	75.9
	农村社区综合服务设施覆盖率(%)		21.30	50	42.6
	农村贫困人口累计脱贫率(%)		84.80	100	84.8
资源环境	环境质量指数	空气优良天数占比(%)	53.90	80	67.4
		地表水达到或好于Ⅲ水体比例(%)	56.80	70	81.1
	行政村生活垃圾处理比例(%)		47.30	90	52.6
	农村卫生厕所普及率(%)		75.23	85	88.5

注：农村社区综合服务设施覆盖率使用民政厅 2016 年统计数据。

四　补短板　强弱项　河南奋力推进全面建成小康社会

全面建成小康社会，是国家确定的第一个百年奋斗目标，也是实现中华民族伟大复兴的关键一步。党的十九大报告明确指出，从现在到 2020 年，是全面建成小康社会的决胜期，这一时期要突出抓重点、补短板、强弱项，特别是要坚决打好防范化解重大风险、精准脱贫、污染防治的攻坚战，使全面建成小康社会得到人民认可、经得起历史检验。

（一）深化供给侧结构性改革，促进经济高质量发展

坚持稳中求进工作总基调，坚持新发展理念，按照高质量发展的要求，努力打好"四张牌"，持续打好转型发展攻坚战。坚持供给侧结构性改革，优化经济结构。以"破立降"为重点，深入推进种养业、制造业、服务业供给侧结构性改革专项行动，着力培育壮大新动能。加大创新投入力度，提高经济发展质量。加快郑洛新国家自主创新示范区建设，重点发展一批创新引领型企业，激活人才引进政策，重点支持重大科技成果转化。深入推进"一带一路"建设，全面提升对外开放水平。深度融入"一带一路"建设，推进河南自贸区、"空中丝绸之路""陆上丝绸之路""网上丝绸之路"建设，规划建设电子世界贸易组织核心功能集聚区，畅通国内外要素集散渠道；加强与"一带一路"沿线国家在产业、能源、基础设施等领域的互利合作。

（二）完善民主法治体系，创新社会治理模式

加强和完善基层民主制度。依法扎实做好村民换届选举工作，有效提高基层民主参选率，进一步夯实基层民主制度。引导和创新社会治理模式。提高社会组织的发展质量，统筹发挥社会力量协同作用，大力发展社会组织，积极鼓励社会组织参与社会治理创新，进一步提高社会活力。

（三）坚定文化自信，推进文化高地建设

大力传承创新优秀传统文化。深入挖掘文化大省优势，加大富有地域特色优秀传统文化开发力度，如安阳殷墟文化、许昌三国文化、开封大宋文化等，深入推进大运河文化带建设，培育文化消费热点。培育和践行社会主义核心价值观。大力弘扬"红船精神"，持续弘扬焦裕禄精神、红旗渠精神、愚公移山精神，深入推进群众性精神文明建设。加大对文化产业的财政支持力度。加大财政对文化基础设施建设和文化产业建设支出力度，大力发展文化创意产业，扶持文化企业发展，搭建文化产业投融资平台。加强基层公共文化建设。持续开展群众文化活动，繁荣文艺创作，实施文化惠民工程，整合各类群众文化活动和惠民演出，加快推进基层综合性文化服务中心建设。

（四）统筹城乡发展，着力改善民生

持续增加居民收入，缩小收入分配差距。进一步健全收入分配机制，不断提高一线劳动者的劳动报酬，增加低收入群体收入，扩大中等收入群体比重，缩小城乡居民收入差距。不断扩大社会就业，切实提高就业质量。优化全方位的就业创业服务，促进重点群体多渠道就业创业，推动农村劳动力转移就业；深入实施全民技能振兴工程，大规模开展职业技能培训。完善社会保障制度，加强农村基础设施投资。进一步完善城乡居民基本医疗保险制度、大病保险、困难群众大病补充医疗保险和医疗救助制度，特别是提高农村贫困人口门诊慢性病和门诊重特大疾病保障水平；进一步加大对农村基础设施投入力度，丰富农村居民物质与精神生活。

（五）打好精准脱贫攻坚战，加快贫困人口脱贫

因地制宜、因人施策，实施精准扶贫。认真贯彻落实中央和省委、省政府

的各项部署，充分发挥各地资源产业优势，挖掘发展致富"命脉"，将扶贫资金、资源用在发力点上，走出一条符合当地特色脱贫致富路。总结经验，创新扶贫工作方法。充分借鉴吸收各地扶贫工作成功经验和做法，如卢氏金融扶贫、光山县"多彩田园"产业扶贫模式、内乡县"5＋"产业扶贫模式等，结合各地实际情况，创新脱贫攻坚战工作方法。抓住重点，攻克深度贫困地区。聚焦深度贫困地区，在资源调配上和在工作力度上向这些重点地区倾斜，强化社会保障兜底，有效遏制因病、因灾、因学返贫，筑牢脱贫基础。

（六）大力推进污染防治，持续改善生态环境

　　坚持绿色发展，提高资源利用效率，降低资源能源消耗。推进绿色循环发展，倡导简约适度、绿色低碳的生活方式，加快资源利用方式转变，提高土地使用效率，降低能耗、物耗，构建清洁低碳、安全高效的能源体系。重点解决环境问题，打好环境治理攻坚战。深入推进实施蓝天、清水、净土行动，着力控制污染源头，加强对地下水污染的综合防治，加强对固体废弃物和垃圾处置，推进生态保护红线、永久基本农田、城镇开发边界三条控制线划定实施。加大对农村环境整治力度，加强乡村有效治理。深入推进乡村振兴发展战略，扎实推进乡村人居环境改善工作，加强对农村农业面源污染防治，加快对生活垃圾、污水的处理和村容村貌美化，打造乡村宜居宜业的美好家园。加大对生态环境的监督监察力度。强化监督执纪问责，加强对危险废物环境的监管，严格执行环保信用评价、信息强制性披露、严惩重罚等制度，坚决制止和惩处破坏生态环境行为。

附表　2017 年河南全面建成小康社会统计监测结果

总指标	次级指标	监测指标	实际值	实现程度(%)
全面小康指数(89.2)	经济发展(86.6)	1. 人均 GDP(元,2010 年不变价)	45029	91.6
		2. 服务业增加值占 GDP 比重(%)	42.70	94.9
		3. 常住人口城镇化率(%)	50.20	89.6
		4. 互联网普及率指数(%)* %	—	89.2
		5. 科技进步贡献率(%)	53.84	89.7
		6. 研究与试验发展经费投入强度(%)	1.31	65.5
		7. 外贸依存度(%)	11.60	83.1

续表

总指标	次级指标	监测指标	实际值	实现程度(%)
全面小康指数(89.2)	民主法治(93.9)	8. 基层民主参选率(%)	88.70	95.4
		9. 每万人口拥有律师数(人)	1.95	93.1
		10. 每万人口行政诉讼发案率(件)	2.01	100
		11. 每万人拥有社会组织数(个)	3.49	87.3
	文化建设(84.8)	12. 文化及相关产业增加值占 GDP 比重(%)	3.00	75.0
		13. 人均公共文化财政支出(元)	103.20	64.5
		14. "三馆一站"覆盖率(%)	135.20	100
		15. 广播电视综合人口覆盖率(%)	98.70	99.7
		16. 城乡居民文化娱乐消费支出占家庭支出比重(%)	5.01	100
	人民生活(90.6)	17. 城乡居民人均收入(元,2010 年不变价)	17810	71.2
		18. 登记失业率(%)	3.00	100
		19. 城乡居民家庭人均住房面积达标率(%)	61.50	100
		20. 公共交通服务指数*(%)	—	87.9
		21. 平均预期寿命(岁)	76.00	99.4
		22. 劳动年龄人口平均受教育年限(年)	10.30	98.1
		23. 每千人口执业(助理)医师数(人)	2.30	100
		24. 每千老年人口养老床位数(张)	33.20	94.9
		25. 社区综合服务设施覆盖率*(%)	—	47.9
		26. 基本社会保险参保率指数*(%)	—	100
		27. 农村贫困人口累计脱贫率(%,现行标准)	84.80	84.8
		28. 单位 GDP 生产安全事故(人/亿元)	0.048	100
		29. 产品质量合格率(%)	95.30	100
	资源环境(89.5)	30. 单位 GDP 建设用地使用面积(公顷/亿元,2010 年不变价)	62.10	85.3
		31. 单位 GDP 用水量(立方米/万元,2010 年不变价)	53.60	100
		32. 单位 GDP 能源消耗(吨标准煤/万元,2010 年不变价)	0.53	100
		33. 环境质量指数*(%)	—	79.4
		34. 污水集中处理指数*(%)	—	100
		35 生活垃圾处理指数*(%)	—	76.3
		36. 一般工业固体废物综合利用率(%)	73.60	100
		37. 农村自来水普及率(%)	85.30	100
		38. 农村卫生厕所普及率(%)	75.20	88.5

B.14
河南脱贫攻坚现状与对策分析

曾凡学　郑　方　王浩然*

摘　要： 党的十八以来，河南省深入学习贯彻习近平总书记关于扶贫
开发的一系列重要论述，以脱贫攻坚统揽经济社会发展全局，
坚持精准扶贫、精准脱贫基本方略，脱贫攻坚取得决定性进
展，贫困人口大幅减少，贫困地区面貌明显改善，脱贫攻坚
政策体系和制度体系不断完善，党在农村的执政基础得到巩
固。目前，脱贫攻坚面临的困难挑战依然严峻，需要进一步
加大对贫困地区支持力度，实现脱贫攻坚与乡村振兴有效衔
接，巩固扩大脱贫成果，确保到 2020 年全面打赢脱贫攻坚战。

关键词： 河南　精准扶贫　精准脱贫

党的十八大以来，党中央从全面建成小康社会要求出发，把扶贫开发工作
纳入"五位一体"总体布局、"四个全面"战略布局，作为实现第一个百年奋
斗目标的重点任务，做出一系列重大部署和安排，全面打响脱贫攻坚战。河南
不但是全国人口大省，也是脱贫攻坚任务较重的省份之一，必须以更有力的行
动、更扎实的工作，坚决如期打赢脱贫攻坚战，为全面建成小康社会、实现第
一个百年奋斗目标奠定坚实基础。

一　全省脱贫攻坚取得的成效

2013 年，河南省在新一轮建档立卡之初，共有 53 个贫困县，其中国定贫

---

* 曾凡学，河南省扶贫办调研员；郑方，河南省扶贫办主任科员；王浩然，河南省扶贫办科员。

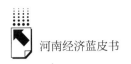

困县38个、省定贫困县15个，有9237个贫困村698万名农村贫困人口，贫困人口总量居全国第3位。党的十八大以来，全省上下以习近平新时代中国特色社会主义思想为指引，深入学习贯彻习近平总书记关于扶贫工作的重要论述，以脱贫攻坚统揽经济社会发展全局，把脱贫攻坚作为锤炼"四个意识"的大熔炉、转变工作作风的突破口、检验干部能力的新标杆、推进发展的好机遇，坚持"省负总责、市县抓落实、乡村组织实施"的工作机制，坚持精准扶贫、精准脱贫基本方略，坚持大扶贫格局，尽锐出战、合力攻坚，取得了阶段性明显成效，不但实现了减少贫困的目标，还显现出更为深远的政治意义、战略意义和全局意义。

（一）贫困对象大幅削减

经过近几年的攻坚，全省建档立卡农村贫困人口由2013年底的698万人减少到2018年底的104.30万人，① 贫困人口总量由全国第3位下降至第5位。贫困发生率由2013年末的8.8%下降到2018年末的1.2%，下降7.6个百分点。兰考县、滑县、新县、沈丘县、新蔡县5个国定贫困县和舞阳县1个省定贫困县脱贫摘帽，8315个贫困村退出贫困序列。其中，2018年全省实现121.7万名农村贫困人口脱贫，2502个贫困村退出，超额完成脱贫110万人、退出2365个贫困村的年度任务。2018年计划退出的33个贫困县有望如期脱贫摘帽。

（二）贫困面貌持续改善

基础设施不断完善，截至2018年底，全省99.93%的贫困村通村道路实现硬化，累计改造农村危房168.90万户。2016~2018年，全省实施饮水安全巩固提升工程，累计覆盖178万名贫困人口。"十三五"期间规划建设的1015个易地扶贫搬迁集中安置点住房建设任务基本完成，累计搬迁农村贫困人口24.50万人。所有贫困县、建档立卡贫困村电网改造任务全面完成，农村实现户户通电、村村通动力电。所有贫困自然村实现光纤接入全覆盖，20户以上

---

① 计算贫困发生率的人口基数是国家扶贫办规定的2014年各省农业户籍人口数，本文使用的是公安部提供的2014年河南农业户籍人口。

的自然村实现 4G 网络全覆盖，所有行政村实现保洁全覆盖。农村贫困人口公共服务保障水平不断提高，268.50 万名农村低保对象实现"两线合一"（低保线和扶贫线），困难残疾人"两项补贴"（困难残疾人生活补贴、重度残疾人护理补贴）惠及 174 万名贫困残疾人和重度残疾人，累计完成重度残疾人家庭无障碍改造 10.08 万户；2018 年资助建档立卡贫困学生 321 万人次，基本实现"应助尽助"，在 53 个贫困县中有 51 个县初中净入学率达到全省平均水平，所有贫困县小学净入学率均达到全省平均水平；贫困人口医疗费用实际报销比例由 2016 年的 52.3% 提高到 2018 年底的 90.0%，贫困人口 21 种大病患者的集中救治率达到 99.8%，慢病患者家庭医生签约服务率达到 99.9%。贫困群众稳定增收的基础更加扎实，通过脱贫攻坚，人才、资金、技术、产业向农村流动倾斜，贫困地区特色产业逐步壮大，为贫困群众稳定增收奠定了坚实基础。2018 年，全省实施产业扶贫项目 1.73 万个，参与贫困群众 315 万人次。全省累计培训贫困劳动力 144.18 万人、贫困村创业致富带头人 3.6 万人，贫困劳动力实现转移就业 161.76 万人，占全省有劳动能力和有就业愿望贫困劳动力总数的 97.0%。2012～2017 年，贫困地区农村居民人均可支配收入增速连续 6 年高于全省农村平均水平，2017 年达到 10789 元。2018 年前三季度达到 8081 元，比上年同期增加 10.3%，高于全省平均水平 1.8 个百分点。通过扶贫与扶志相结合，贫困群众精神面貌明显改观，"靠着墙根晒太阳，等着别人送小康"的思想少了，宁愿苦干、不愿苦熬正在变为自觉，脱贫光荣、共奔小康已经成为共识。

（三）基层党建得到加强

通过以党建带扶贫，以扶贫促党建，夯实了基层党组织战斗堡垒。贫困村党组织建设更加过硬。在全省推广兰考"六步工作法"，排查整顿 673 个软弱涣散贫困村党组织。以村"两委"换届为契机，对 427 个贫困村进行排查治理。全省选派驻村工作队 1.72 万个、队员 5.02 万人，覆盖所有建档立卡贫困村和贫困人口较多的非贫困村。村级党组织负责人致富带富能力明显增强。在村级"两委"换届中，对贫困村逐村遴选确定党组织书记人选。在全省 3723 个贫困村的支部书记中，新选任的有 1275 名，占比为 34.2%；年龄在 45 岁以下的有 783 人，占比为 21.0%；高中及以上文化程度的有 2668 人，占比为 71.7%，贫困村党支部书记的年龄结构、知识结构不断优化，攻坚能力进一步

增强。农村党员先锋模范作用得到充分发挥。大力实施农村党员素质提升工程，在全省农村基层党组织推行党员积分管理、无职党员"一编三定"，组织引导农村党员对标"四个合格"，带头转变观念、带头宣讲政策、带头学用技术、带头帮扶困难群众。

（四）党群关系更加密切

越来越多的党员干部在脱贫攻坚一线经受磨砺，不仅淬炼了党性、改进了作风，践行了我们党全心全意为人民服务的根本宗旨，而且架起了联系群众的桥梁，系牢了党群干群关系的纽带，密切了党群干群的鱼水关系，增强了党员干部在群众中的威信，增进了贫困群众对党的感情，巩固了党在农村的执政根基。

二 全省脱贫攻坚的主要举措和创新实践

河南省在脱贫攻坚工作中，在严格落实党中央、国务院的各项决策部署的同时，结合自身实际不断创新，探索出了一系列行之有效的经验做法。

（一）坚持以脱贫攻坚统揽经济社会发展全局

河南省委、省政府坚持把脱贫攻坚作为头等大事和第一民生工程，把脱贫攻坚与发展、改革、稳定和党的建设等有机统一起来，充分发挥脱贫攻坚牵一发而动全身的综合带动效应。在压实攻坚责任上，坚持发挥各级党委总揽全局、协调各方的作用，落实省负总责、市县抓落实、乡村组织实施的工作机制，省市县层层签订军令状，强化党政一把手负总责的负责制，省市县乡村五级书记一起抓，建立市县党政正职履行脱贫攻坚责任考评机制，为脱贫攻坚提供了坚强政治保证。在政策体系设计上，出台了《关于打赢脱贫攻坚战的实施意见》，扶贫对象精准识别、财政涉农资金统筹整合、扶贫资金管理、脱贫成效考核、贫困退出"5个办法"，转移就业、产业扶持、易地搬迁、社会保障、特殊救助"5个方案"，以及教育、交通、医疗、水利、电力"5个专项方案"，形成"1+5+5+5"脱贫攻坚政策体系。2018年又出台了《河南省打赢脱贫攻坚战三年行动计划》，提出了一系列重大行动、重大工程和重大举措。在工作推进上，省委、省政府每季度至少研究一次脱贫攻坚工作，省辖市、贫困县党委政府每月至少专题研究一次脱贫攻坚工作。建立了季度会商制度、贫困县退出调研评估机制、协调推进机制等工作推进机制。围绕脱贫攻坚重点工作任务，省级组建 14 个脱贫攻坚重大专项工作指挥部，由省委、省政府相关领导分别担任指挥长，具体负责组织推动工作。

（二）坚持精准扶贫、精准脱贫基本方略

坚持把"精准"作为一个原则、一个尺度、一个要求贯穿于脱贫攻坚全过程，做到了精准识别、精准施策、精准退出，工作的精准度明显提升。比如，在扶贫对象精准上，实行"一进二看三算四比五议六定"工作法，对扶贫对象数次开展以纠正漏识、错识、误退为重点的"回头看、再核实"，做到应进则进、该退则退。在脱贫成效精准上，建立了贫困县退出调研评估机制，省级对 2018 年拟摘帽的 33 个贫困县和 2019 年拟摘帽的 14 个贫困县开展调研评估，找准每个县的短板弱项，有针对性地指导整改提升。在因村派人精准上，及时开展驻村第一书记轮换工作，全省共重新选派 1.3 万名第一书记，实现了对建档立卡贫困村、党组织软弱涣散村、艾滋病防治帮扶重点村全覆盖。

（三）坚持把产业发展作为脱贫致富的根本之策

把产业扶贫作为促进贫困群众增收"四场硬仗"（产业扶贫硬仗、就业创业扶贫硬仗、生态扶贫硬仗、金融扶贫硬仗）的第一场硬仗。在选准产业上下功夫，打破"就扶贫论扶贫"的固化思维，将产业扶贫与县域经济发展和农业供给侧结构性改革有机结合起来。比如，国定贫困县平舆县，近年来引进发展户外休闲生态家居产业，市场需求量大、用工多、技术门槛低、适宜分散加工，也符合县域经济发展方向，已经发展 12 家企业，带动 4300 多户贫困户脱贫。在加强载体建设上下功夫，引进、培育了一批农业新型经营主体，打造了一批产业扶贫基地，不断延伸产业链条，做大产业规模，提升扶贫带贫能力。在 53 个贫困县培育省级以上农业产业化龙头企业 265 家、农业产业化集群 95 个、全国一村一品示范村镇 37 个。全省规范认定扶贫车间 2851 个，带动贫困人口就业 4.23 万人。在完善利益联结上下功夫，突出贫困群众的参与度，突出带贫效果的持续性，精准建立带贫企业、新型农业经营主体与

贫困户联动发展的利益联结机制。比如，栾川县立足本地资源优势，在景区周边发展培育了 45 个主题庄园和旅游示范点，在离景区较远的地方围绕"吃"和"购"做文章，让贫困群众更多地参与旅游商品加工和旅游服务中来，让贫困群众与各类带贫主体的利益捆绑在一起，真正融入产业链条中，分享产业增值效益。

（四）坚持"两聚焦一注重"组织重点攻坚

坚持聚焦深度贫困地区攻坚，聚焦贫困老年人、重度残疾人、重病患者等特殊贫困群体攻坚，注重脱贫任务重的县（市、区）攻坚，强化政策供给，加大投入力度，集中力量攻坚重点难点。2018 年，省财政针对 4 个深度贫困县（河南省将贫困发生率超过 10% 的县确定为深度贫困县），在正常按照因素法分配专项扶贫资金的基础上，对每个县倾斜安排专项扶贫资金 7000 万元。将深度贫困县县级财政承担的易地扶贫搬迁农户自筹资金人均 1000 元部分，由省级财政予以解决。深度贫困县设立扶贫小额信贷风险补偿金，由省级财政给予一次性补助 2000 万元。将城乡建设用地增减挂钩结余指标跨省域调剂资金全部用于支持深度贫困县发展，为 4 个深度贫困县筹集扶贫资金约 13 亿元。为深度贫困县每县单独增加新增建设用地计划指标 1000 亩，开展城乡建设用地增减挂钩不受指标规模限制。组织郑州市等 4 个省辖市分别对口帮扶 4 个深度贫困县，省农业农村厅、省林业局、省农科院、河南农业大学分别对口支持 4 个深度贫困县产业发展。2018 年，省财政针对 1235 个深度贫困村，为未脱贫村倾斜安排 2.7 亿元专项扶贫资金。组织动员 1173 家民营企业实现对所有深度贫困村结对帮扶全覆盖。2018 年，河南省针对贫困老年人、重度残疾人、重病患者等特困群体，将农村低保标准提高到每人每年不低于 3450 元、稳定实现"两线合一"，将农村特困人员生活标准提高到不低于当地低保标准的 1.3 倍，将贫困群众城乡居民基本养老保险基础养老金最低标准提高至每人每月 98 元。累计投入 8.7 亿元用于兜底服务机构改造提升，基层服务机构保障能力明显增强。对脱贫任务较重的 15 个贫困县、12 个非贫困县，组织相关省辖市逐一进行分析评估，研究制定专项方案，并由主要负责同志联系帮扶。组织省直相关部门在资金、项目、政策等方面给予倾斜，确保贫困县和非贫困县贫困村在脱贫当年同步完成基础设施和公共服务项目。

（五）坚持以改革创新破解难题

在脱贫攻坚实践中，紧紧围绕精准要义、扎扎实实提高脱贫质量，探索出一系列行之有效的做法，把中央的各项扶贫政策变成一条条落细落实的重大扶贫举措。比如，为解决困难群众因贫看不起病、因病加剧贫困问题，河南省在全国率先建立了困难群众大病补充保险制度，困难群众住院医疗费用在基本医保、大病保险报销基础上提高 10.89 个百分点，使大病患者得到及时有效救治。为解决易地扶贫搬迁资金筹措困难的问题，创造性地提出了"宅基地复垦券"的新理念和新举措，为易地扶贫搬迁和黄河滩区居民迁建开辟了重要筹资渠道。全省累计交易 A、B 类复垦券 9.35 万亩，收益 192.92 亿元，交易数量和收益均居全国前列。2018 年 10 月，在南阳市召开的全国易地扶贫搬迁工作现场会上，胡春华副总理对河南省易地扶贫搬迁的做法给予了充分肯定。针对金融扶贫政策落地难的问题，2017 年在卢氏县开展了试点探索，通过构建"金融服务体系、信用评价体系、产业支撑体系、风险防控体系"，形成了"政银联动、风险共担、多方参与、合作共赢"的扶贫小额贷款落地模式，并在全省推广。截至2018 年底，全省扶贫小额信贷余额 469.60 亿元，累计惠及贫困户 99.2 万户。

（六）坚持志、智双扶激发内生动力

把扶贫同扶志、扶智结合起来，正确处理外部帮扶与贫困群众自身努力的关系，组织、引导、支持贫困群众用辛勤劳动实现可持续稳固脱贫。注重政策引导，改进帮扶方式，提倡多劳多得，不搞包办代替，不简单发钱发物。注重教育引导，通过思想教育和技能培训，帮助贫困群众转变思想观念，提高脱贫能力。注重典型引导，树立正面典型，鼓励贫困群众向身边人身边事学习。加强道德引导，推动各地深化移风易俗，弘扬文明乡风、良好家风、淳朴民风，引导贫困群众自我教育、自我管理、自我约束。加强宣传引导，推出一系列反映扶贫脱贫生动事迹的文艺作品，组织脱贫户现身说法，着力营造勤劳致富、脱贫光荣的浓厚氛围。

（七）坚持尽锐出战凝聚攻坚合力

充分发挥政府和社会两方面力量作用，构建专项扶贫、行业扶贫、社会扶贫等多方力量、多种举措有机结合和互为支撑的"三位一体"大扶贫格局。

在行业扶贫方面，各部门把脱贫攻坚作为分内职责，积极运用部门职能和行业资源做好工作，做到扶贫项目优先安排、扶贫资金优先保障、扶贫工作优先对接、扶贫措施优先落实。在社会扶贫方面，深化对口帮扶，组织省内经济实力较强的市县结对帮扶脱贫任务较重的 15 个贫困县，组织省属 53 所高校结对帮扶 53 个贫困县。深化"千企帮千村"精准扶贫行动，开展劳模助力脱贫攻坚行动，充分发挥"巧媳妇工程""八方援"等品牌效应。

（八）坚持把弘扬焦裕禄精神、红旗渠精神和愚公移山精神作为动力源泉

坚持以弘扬焦裕禄精神、红旗渠精神和愚公移山精神这三种精神为载体，深入开展作风养成教育，让广大党员干部从广大基层先进典型和人民群众身上吸收精神营养，激发脱贫攻坚强大正能量。截至 2018 年底，全省完成各级各类培训 2246 期，培训干部 62.64 万人次，有效促进了扶贫干部队伍思想认识的提高和业务素质、攻坚能力的提升。

三　当前全省脱贫攻坚面临的形势分析

经过近年来的努力，河南的脱贫攻坚取得了一定的成效，但面临的困难挑战依然严峻。

（一）脱贫攻坚任务依然艰巨

2019 年，全省要实现 14 个国定贫困县脱贫摘帽，其中包括 4 个深度贫困县；要完成 1000 个贫困村、65 万名农村贫困人口脱贫任务。2020 年，要完成剩余所有贫困人口、贫困村的脱贫退出，巩固提升脱贫成果。

（二）特殊贫困群体问题比较突出

从贫困人口结构看，截至 2018 年底，在全省未脱贫的 104.30 万名贫困人口中，因病致贫 53.70 万人，占比为 51.5%；因残致贫 27.42 万人，占比为 27.4%；65 岁及以上老人 28.5 万人，占比为 27.3%。这些人群随着时间的推移相对占比会有所提高，脱贫难度更大。

（三）防止大面积返贫压力增大

随着 2018 年脱贫目标任务的完成，自建档立卡以来全省脱贫人口累计近 600 万人，脱贫村累计近 8000 个，脱贫县累计达到 39 个。如何巩固脱贫成果、有效防止返贫，成为摆在我们面前的一个重要课题。

（四）结构失衡问题日益凸显

截至 2018 年底，全省分布在非贫困县的贫困人口有 42 万人，占比为 40.2%；分布在非贫困村的贫困人口有 76.10 万人，占比为 73.0%，而非贫困县、村在扶贫政策支持上受到不少制约，脱贫压力较大。

（五）工作基础还不牢固

不少地方由于历史欠账较多，在区域经济发展、农村公共服务、基础设施建设等方面还比较滞后；个别地方在脱贫攻坚中还存在政治站位不高、落实精准方略不够、干部能力作风还不适应等问题；一些地方产业扶贫支撑能力不强。特别是随着宏观经济下行和脱贫攻坚深入推进，一些区域的财政风险、金融风险、舆论风险有所加大，需要妥善予以解决。

四 对策分析

围绕确保到省委、省政府 2020 年全面打赢脱贫攻坚战的目标，结合河南实际，重点把握好以下七个方面的工作。

（一）在持续抓好脱贫摘帽的同时，下大气力巩固好脱贫成果

随着脱贫攻坚的深入推进，巩固脱贫攻坚成果的任务将越来越重。必须保持扶贫政策的连续性、稳定性，对已脱贫人口，脱贫不脱政策、脱贫不脱帮扶、脱贫不脱监管；对已脱贫县支持力度不减、帮扶队伍不撤，增强发展后劲。高度关注返贫问题，对已脱贫人口加强监测管理，确保稳定脱贫。同时，研究解决那些收入水平略高于建档立卡贫困户的群体缺乏政策支持等新问题。

（二）进一步加大对脱贫攻坚的资金支持力度

近年来，在各种政策扶持下，有劳动能力、经营能力的贫困户基本都能顺利实现脱贫，剩下的都是难啃的"硬骨头"，是坚中之坚、难中之难。2019年和2020年的脱贫任务仍然十分繁重，需要进一步加大财政资金支持力度，持续推进脱贫攻坚，防止按贫困人口算账而减少投入、改变政策。

（三）进一步加大对贫困地区重大建设项目的支持力度

脱贫攻坚聚焦"两不愁、三保障"，解决的是绝对贫困问题，但对大多贫困地区来讲，一些重大建设项目事关长远发展，比如交通、水利、能源、生态等重大工程都需要大量资金，这些项目又不能使用扶贫资金，如果不能及时解决好，长期稳定脱贫和发展就没有保障。2018年10月，国务院出台了《关于保持基础设施领域补短板力度的指导意见》，要借助当前国家扩内需、补短板的有利时机，加大对贫困地区重大建设项目的支持力度，增强发展后劲。

（四）进一步加大对农村基础设施和公共服务建设的支持力度

按照贫困村退出标准，农村基础设施和公共服务要达标的通村道路、安全饮水、用电、广播电视、文化服务中心、标准化卫生室、通宽带等，都是最基本的需求，主要是解决当前脱贫退出问题。虽然全省贫困村的基础设施和公共服务有所改善，但是非贫困村基础设施差、公共服务水平低的问题又暴露出来，有的差距还比较明显，容易导致社会不公，影响广大群众的满意度和获得感。各级党委政府必须对这一问题给予高度关注、统筹考虑，继续加大资金投入，全面提升农村基础设施和公共服务水平。

（五）进一步加大对县域经济发展的支持力度

贫困地区的区域发展是精准扶贫的基础。只有贫困县自身综合实力增强了，才能为贫困群众提供更多就业岗位来实现稳定增收，才能增强财政实力来提升农村基础设施和公共服务水平。要继续在重大生产力布局上向贫困县多倾斜，加大政策、资金支持力度，促进县域经济发展和振兴，确保贫困县长效稳定脱贫。

（六）着力实现脱贫攻坚与乡村振兴的有效衔接

习近平总书记指出，乡村振兴战略是新时代"三农"工作的总抓手，实现乡村振兴，摆脱贫困是前提，巩固脱贫攻坚，实施乡村振兴是关键。河南是全国人口最多的省份，2017年城镇化率刚突破50%，这意味着还有4000多万人生活在农村，乡村振兴的任务十分艰巨。2019年和2020年是脱贫攻坚与乡村振兴战略的交汇期，是实施乡村振兴战略的启动期，是脱贫攻坚的完成期，必须做好与乡村振兴战略的衔接。既要把打好脱贫攻坚战作为实施乡村振兴战略的优先任务，保持目标不变、靶心不散、频道不换，以脱贫攻坚的扎实成果为乡村振兴开局奠基；又要按照产业兴旺、生态宜居、乡风文明、治理有效、生活富裕的总要求，高质量推动乡村振兴战略实施，巩固和扩大脱贫成果，形成脱贫攻坚和乡村振兴相互支撑、有机衔接、协调融合的良性互动格局。

（七）大力弘扬脱贫攻坚精神

脱贫攻坚是我们党践行全心全意为人民服务宗旨意识的生动实践，是具有里程碑意义的伟大事业。一方面通过实施精准扶贫、精准脱贫，干部和群众心贴心、面对面，做到零距离接触，各地也探索出了新形势下做好"三农"工作新的路径和办法，为实施乡村振兴战略积累了经验、提供了启示。要对这些典型经验做法，边干边总结。另一方面在脱贫攻坚战中，各行业、各领域都涌现出了一大批先进典型，他们中有的敢于创新、勇于担当，有的爱岗敬业、任劳任怨，有的扶贫济困、无私奉献，有的艰苦奋斗、自强不息，要把这些脱贫攻坚精神发扬光大，为全面建成小康社会、实现中华民族伟大复兴的中国梦提供强大精神动力。

B.15
河南创新驱动发展现状分析及对策研究

申向东　董广萍*

摘　要： 创新是引领发展的第一动力，习近平总书记在调研指导河南
工作时指出，要着力发挥优势打好"四张牌"，其中就包括打
好创新驱动发展牌。本文总结了河南省创新驱动发展取得的
成绩和存在的问题，提出了加快建设郑洛新国家自主创新示
范区、培育壮大"四个一批"、实施一批创新引领型项目、促
进融合发展这四个战略举措和主攻方向，为河南省创新驱动
发展提供一些参考。

关键词： 河南　创新驱动发展　自主创新示范区

　　党的十九大报告明确提出，我国经济已由高速增长阶段转向高质量发展阶段，
创新是引领发展的第一动力，是建设现代化经济体系的战略支撑，要加快建设创新
型国家。创新驱动发展战略是党中央在新的发展阶段确立的立足全局、面向全球、
聚焦关键、带动整体的国家重大发展战略。2014 年 5 月，习近平总书记在调研指导
河南工作时指出，要着力发挥优势打好"四张牌"，其中就包括打好创新驱动发
展牌。新时代新目标需要创新驱动发展的新理念，高质量发展要求高水平的科
技供给，区域竞争新形势需要科技发挥顶梁柱作用。对于河南这样一个发展中
的经济大省，正处在向经济强省迈进的关键阶段，只有真正打好"四张牌"，
大力实施创新驱动发展战略，加快构建自主创新体系，才能推动经济社会持续
健康发展，实现决胜全面小康、让中原更加出彩的宏伟目标。

---

* 申向东，高级工程师，河南省科学技术信息研究院；董广萍，高级工程师，河南省科学技术
信息研究院。

一 全省加快创新驱动发展的重要意义和时代背景

创新驱动就是让创新成为引领发展的第一动力，科技创新与制度创新、管理创新、商业模式创新、业态创新和文化创新相结合，推动发展方式向依靠持续的知识积累、技术进步和劳动者素质提升转变，促进经济向形态更高级、分工更精细、结构更合理的阶段演进。

（一）从发展规律看，创新驱动是国家命运所系

创新强则国运昌，创新弱则国运殆。近五百年以来，一些欧美国家抓住了数次科技革命的机遇，一跃成为世界经济大国和世界强国；而我国与历次科技革命失之交臂，导致科技弱、国力弱。面向未来，唯有用好科技创新这个最高意义上的革命力量和有力杠杆，走出一条从人才强、科技强，到产业强、经济强、国家强的发展路径。

（二）从全球视野看，创新驱动是世界大势所趋

当前，全球新一轮科技革命、产业变革和军事变革加速演进，颠覆性技术不断涌现，正在重塑世界竞争格局、改变国家力量对比，创新驱动成为许多国家谋求竞争优势的核心战略。当今世界各大国都在积极强化创新部署，如美国再工业化战略、德国工业4.0战略、低碳经济发展战略、新成长战略、高技术战略等应运而生。

（三）从国家层面看，创新驱动是发展形势所迫

当前，我国经济发展进入新常态，传统发展动力不断减弱，粗放型增长方式难以为继。要破解当前经济发展中的瓶颈制约，必须紧紧依靠科技创新创造竞争新优势，依靠创新驱动打造发展新引擎，开辟发展新空间，实现经济保持中高速增长和产业迈向中高端水平"双目标"。

（四）从河南自身看，创新驱动是转型升级的关键所在

当前，河南省处于蓄势崛起、跨越发展、爬坡过坎、攻坚转型的紧要关口

和关键时期，长期积累的结构性矛盾日益显现，经济发展传统优势减弱而新的动力尚在形成之中，制约河南高质量发展的最大瓶颈是创新能力不足。因此，全省迫切需要强化科技创新、依靠创新驱动。

二 全省创新驱动发展取得的成绩

党的十八大以来，河南省委、省政府认真贯彻落实习近平总书记关于"打好四张牌"的重要指示精神，大力实施创新驱动发展战略。省第十次党代会明确提出，未来五年要奋力建设中西部地区科技创新高地，省委、省政府先后出台了《关于加快自主创新体系建设促进创新驱动发展的意见》《关于深化科技体制改革推进创新驱动发展若干实施意见》《关于贯彻落实〈国家创新驱动发展战略纲要〉的实施意见》《关于加快推进郑洛新国家自主创新示范区建设的若干意见》等一系列重大科技创新文件，全省自主创新能力显著增强，局部领域实现突破，取得了一批在全国具有重大影响的科技成果，突破了一批经济社会发展的核心关键技术，科技创新支撑经济社会发展的能力进一步提升。党的十八大以来的这一时期成为河南省科技创新实力提升最快、创新成果产出最多、对经济社会发展贡献最大的时期，中西部地区科技创新高地建设迈出了坚实步伐。

（一）创新实力显著增强

2017年，全省全社会研发投入582.05亿元，是2012年的1.87倍；研发投入占GDP的比重由2012年的1.05%上升到2017年的1.31%；万人有效发明专利拥有量达到3.02件，是2012年的3.3倍。2017年，全省有两院院士达到26名。①

（二）创新体系逐步完善

2016年国家批准河南省建设郑洛新国家自主创新示范区。截至2018年底，全省国家级高新区总数为7家，创新龙头企业达到100家，高新技术企业达到3200家，国家科技型中小企业4911家，国家级创新平台达到202家。

---

① 由于客观原因，部分科技数据相对滞后，本文除明确表述外使用均是2017年数据。

（三）科技支撑引领社会经济发展能力进一步提升

截至 2018 年底，全省共实施省重大科技专项 365 项，突破了一批制约产业发展的关键核心技术，形成了一批有技术和市场优势的产业。一大批河南省研发的科技成果和装备在神舟、蛟龙、高铁、航空母舰等大国重器上应用。2018年 1～11 月，全省高新技术产业增加值同比增速为 10.4%，高于全省规模以上工业增加值增速 3.5 个百分点，占规模以上工业增加值比重达到 37.6%。

三 全省创新驱动发展面临的问题

党的十八大以来河南省创新驱动发展取得了可喜成绩，科技对经济社会发展的引领作用明显增强，但是目前还存在着创新主体不强、平台不多、人才不足、投入不够、机制不活、创新环境不优"六个不"问题，科技创新仍然是河南省经济社会发展的突出短板。

（一）创新主体不强

截至 2018 年底，全国共有高新技术企业 18.1 万余家，而河南省仅有 3200家，不足全国的 2%。全省高新技术企业规模也较小，2017 年营业收入 10 亿元以上的高新技术企业有 110 多家，其中百亿元以上仅有 5 家（宇通、中信重工、中建七局、水电十一工程局、郑州格力电器）。

（二）创新平台不多

2017 年，全省国家重点实验室、国家工程技术研究中心分别占全国总数的 2.91%、2.89%，均仅相当于湖北省的一半左右；在全省大中型企业中建有省级以上研发机构的仅为 2364 家，占比不足 20%。

（三）创新人才不足

全省高层次创新领军人才极其匮乏。2017 年，全省拥有"两院院士"、国家"千人计划"、国家"万人计划"、国家杰出青年科学基金获得者、长江学者数量分别占全国总数的 1.7%、0.31%、1.16%、0.33% 和 0.24%。

（四）创新投入不够

2017 年，河南省 R&D 投入总量为 582.05 亿元，不及华为一家公司全年的研发费用（897 亿元）；全省 R&D 投入占 GDP 的比重为 1.31%，远低于全国平均水平（2.13%），低于安徽（2.09%）、湖北（1.97%）和湖南（1.68%）。从投入结构来看，2017 年，全省研发投入中企业投入占 88.8%，虽然占据主导地位，但企业研发投入与自身主营业务收入相比，仍然偏低。

（五）创新机制不活

促进科技成果转移转化的机制不完善。2017 年，全省技术合同交易额仅占全国的 0.57%，相当于湖北的 12.6%、安徽的 28.4%。有些省属高校和科研院所在落实科技成果"三权"改革、增加知识价值为导向的分配制度、科研项目资金管理自主权等方面的政策还比较滞后。河南省统计局统计数据显示，2017 年，全省有高等院校 134 所，有近 1/5 的高校无研发活动，在全省高校中，有三十余所高校未开展研发活动，有 6 个省辖市高校研发投入小于1000 万元，还需进一步加强引导，加大政府研发资金投入。

（六）创新环境不优

河南省的创新政策与先进发达省份相比，视野不够宽、力度不够大、措施不够实、落实不够好，还远未形成集聚创新资源的政策高地。这些问题既是短板弱项，更是主攻方向，河南省要进一步增强紧迫感和责任感，集中力量抓重点、补短板、强弱项，持续提升全省科技创新能力。

四 全省推进创新驱动发展的战略举措和主攻方向

在今后一个时期，河南省创新驱动发展要在省委、省政府的正确领导下，深入贯彻落实习近平新时代中国特色社会主义思想和党的十九大精神，以习近平总书记关于打好以构建自主创新体系为主导推进创新驱动发展这张牌的重要指示为根本遵循，以郑洛新国家自主创新示范区作为带动全省创新发展的核心载体，以培育引进创新引领型企业、平台、人才、机构"四个一批"作为中心任务，以实施一批创新引领型项目为抓手，以促进科技与金融、国家与地方、军工与民用、产业与院所"四个融合"作为重要路径，加快推进创新型省份建设，为全省经济高质量发展提供强大科技支撑。

（一）加快建设郑洛新国家自主创新示范区，引领辐射全省创新驱动发展

加强统筹协调，整合创新资源，强化支撑保障，深入推进体制机制改革，全面提升创新能力，加快自创区提质发展。

1. 全面推进自创区的核心区体制机制改革

推动其全面实施"全员聘任制、绩效考核制、薪酬激励制"三制改革，建立以绩效激励为导向的人事与薪酬管理体制。最大幅度向自创区核心区下放管理权限，探索实行"二号"公章，赋予自创区核心区与省辖市同等的经济管理权限和相关行政管理权限。推进一体化综合服务信息平台和一站式服务大厅建设，建立"一次办妥"政务服务制度，为各类创新主体营造良好发展环境。

2. 大力提升自创区产业自主创新能力

聚焦重大产业链关键环节，实施产业集群重大科技专项，打造一批在全国有影响力的创新型产业集群。大力推进生物育种、可见光通信、超级电容、工业CT"四大创新引领型项目"建设，围绕"四大创新引领型项目"谋划组建高水平技术研究院，在"四个一批"建设中当好表率，支撑"四大创新引领型项目"研发和产业化。充分发挥自创区科技成果转化引导基金、自创区创新创业发展基金对产业技术创新的支撑作用，争取自创区成为国家科创企业"投贷联动"试点。

3. 强化自创区辐射带动作用

有序拓展自创区发展空间，逐步构建起"3＋N"自创区空间发展布局，充分发挥自创区辐射、带动作用，放大政策效应，让引领带动作用突出的企业、高校、科研院所和特色专业园区等充分享受自创区先行先试优惠政策。

（二）培育壮大"四个一批"，不断夯实创新发展基础

围绕创新引领型企业、人才、平台、机构建设的重点领域和关键环节，突出项目带动，强化协同联动，加强服务保障，全面提升"四个一批"建设的质量和效益。

1. 做优做强一批创新引领型企业

实施创新龙头企业提升引领工程，优先支持创新龙头企业牵头承担重大科技项目、建设高水平创新平台、引进高层次技术人才，扶持100家创新龙头企业做大做强。实施高新技术企业倍增工程和"小升高"培育行动，完善高新技术后备企业库，加快发展高新技术企业，打造一批具有核心竞争力的高新技术企业集群。实施科技型中小企业培育工程，加强科技型中小企业梯次培育，利用好"科技贷"、科技成果转化基金、科技"创新券"、孵化资金配套等手段，认真落实研发费用加计扣除、高新技术企业减税等优惠政策，形成"税收+财政+金融"支持科技型中小企业发展的"组合拳"，促进科技型中小企业蓬勃发展。

2. 培育壮大一批创新引领型平台

积极推动"国字号"创新平台在全省布局，建好国家生物育种中心，争创国家超算中心，积极参与承担国家实验室建设任务，争取国家级重大创新平台载体及其分支机构在河南省布局建设，在食管癌防治、动物免疫学等领域建立省部共建国家重点实验室，加快国家技术创新中心、临床医学研究中心、国际联合研究中心等国家级平台建设。推动省级创新平台优化布局，持续推进大中型高科技企业研发机构全覆盖工程，加快布局重点实验室、工程研究中心、制造业创新中心、临床医学研究中心、企业技术中心等省级创新平台。积极发展创新创业孵化平台，鼓励各类主体建设大学科技园、众创空间、科技企业孵化器等各类创新创业孵化平台，加快形成"苗圃+孵化器+加速器"的孵化服务链条。

3. 广泛会聚一批创新引领型人才

整合优化各类省级人才培养项目计划，实施"中原千人计划"，遴选一批中原学者、中原科技创新领军人才、中原科技创业领军人才和中原青年拔尖人才等学术技术水平领先或对全省产业发展具有重大带动作用的科技创新、创业领军人才。启动建设中原学者科学家工作室，加快布局一批院士（专家）工作站，充分发挥好中原院士基金、NFSC－河南联合基金和省自然科学基金的作用，为引进培养高层次人才创造良好条件。拓宽柔性引才渠道，积极创新方法举措，拓宽引才途径，以豫籍和在河南工作过的高端人才为重点，通过兼职挂职、技术咨询、项目合作、客座教授等多种形式，广泛吸引省外、海外人才来河南省创新创业。

4. 加快发展一批创新引领型机构

重点培育重大新型研发机构，对体制机制创新成效明显、具有稳定的高水平研发队伍、创业孵化成效突出的新型研发机构，集成省市科技资源予以联动支持，为全省新型研发机构发展树立标杆。加快引进高端研发机构，积极对接中科院及其所属专业研究所、央企所属研究机构、"双一流"高校等大院名校、重点机构，支持其来豫设立分支机构或共建新型研发机构。支持建立行业新型研发机构，鼓励大型骨干或创新型龙头企业牵头，聚焦当地主导产业创新需求，联合高校、科研机构和社会团体，设立产业技术研究院，鼓励引导内设工程技术研究中心、重点实验室、产业技术创新战略联盟等法人化经营，转变为实行专业化和市场化运作的新型研发机构。制定扶持新型研发机构发展的政策措施，从进口仪器设备关税减免、职称评审、省级科研项目申报等方面加大对新型研发机构的扶持力度。

（三）大力实施一批创新引领型项目，推动产业转型升级

1. 启动实施"十百千"转型升级创新专项

按照"目标导向、集成资源、重点突破、支撑发展"的要求，突出市场导向和产业化目标，围绕重点产业、聚焦重点环节、依托重点企业，瞄准颠覆性技术、紧盯前沿引领技术、突出关键共性技术、强化现代工程技术，上下结合、部门协同，省市联动投入财政科技经费不低于15亿元，引导带动各类创新主体项目研发投入不低于100亿元，实施十大创新引领专项、百项创新示范专项、千个创新应用专项，加快核心技术突破，加速创新成果转化。通过专项实施，牵引带动创新引领型企业、平台、人才、机构"四个一批"提质增效，发展壮大若干具有核心竞争力和影响力的优势产业集群，推动产业转型升级。

2. 新布局一批重大科技专项

按照竞争力最强、成长性最好、关联度最高的原则，围绕全省产业发展优势和方向，加强产业链条中关键领域、薄弱环节的重大技术攻关，重点在高端装备制造、智能制造、功能性新材料、新一代信息技术、工业互联网、生物技术与创新药物、高端医疗器械、生态环境治理与资源综合利用、现代食品、现

代农业等领域，围绕产业链部署安排一批重大科技专项，力争在新型电力装备、机器人与智能装备、可见光通信、北斗导航等战略性新兴产业取得原创性重大突破，研制具有国际竞争力的重大产品，以优势领域的局部突破带动产业整体提升，加快向价值链中高端转移。

3. 实施自创区创新引领型产业集群专项

按照"突出重点产业、围绕重点环节、依托重点企业"的原则，瞄准自创区产业创新发展的瓶颈和短板，启动实施了轨道交通装备、新能源汽车及动力电池、物联网及信息安全、智能装备等8个专项、29个课题。8个专项实施期内计划投资31.3亿元，带动研发投入18亿元，预计年新增销售收入118亿元。下一步将继续推进集群专项战略，聚焦自创区的优势主导产业和战略新兴产业，加大产业集群专项实施力度，力争在核心关键技术上取得突破，培育壮大一批具有核心竞争力和影响力的创新引领型产业集群。

4. 探索建立重大科技专项定向委托机制

对省委、省政府确定的重点产业领域或重大关键技术瓶颈，以及目标导向明确、技术路线清晰、组织程度较高、优势承担单位集中的重大科技项目，在各地各有关部门广泛调研推荐的基础上，委托国家层面专家进行战略咨询论证后，可采取定向择优或定向委托等方式确定承担单位并提出立项建议，报省政府研究同意后组织实施。

（四）持续促进融合发展，不断放大创新集聚效应

通过融合发展，加强资源整合，推动创新要素合理流动和高效组合，实现创新资源配置的最优化、创新效益的最大化。

1. 持续深化科技与金融融合

充分发挥金融创新对科技创新的助推作用，构建企业成长全周期、全过程资金供给链，充分发挥政府性基金引导作用，发挥好自创区科技成果转化引导基金、自创区创新创业发展基金作用，以设立子基金、股权投资等方式，支持种子期、初创期和成长期科技型中小企业发展；持续抓好科技贷和知识产权质押融资，推动设立一批科技支行和科技创新子基金，不断壮大科技信贷业务和知识产权质押融资规模；积极开展科技金融试点，争取自创区成为国家科创企业"投贷联动"试点，在洛阳、新乡等科技创新企业多、金融环境好、地方

政府意愿强的地区探索开展省级科技金融结合试点工作，鼓励其在科技贷、科技保险、创业投资、科技支行、科技服务平台等方面积极探索开展"投、保、贷、补、扶"紧密结合等一体化运营模式。

2. 持续深化中央与地方的融合

加强与科技部、国家知识产权局、中国科学院等的创新合作，充分发挥部（局、院）省工作会商机制的作用，实现国家战略目标与地方发展重点的紧密结合，促进国家科技资源在河南布局，加快项目、平台、园区等在全省的实施和建设，充分利用国家创新平台、创新资源提升全省科技创新能力；充分发挥中央驻豫科研院所创新骨干作用，支持驻豫院所加快盘活创新资源、引进和汇聚创新人才，加快建立"院地联动"的协同创新机制，通过与地方龙头企业、高等院校合作共建新型研发机构、重大科技成果中试熟化基地、科技成果产业化基地等多种方式，利用研发合作、技术转让、技术许可、作价投资等多种手段，推动高水平科技创新成果在全省转化和产业化，实现驻豫院所和地方经济共赢发展。

3. 持续深化军工与民用融合

抓住用好河南军工单位多这一"近水楼台"的优势，深挖军工"富矿"，主动与军工单位融合，建立军民创新规划、项目、成果转化对接机制，在军民科技协同创新、设立研发机构和科技成果转化基地、装备资源共享等方面与驻豫军事院校、军工企业、军工科研机构的沟通合作，加快可见光通信、北斗导航、拟态安全等重大军民两用科技成果在全省转化。积极争取科技部支持全省建设军民科技协同创新平台，在政策体制机制、军民科技协同创新、重大成果转化、基础资源共享等方面先行先试，突破体制机制障碍，开展科技军民融合综合示范，打通融合发展通道，促进军民科技成果双向转化。

4. 持续深化产业与院所融合

积极引导科研院所与产业发展深度对接融合，围绕装备制造、食品制造、新型材料、电子信息、汽车五大优势主导产业和12个重点产业以及人工智能、大数据、云计算、物联网等战略新兴产业，组建产业技术创新战略联盟和公共服务平台，强化联合攻关，加快产业技术、模式、业态的创新；引导支持科研院所开展混合所有制改革、下放自主权、股权激励等改革试点，加快建立适应市场规律和创新规律的新型管理体制和运行机制，构建具有竞争力的产业技术创新体系，加速引领产业结构调整和产业素质提升。

B.16
河南省现代化经济体系建设
面临的问题及对策建议

王艳兵 李向东 郭 豪 李兆谞*

摘 要： 现代化经济体系是以创新、协调、绿色、开放、共享为新发
展理念，以人才、技术等新生产要素为驱动力、注重质量和
效益的经济体系。建设现代化经济体系是我国发展的战略目
标，是经济社会发展的必然趋势。本文阐述了河南省建设现
代化经济体系的必要性，指出经济效益不高、产业结构不优、
创新能力不强、企业发展不充分等制约因素，并提出应从完
善要素市场化配置，大力发展实体经济、加快创新驱动发展、
激发市场微观主体活力等方面来建设现代化经济体系，推动
全省经济高质量发展。

关键词： 河南 现代化经济体系 要素市场化配置

　　在 2017 年 12 月召开的中央经济工作会议上，习近平总书记强调：推动高
质量发展，就要建设现代化经济体系，这是我国发展的战略目标。2018 年 1
月，习近平总书记在主持中共中央政治局第三次集体学习时，从理论和实践的
结合上对此进一步进行了系统阐释：建设现代化经济体系是一篇大文章，既是
一个重大理论命题，更是一个重大实践课题。2018 年 12 月召开的中央经济工

---

* 王艳兵，硕士，河南省发展和改革委员会政策研究室副主任科员；李向东，硕士，河南省发
展和改革委员会政策研究室主任科员；郭豪，河南省发展和改革委员会政策研究室副主任科
员；李兆谞，博士，河南省发展和改革委员会政策研究室。

作会议再次强调：要加快建设现代化经济体系。中共河南省委十届四次全会对全省建设现代化经济体系进行了系统部署，为河南提升经济整体素质和竞争力指明了前进方向。全会指出：我们必须紧密结合实际，坚持问题导向，研究制定务实管用的政策举措，注重长短结合、统筹兼顾，扎实推进现代化经济体系建设。对于河南省来说，走高质量发展之路，当务之急就是要加快推进经济结构战略性调整、加快构建现代化经济体系，这是新时代贯彻落实习近平总书记指示精神的总抓手和根本着力点，对于新时代中原更加出彩具有决定性意义。

一　建设现代化经济体系是经济社会发展的必然趋势

建设现代化经济体系、推动高质量发展，是当前和今后一个时期发展的方向和根本要求，具有深刻的时代背景和重大的现实意义、历史意义。

（一）建设现代化经济体系是破解新时代社会主要矛盾的必要条件

中国特色社会主义新时代的社会主要矛盾是人民日益增长的美好生活需要和不平衡不充分的发展之间的矛盾。河南省发展不平衡的问题与全国相比更加明显。供给体系与人民日益增长的美好生活需要之间不平衡，产能过剩和有效供给不足并存，制造业质量竞争力指数低于全国平均水平；产业结构不合理，"三二一"产业格局尚未形成；城乡发展不平衡，城镇化率低于全国平均水平，城乡基本公共服务水平差距大。河南省发展不充分的问题与全国相比更加突出。生产力发展不足，创新发展能力不强，研究与试验发展（R&D）经费投入水平不高，民生领域短板突出，农村贫困人口数量大，教育、文化、卫生等社会事业发展水平偏低。为加快解决发展不平衡不充分问题，更好满足人民在经济、政治、文化、社会、生态等方面日益增长的需要，破解新时代社会主要矛盾，必须贯彻新发展理念，推进现代化经济体系建设。

（二）建设现代化经济体系是应对国内外环境变化的迫切要求

将建设现代化经济体系作为我国发展的战略目标是党中央统筹考虑国际、国内发展大势做出的重大判断。当前，世界环境复杂多变，世界政治格局处于发展演变的重要关口，外部环境变化可能对经济发展产生潜在的或直接，或间

接的影响。比如，中美经贸摩擦如果持续升级，涉及商品范围进一步扩大，将会通过产业链传导，进一步扩大对河南省产业发展的影响，还将给河南省带来巨大的在外务工人员阶段性集中回流及安置压力。经济社会正处于转型发展的历史节点。从党的十九大到二十大，是"两个一百年"奋斗目标的历史交汇期，是经济转型升级的历史节点。中国社科院的研究报告认为，2010～2023年我国正处在中等收入阶段。河南比全国滞后1～2年。按照平均汇率测算，2017年河南省人均GDP为6980美元，而全国是8836美元，正处于跨越"中等收入陷阱"的重要关口。只有建设现代化经济体系，大力提升发展质量和效益，切实增强自主创新能力和国际竞争力，才能推动经济建设再上新台阶，才是应对国际环境变化、顺利攻克关口的有效对策。

（三）建设现代化经济体系是实现河南省经济高质量发展的战略选择

河南省与全国走势基本一致，改革开放40年来年均经济增速接近11%，其中增速在两位数以上的年份有22个；2010～2017年经济增速逐步放缓，经济发展进入新常态，支撑经济增长的因素和条件发生了重大变化。过去，河南劳动力成本低，能源资源和生态环境空间相对较大，主要是数量扩张和价格竞争。当前，河南发展的比较优势发生了转折性变化，对劳动力素质的要求越来越高，难以继续承载高消耗、粗放型的发展方式，正逐步转向以质量型、多样化为主的竞争。建设现代化经济体系正是针对这些问题提出来的，只有在建设现代化经济体系上着力攻坚克难，才能进一步提升全要素生产效率、加速新旧动能转换、增强经济韧性，从而推动河南经济迈向高质量。

二 河南省现代化经济体系建设面临的问题

党的十八大以来，河南省综合实力大幅提升，经济结构持续优化，但经济发展中长期积累的深层次矛盾仍没有根本解决。综合来看，当前河南省经济面临经济效益不高、产业结构不优、创新能力不强、企业发展不充分等挑战，制约了现代化经济体系的构建。

（一）经济效益不高

更高效益的经济水平和经济增速是建设现代化经济体系的主要特征之一。以较小的投入实现较高的产出，是提高经济发展质量和效益的基本要求。就河南而言，各领域投入产出效率仍然偏低。人均指标偏低，2018年前三季度，人均生产总值仅为全国平均水平的75%，居民人均可支配收入为全国平均水平的74.4%。劳动生产率偏低，2017年全员劳动生产率为66037元/人，仅为全国水平的65.2%。投资收益偏低，2003~2017年全省投资的边际效益递减趋势明显，每增加1元GDP所需固定资产投资从2.7元增加至9.1元，分别是广东的2.5倍、江苏的1.7倍、浙江的1.5倍，依靠投资拉动经济增长的传统模式难以为继。资源利用效率偏低，2017年全省建设用地产出强度为1.68亿元/平方公里，在全国排名居第15位，低于全国2.09亿元/平方公里的平均水平。2017年单位生产总值能耗达到0.54吨标准煤/万元，在中部六省中仅居第5位。税收占地区生产总值比重偏低，全省三次产业税收占地区生产总值比重、第二产业税收占第二产业增加值比重、第三产业税收占第三产业增加值比重分别居全国第29位、末位和第18位，产业整体税收贡献能力较弱。

（二）产业结构不优

现代化经济体系构建最核心的一个方面就是产业转型升级。以"轻资产"主导的产业结构比以"重资产"主导的产业结构，更契合现代化经济体系建设的诉求。目前，河南省产业结构转型仍然比较滞后，产业的先进性还不够。产业"三二一"格局尚未形成。河南省是2017年全国尚未形成产业"三二一"格局的8个省份之一。2018年前三季度，三次产业结构为9.2：46.8：44.0。农业大而不优，比较效益偏低。第一产业劳动生产率不到全国平均水平的60%，农产品初加工和一般加工品占比超过80%，阶段性供过于求和高品质农产品供给不足并存。工业大而不强，产业结构偏重。多数产品集中在产业链上游和价值链低端，能源原材料行业增加值占比依然达40%左右，高端装备制造业增加值占比不到1%。高新技术产业发展相对滞后，2018年全省共认定高新技术企业1610家，远低于广东省的11528家、北京的9953家，与发达省份的差距进一步拉大。服务业发展滞后，新兴产业占比偏低。2018年前三季度，河南省服务业增加

值占比低于全国平均水平 9.1 个百分点，发展较为滞后，其中金融、信息服务等现代服务业占比较低，交通运输、批发零售等传统行业占比仍然偏高。

（三）创新能力不强

创新是引领发展的第一动力，是建设现代化经济体系的战略支撑。构建现代化经济体系需要加快完善创新体系，提高科学技术知识的生产和配置能力。目前，河南省的创新能力与经济实力仍不相匹配，自主创新能力不强，科技成果转化对实体经济的支撑作用仍不明显。研发经费投入强度偏低。2017 年河南省 R&D 经费支出居全国第 9 位；投入强度 1.31%，居全国第 17 位，仅相当于全国水平的 61.5%，与广东、江苏、上海、北京等地有较大差距。创新创业企业数量偏少。由中国人民大学经济院编制的 2018 年《中国企业创新能力百千万排行榜》显示，在中国企业创新能力 1000 强中，河南省仅占 2.5%，排名第 13 位。由科技部火炬中心发布的《国家高新区瞪羚企业发展报告（2018）》显示，瞪羚企业数量在 20 家以上的国家高新区在全国共 29 个，而郑州仅以 37 家排名第 17 位。技术创新和成果转化能力偏弱。2018 年 1～10 月，全省每万人口发明专利拥有量 3.44 件，仅为全国平均水平的 1/3。每万元地区生产总值技术合同成交额从 2003 年的 28.1 元降至 2017 年的 17.1 元，远低于东部发达省份，且差距呈现逐步扩大趋势。创新平台偏少。全省大中型企业建有省级以上研发机构的仅为 2000 多家，占比不足 20%，离全覆盖目标还有相当大的差距。在科技部认定的国家级众创空间中，河南仅有 38 家，在全国居第 19 位。创新人才不足。全省每万人从事科技活动人员为 34 人，相当于全国平均水平的 54%；高层次创新领军人才匮乏，两院院士人数、全国"千人计划"人数，较先进省份都有巨大差距。

（四）企业发展不充分

着力构建市场机制有效、微观主体有活力、宏观调控有度的经济体制是建设现代化经济体系的基础。其中，激发微观主体活力，就是要让企业尤其是民间企业能够实现良性发展。从横向对比来看，河南省企业的规模、结构、竞争力都还有较大提升空间。民营经济发展问题较多。民间投资增长放缓，2018年前三季度全省民间投资同比增长为 4.9%，比上年降低 5.0 个百分点，比全国低 3.8 个百分点。当前民营经济发展中还存在市场准入不畅、发展环境不优、融资渠道不多、企业负担较重等问题。企业法人单位数量偏少。全省企业法人单位数从 2010 年的 25.9 万个跃升到 2017 年的 69.6 万个，但仍不及广东、江苏、山东、浙江等省份的一半。企业效益不高。制造业企业人工费用不断上涨，原料、物流等成本持续走高，企业利润空间被压缩。2018 年 1~8 月，全省规模以上工业企业利润增速同比为 7.2%、低于全国平均水平 9 个百分点。企业负债率高。2018 年上半年，全省规模以上工业企业资产负债率为 52%，比 2017 年底升高了 4.5 个百分点。全省 A 股上市公司中涉及股权质押的公司占比较多，随着股市、汇市、债市波动幅度加大可能面临较大风险。融资难问题依然存在。由于大部分中小企业融资渠道窄、企业自身资质差异等原因，企业融资成本仍然偏高。2017 年，全省企业存量贷款利率、企业债券利率分别为 5.6%、5.7%，与周边省份相比，贷款利率仍然偏高（见图 1）。2018 年 1~10 月，全省社会融资规模增长持续放缓，非金融企业直接净融资 254.1 亿元，同比少 8 亿元。龙头企业数量少。在 2018 中国 500 强企业高峰论坛发布中国企业 500 强榜单中，全省上榜企业仅为 10 家，远低于北京（100 家）、江苏（52 家）、广东（51 家）、山东（51 家）。

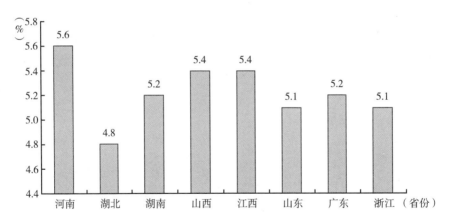

图 1 2017 年部分省份贷款利率

三 河南省建设现代化经济体系的对策建议

在深入学习党的十九大精神基础上，紧紧围绕建设现代化经济体系这一战

略目标，根据习近平总书记关于推动高质量发展、建设现代化经济体系的重要论述和中共河南省委十届六次全会精神，结合当前河南省经济发展中面临的挑战，选准工作着力点和突破口，推动河南省经济尽快转入高质量发展轨道，重点要在以下几个方面下功夫。

（一）完善要素市场化配置

现代化经济体系是以成熟的市场经济体制为基础的，而市场经济体制要求有发达完善的要素市场。这对河南省来说，要最大限度减少政府对市场活动的直接干预，提高资源配置效率和公平性。一是加快土地、资本、劳动力、科技成果等市场化改革。深化农村土地制度改革，建立城乡统一的建设用地市场。推进投融资体制改革，规范有序推广政府和社会资本合作模式，打造一个规范、透明、开放、有活力、有韧性的资本市场。打通城乡要素平等交换的对流通道，建设自由平等的劳动力市场。构建互联互通的全国技术交易网络，建设统一开放的技术市场。推进投融资体制改革，规范有序推广政府和社会资本合作模式，建设规范有序的金融市场。二是加快要素价格市场化改革。大幅降低制度性交易成本，鼓励更多的社会主体投身于创新创业。深化资源性产品、垄断行业等领域要素价格形成机制改革，打破行政垄断，防止市场垄断，尽快消除扭曲现象，实现产权有效激励、要素自由流动、价格反应灵活、竞争公平有序、企业优胜劣汰。

（二）大力发展实体经济

世界各国经济发展经验表明，实体经济强，国家经济就强。实体经济是创造产品和提供服务的经济主体，是现代化经济体系的根基。建设现代化经济体系必须把发展的着力点放在实体经济上。从河南来看，发展高水平的实体经济，要从以下几方面着手。一是推动制造业高质量发展。持续推进转型发展，突出抓好产业集聚区提质发展，加快"腾笼换鸟"，实施产业集群培育工程，提升创新发展能力。统筹推进重点产业攻坚，加快培育一批高技术、高成长、高税利产业。加快培育形成一批产业集群，引领河南省制造业转型升级，支撑带动未来一个时期的经济增长。二是推动资源要素向实体经济集聚。进一步完善政策机制，实质性放宽市场准入，全面降低实体经济运营的能源、物流、通信、融资等成本，促进生产要素从低质低效领域向优质高效领域流动。三是大力发展现代金融。加快郑州区域性金融中心建设，壮大"金融豫军"。解决由金融结构不合理引起的服务实体经济不到位问题。积极防范政府债务风险，严格防范区域金融风险，坚持标本兼治，从根本上铲除风险滋生的土壤。四是完善现代服务业体系。大力发展生产性服务业，推动制造业企业延伸拓展研发设计、创业孵化等服务链条，重点聚焦航空及冷链物流、云计算、大数据等河南省有基础、市场有前景的新兴服务业。

（三）加快创新驱动发展

到 21 世纪中叶，我国将完成现代化的最后冲刺。从国际经验来看，在这个时期，创新是经济发展的关键。今后一个时期，河南省要围绕打造中西部地区科技创新高地的目标，推动科技创新从"跟跑"转向"并跑、领跑"，形成以创新为主要引领和支撑的经济体系和发展模式。一是为创新构建高效的制度环境。在强化知识产权保护、完善金融服务体系、构建与科技发明无缝对接的技术转化体系等方面下功夫。二是推进创新载体建设。加快郑洛新国家自主创新示范区建设，强化科技体制改革、科技开放合作、科技金融结合、创新环境优化，建设中西部地区科技创新高地。推进郑开科创走廊建设，重点在大数据产业提质发展、科技创新策源功能集聚发展等领域争取实现突破。三是培育壮大创新主体。大力培育高新技术企业，持续推进大中型企业研发机构全覆盖，培育壮大产业技术创新战略联盟和各类新型研发机构，深入推进大众创业万众创新，优化大众创业、万众创新支撑平台和发展环境。

（四）增强微观主体活力

现代化经济体系是一个基本矛盾的统一体，微观主体是市场经济发展的基石，搞活微观是稳中求进、改革创新的重要支撑。对河南来说，要理顺经济活动中参与主体即国企、民企、政府的关系，加快经济体制改革，为企业成长提供更充足的土壤空气和阳光雨露，发挥企业和企业家主观能动性，发展更多优质企业。一是理顺国企和民企的关系，推进国企改革。推进混合所有制改革，推进国有经济战略性调整，鼓励民营企业参与国有企业改革。全力打好国企改革"扫荡战"，加快"僵尸企业"后续处置工作。持续完善国有资本监管，做

强做优做大国有资本，改革产权制度、完善治理结构、健全经营机制，建立健全现代企业制度。二是优化营商环境，促进民营企业发展。认真落实习近平总书记在民营企业座谈会上的指示，营造公平竞争环境，构建"亲清"新型政商关系，为民营经济发展创造健康环境。贯彻落实《关于充分发挥司法职能服务保障民营企业高质量发展的30条意见》，着力为民营经济营造良好法治环境，保护民营企业家人身安全和财产安全。三是深化"放管服"改革。持续加大"放"的力度，大幅减少政府对资源的直接配置，进一步简政放权；完善"管"的体系，强化事中事后监管；提升"服"的质效，深入推进审批服务便民化改革，创新审批服务便民化推进举措。持续落实《关于深化"一网通办"前提下的"最多跑一次"改革推进审批服务便民化的实施方案》，营造便捷高效的政务环境。四是进一步加大招商引资力度。坚持"招大引强"，围绕智能制造、数字经济等本省重点产业，引进一批综合实力突出的"旗舰型"企业、竞争力强劲的行业"领头羊"、细分领域"隐形冠军"、高科技"独角兽"、跳跃式发展的"瞪羚企业"落户河南。

参考文献

何立峰：《大力推动高质量发展 建设现代化经济体系》，《学习时报》2018年6月22日。

张辉：《建设现代化经济体系的理论与路径初步研究》，《北京大学学报（哲学社会科学版）》2018年第1期。

简新华：《新时代现代化经济体系建设几个关键问题》，《学术前沿》2018年第1期。

王志伟：《现代化经济体系：重大意义与深刻内涵》，《学术前沿》2018年第1期。

冯柏等：《现代化经济体系的内涵、依据及路径》，《改革》2018年第6期。

季晓南：《加快建设适应与引领高质量发展的现代化经济体系》，《理论探索》2018年第3期。

何磊：《习近平关于建设现代化经济体系的重要思想》，《党的文献》2018年第4期。

谷建全等：《贯彻新发展理念 建设河南现代化经济体系》，《河南日报》2017年12月20日。

郑广建等：《河南工业化后期发展战略研究》，《平顶山学院学报》2018年第2期。

B.17
郑洛新国家自主创新示范区
发展形势与展望

张 杰 刘文太*

摘 要: 郑洛新国家自主创新示范区成立于 2016 年 4 月,是河南省实施"三区一群"国家战略的重要举措之一,是新时期引领全省转型升级、实现经济高质量发展的重要载体。本文立足自创区战略定位和布局,全面总结了自创区成立以来发展情况以及存在的主要问题,分析了自创区所面临的国内外局势,对今后发展提出了针对性的政策建议。

关键词: 河南 郑洛新 自主创新示范区

郑洛新国家自主创新示范区(由郑州、洛阳、新乡三市构成,以下简称自创区)成立于 2016 年 4 月,是河南实施"三区一群"国家战略的重要举措之一,自成立以来,自创区三市市委、市政府紧密围绕省委、省政府有关自创区发展的总体布局和政策措施,践行先行先试,大胆改革创新,取得了示范引领初步效果。当前,面对国内沿海发达省市资本、技术、人才溢出,产业向中西部加速转移的有利时机,适时而动,顺势而为,不断加大改革开放力度,持续改善招商引资、招才引智营商环境,自创区必将迎来大发展的良好局面,在推动全省转型升级、实现经济高质量发展方面发挥更大的示范引领作用。

---

* 张杰,河南省地方经济社会调查队发展载体经济指标调查处处长;刘文太,河南省地方经济社会调查队发展载体经济指标调查处副处长。

一 革故鼎新，自创区发展形势良好

三年来，三市市委、市政府围绕自创区的发展定位和布局，相继出台了一系列配套改革措施，践行先行先试，大胆改革创新，经济社会呈现良好发展态势，在推动全省创新驱动、实现经济高质量发展方面起到了示范引领作用。

（一）建设成效初步显现

1. 入驻企业显著增长，高层次创新主体稳步增加

2018 年以来，自创区围绕"引领企业、引领机构、引领平台和引领人才"（简称"四个一批"）和"科技金融融合、军工民用融合、科研机构与企业融合以及地方与国家融合"（简称"四个融合"），加大重点工作推进力度，取得了较好成果。截至 2018 年 9 月底，自创区核心区企业法人单位数共计 15915家，比上年同期增长 33.9%；高新技术企业共有 533 家，同比增加 146 家，自创区核心区高新技术企业数量占全省高新技术企业比重为 23.5%；省级及以上企业技术中心共有 130 家，同比增加 4 家；省级及以上工程技术研究中心共有 141 家，同比增加 16 家；省级及以上科技企业孵化器共有 22 家，同比增加 4 家；省级及以上博士后科研工作站共有 39 家，同比增加 3 家。特别是 2018年 9 月中下旬，科技部新公示河南 581 家高新企业名单，其中自创区核心区新批 150 家，新批数量占全省新批总量 25.8%，高新技术企业数由 533 家增加到 683 家，高层次创新主体进一步增强。

2. 经济发展速度总体高于全省水平

初步核算，2018 年 1～9 月，自创区核心区完成生产总值 440.29 亿元，同比增长 8.0%，增速高于全省 0.6 个百分点。分产业看，第一产业增加值 2.32亿元，同比增长 2.0%；第二产业增加值 270.23 亿元，同比增长 10.2%；第三产业增加值 167.74 亿元，同比增长 3.8%。分片区看，郑州片区核心区（以下简称郑州片区）完成生产总值 234.23 亿元，同比增长 8.4%，增速高于全省 1.0 个百分点；洛阳片区核心区（以下简称洛阳片区）完成生产总值99.25 亿元，同比增长 5.1%，增速低于全省 2.3 个百分点；新乡片区核心区（以下简称新乡片区）完成生产总值 106.81 亿元，同比增长 10.2%，增速高

于全省 2.8 个百分点。

3. 财政收入快速增长，财政扶持科技创新力度明显加大

2018 年 1～9 月，自创区核心区一般公共预算收入 49.85 亿元，同比增长 16.3%，增速高于全省增幅 3.0 个百分点，其中郑州片区同比增长 15.5%，洛阳片区同比增长 20.0%，新乡片区同比增长 14.9%。在公共财政支出中，用于科技的支出显著增加。1～9 月，自创区核心区财政科技支出同比增长 40.4%，其中郑州片区同比增长 43.1%，洛阳片区同比增长 35.9%，新乡片区同比增长 30.7%。

4. 创新成果日益显现，高技术产业引领作用增强

截至 2018 年 9 月底，自创区核心区专利申请量 11429 件，比上年 9 月底增加 3446 件。其中郑州片区 8301 件，同比增加 3057 件；洛阳片区 2144 件，同比增加 192 件；新乡片区 984 件，同比增加 197 件。专利授权量 4814 件，比上年 9 月底增加 1430 件。其中，郑州片区 3035 件，同比增加 1011 件；洛阳片区 1324 件，同比增加 151 件；新乡片区 455 件，同比增长 268 件。2018 年 1～9 月，自创区核心区出口创汇总额共计 88579 万美元，同比增长 25.8%。其中，郑州片区 50820 万美元，同比增长 25.3%；洛阳片区 22484 万美元，同比增长 28.2%；新乡片区 15275 万美元，同比增长 24.3%。规模以上六大高技术产业实现主营业务收入同比增长 9.7%，高出全省 1.4 个百分点；规模以上服务业营业收入同比增长 20.3%，高出全省 10.7 个百分点。

5. 高技术企业引领作用增强，重大成果不断涌现

由我国自主设计制造的最大直径泥水平衡盾构机"春风号"下线，158 个"洛阳支座"撑起港珠澳大桥，洛阳"连接器"为"复兴号"动车组构筑"安全线"，"洛阳创新"为 C919 大飞机编制"铁甲衣"，新乡华兰生物工程股份有限公司成为全球第一个上市的甲型 H1N1 流感疫苗诞生地，国内首家通过血液制品 GMP 认证的企业。这些重大成果表明自创区建设成效取得了明显进展。

（二）体制机制改革深入推进

1. 政策体系和工作机制基本形成

自获批建设自创区以来，河南省委、省政府高度重视，把自创区建设作为实施创新驱动发展战略的核心载体，统筹谋划，强力推进，成立了建设领导小组、搭建了省、市、区三级自创工作组织架构，明确了议事、督导等工作机

制，研究并出台了建设实施方案、发展规划、若干意见以及配套政策等 30 多条，初步构建起自创区组织领导体系、工作推进体系和政策支撑体系。

2. 创新管理体制，加快政府职能转变

在充分吸收借鉴先行自创区先进经验基础上，2017 年 9 月至 2018 年 6 月，自创区核心区按照大部制、扁平化、高效能的机构设立原则，完成了新型管理体制构架。例如，郑州片区实施"三分离双轨运行"人事改革机制，内设机构由过去的 36 个精简到 10 个，直接服务企业的园区人员由原来的 49 人增加至 210 人；洛阳片区充分利用"三区叠加"政策优势，在全省率先实现了"一枚印章管审批"，精简企业申请资料超 83%、精简审批事项超 88%；新乡片区推行"全员聘任制、绩效考核制、薪酬激励制"三制合一改革，人人头上有指标，人人肩上有责任，改制后工作效率显著提高。三市着力推进自创区核心区与省直部门直通车制度落地，对涉及河南省 23 个省直单位的 184 项管理事项基本实现了各片区与省直部门的直通，提高了行政效率。

3. 加快科技体制创新，促进科技与金融融合发展

科技创新是自创区发展的根本动力。自创区成立不久，省政府就出台了《关于深化郑洛新国家自主创新示范区重点领域科技体制改革实施方案》，围绕总体方案，三市市委、市政府细化科技成果转化政策方案，健全科技金融深度融合机制，创新军民科技融合发展机制，在自创区破解科技体制创新的各种障碍藩篱，构建有利于出人才、出成果、出效益的体制机制。例如，郑州片区相继出台《关于支持科技创新推进大众创新创业的实施意见》《关于加快科技金融服务体系建设的实施意见》；洛阳片区出台了《关于支持创新创业推进国家自主创新示范区核心区建设的若干政策意见》，内含"高新 18 条"，加大对区内创新创业活动的支持，2018 年上半年拿出 7 亿元"真金白银"对 29 家企业、41 个平台和 23 个机构进行表彰奖励；新乡片区设立自创区发展引导基金，开展科技金融创新试点，搭建科技研发机构与实体企业协同创新平台，努力打造科技金融服务示范区，建设河南省（新乡）军民融合产业基地。

（三）招商引智工作取得良好效果

1. 招商推介活动广泛展开

自创区成立不久，就由省长率队于 2017 年 4 月在北京召开"郑洛新国家

自主创新示范区开放合作北京推介会"，发出自创区开放合作的强力信号，在此后一年多时间里，自创区相继举办了"郑洛新国家自主创新示范区产业项目推介会""郑洛新自创区创新创业发展基金推介会""郑洛新·中关村双创基地项目签约揭牌仪式"等重大推介对接活动。每次推介活动都发布并签订一批具有"高精尖"技术属性合作项目，如在开放合作推介会上签了特种机器人制造智能化工厂项目、高铁隧道开挖机器人项目、大数据产业发展暨智慧城市应用项目；在产业项目推介会上，郑洛新三市与有关单位现场签约15个创新引领型项目和11个重大产业创新项目；在郑洛新·中关村双创基地项目签约仪式上郑洛新三片区有关部门、企业与北京知名企业、研发机构等单位签署了21项合作协议，合作金额达536.25亿元，项目涉及高端装备制造领域3项，电子信息领域4项，生物医药及新材料领域4项，科技服务领域10项。这些重大项目的签约和建设为郑洛新自创区发展注入了一股强劲能量。

2. 高层次人才聚集效应显现

自创区在深化"放管服"改革和体制机制创新的同时，坚持"高精尖缺"人才需求导向，采取不求所有、但求所用的柔性引才机制，相继出台"智汇聚才""河洛英才""牧野人才"引进培养政策。例如，对全职引进和新当选的院士，政府给予500万元的奖励补贴；设立中原院士基金，用于对高端专家人才的科研经费支持。这些灵活务实之策，充分展示了爱才、敬才、惜才的诚意，取得了明显的效果。例如，2018年10月，省科技厅会同郑州、洛阳、新乡三市共同举办了自创区招才引智暨科技创新领军人才（团队）招聘专场活动，签约项目40个，引进科技创新领军人才团队成员216位，33家企业初步达成签约意向270人，其中硕士及以上学位的占比为50%。再如，郑洛新·中关村双创基地的建立，打通了中关村与郑洛新之间交流合作的渠道，充分利用中关村的人才优势、资源优势和创新优势为郑洛新自创区引进高层次人才，推动科技成果在郑洛新转化，集聚高端创新资源意义重大，必将大力推动自创区创新驱动发展。

二　把握大势，正确面对存在的问题

自创区成立时间不长，三市市委、市政府在省委、省政府精心谋划和推进

政策引领下，取得了开局良好的初步效果。但面对省委、省政府对自创区的高远定位以及国际国内复杂形势，自创区的发展路途任重道远。

（一）面临形势

综观国内发展局势，当前和今后相当一个时期，郑洛新自创区既面临严峻的发展压力和挑战，也存在巨大的发展机遇。一方面我国的各项改革已步入深水区，转型升级处于攻坚期，产业结构受到美欧国家高端挤压和新兴发展中国家低端挤出，稳增长、稳就业压力加大。区域竞争也日趋加剧，高新区、自创区、自贸区、经开区以及其他各种试验区遍地开花，各区域在全国实施科技创新驱动战略、实现经济高质量发展的宏观背景下，对产业发展要求越来越高，区域竞争尤其是中部各省之间的竞争异常激烈。另一方面自创区发展仍存在着一些有利因素。一是各级政府对自创区的发展重视程度前所未有，政府扶持政策的力度也前所未有，就河南自创区而言可谓举全省之力来进行打造推进。二是国内区域开发建设倾斜政策正在由东部沿海地区转向中西部地区，如河南"三区一群"国家战略实施以及郑州获批建设国家中心城市，都为自创区的发展提供了强力政策支持。三是现阶段沿海发达省市用工、用地、经营成本持续大幅度上升，资本、技术、人才溢出，产业向中西部加速转移的迹象显现，河南比邻东部，交通便捷，劳动力资源丰富，原有基础比较好，主动承接产业转移正逢其时。四是郑洛新自创区成立较晚，可以充分吸收和借鉴先行自创区成功经验，发挥后发优势，在更高起点更高标准上实现超常发展。

（二）存在的主要问题

1. 自创区体量小，优势产业不突出

与国内外一流科技园区比，郑洛新自创区发展存在的突出问题集中表现为体量偏小，尚未形成由商业潜力巨大且世界顶尖的颠覆性技术驱动、创新密集且异常活跃的创新极。根据科技部发布的《国家高新区创新能力评价报告（2017）》，在全国146个国家高新区中共有6家列入"世界一流高科技园区"，包括北京中关村、成都高新区、上海张江、深圳高新区、武汉东湖和西安高新区。园区营业收入进入"万亿元俱乐部"的有4个国家高新区，分别为北京中关村、上海张江、武汉东湖高新区和西安高新区，园区营收均超万亿元。郑

洛新自创区核心区所含的三个国家高新区2017年实现国内生产总值合计574.8亿元,仅相当于武汉东湖的15.5%、成都高新区的34.5%、西安高新区的44.2%,综合实力与上述一流园区相比还存在巨大差距。从主导产业集群看,无论是郑州片区的高端装备制造产业集群和新一代信息技术产业集群、洛阳片区的智能装备研发生产基地和新材料创新基地,还是新乡片区的新能源动力电池及材料创新中心和生物医药产业集群都未突破千亿元级别,而武汉东湖已形成电子信息、生命健康等五大千亿元级产业集群,被称为"中国光谷"。成都高新区2017年规模以上电子信息工业企业实现总产值2515.7亿元,在全球电子信息产业版图中占据重要一极。

2. 创新实体数量偏少,缺乏顶级引领企业

从高新企业情况看,郑洛新自创区核心区数量为533家,仅占武汉东湖数量的28.8%、成都高新区的50.4%,而且这些企业普遍存在规模小,研发投入规模较小,发明专利数量较少的特点,引领企业和引领平台的实力和品牌在国内外大都处于跟跑、并跑阶段,技术创新能力和辐射能力还相对有限。目前,武汉东湖拥有中国信科集团、小米科技、科大讯飞、海康威视、奇虎360等20余家一线企业"第一总部"或"第二总部",吸引斗鱼直播、奇米网络、斑马快跑等一批"独角兽"企业。成都高新区聚集了全球软件10强企业6家,吸引世界500强中软件和信息技术服务企业12家,像英特尔、格罗方德、华为、京东方、戴尔、联想等一批国际知名企业纷纷入驻,对区域的发展影响巨大。

3. 教育、科技研发机构少,高端人才供给不足

目前,河南有政府属研究机构122个,高等院校134所,与北上广及江苏、湖北、陕西等省市比,河南省内国家级及央企所属基础科学研究机构数量相对较少,高水平大学数量少,总体研究水平还不够高。分布在自创区范围内的研究机构和高等院校更少,高层次人才相对匮乏。以郑州为例,现有解放军信息工程大学、郑州大学一本高校2所,郑州机械研究所、郑州磨料磨具磨削研究所、中船重工713研究所等8个部属院所,高层次创新创业人才535人,其中两院院士14人,专利申请量0.83万件,而武汉东湖集聚了42所高等院校、56个国家及省部级科研院所、66名"两院"院士,共引进了4000多个海内外人才团队、326名国家"千人计划"专家,专利申请量超过2.5万件。成

都高新区聚集各类人才48.2万人，柔性引进诺贝尔奖获得者6人、两院院士19人，累计吸引3841名高层次创新创业人才创办企业1687家，专利申请量1.5万余件。诸如北京中关村、上海张江等这些具有国际竞争力的高新区均有高水平及密集的科研机构和大学与其共生发展，足以彰显教育、高端科技人才对区域技术创新的重要性。

4. 协同创新力度不够

郑洛新自创区内部分高新技术企业虽然加快了与国内高等院校、科研机构和同行企业，以各种形式进行技术研发合作，但大多数合作起步较晚，在合作规模、深度、频度和机制化程度等方面远远不够。科研院所、企业作为协同创新的主体，政府、中介组织作为协调创新桥梁，多方广泛开展密切合作的机制还不通畅，与国内外一流科技园区相比存在较大差距。

三 立足长远，持续打造中部地区创新引领高地

大力推进郑洛新国家自主创新示范区建设，对于河南进一步完善科技创新的体制机制，加快发展战略性新兴产业，推进创新驱动发展，加快转变经济发展方式等方面都将发挥重要的引领、辐射、带动作用。针对自创区发展现状及存在问题，提出以下几点政策建议。

（一）加快对创新载体龙头企业的培育，铸造创新极的强大核心和动力

"引领企业、引领机构、引领平台和引领人才"培育政策，是省委、省政府立足自创区现有基础、放眼长远发展目标实施的一项重大措施，对促进自创区长远发展至关重要。各地要充分利用政府扶持政策，结合当地的产业布局特别是主导产业布局，把招大引强作为首要战略任务常抓不懈，要深化与北京中关村、武汉东湖等国家一流高新区的合作，加快引进一批高端创新资源，探索与世界一流高校建立技术转移机制，集聚高端创新资源，犹如英特尔、谷歌之于硅谷，成为区域创新极的核心企业，驱动创新极持续创新和成长。同时应培育扩大同业企业群体，通过产业关联或技术关联在区内集聚，营造浓厚的技术创新竞争氛围，降低创新成本和风险，加速创新商业化。

（二）重视基础科学研究和高端人才使用，厚植培育创新极的智力基础

应制定基础科学研究发展长期战略规划，加快提升现有高校和科研机构的基础科学研究水平，努力争取国家和中科院等在河南新增基础科学研究机构，鼓励域内领先企业开展基础科学研究，吸引国际国内企业在河南布局基础科学研究机构，鼓励各类主体单独或合作在河南布局基础科学研究机构或新建高水平高等院校，采用新体制机制新设基础科学研究机构以促进基础科学的研究发展，扩大基础科学研究的学科领域，激发更多颠覆性技术创新成果实现产业化。

（三）落实健全发展政策，持续营造良好的营商环境

要强化已出台政策的贯彻落实，加强督促检查，防止政策棚架，把政策红利变成创新红利、变成发展实效。要深化科技体制机制改革，重点解决制约科技创新发展的经费管理、股权激励、科技金融、人才队伍、成果转化和科技评价等方面的问题。进一步推进科技与金融深度融合，加强与央企的资本合作，吸引央企重大科研成果和专利技术在自创区转化和产业化，支持银行业等金融机构开展投贷结合、投保贷结合等一体化经营模式创新。要搭建自创区人才信息平台，充分利用电子商务平台，定期组织企业发布人才需求信息，架起人才与企业沟通的桥梁，实现人才市场的网络化管理。

（四）坚持协同发展，逐步实现区域创新一体化

2018 年 11 月 13 日，省政府办公厅发布了《关于公布郑洛新国家自主创新示范区首批辐射区辐射点遴选结果的通知》，完成了自创区核心区、辐射区和辐射点认定实施工作。鉴于河南省自创区点多面广、碎片化的特点，省自创办要切实加强统筹协调和督促检查工作，要充分利用省、市、区三级工作组织架构和议事、督导等工作机制，及时研究解决自创区发展中方向性、全局性的重大问题。各片区要树立大局意识和全局意识，不仅要立足本地功能定位和产业特色，加强资源整合步伐，而且要推动创新要素在全域内的合理流动和高效组合，逐步形成自创区握指成拳、合力发展的良好局面。

B.18
郑州航空港经济综合实验区发展研究

曹青梅　常伟杰　王　玺*

摘　要：　自2013年3月7日郑州航空港经济综合实验区获批以来，经
　　　　　过五年多的发展壮大，取得了令人瞩目的发展成果。本文从
　　　　　经济总量以及枢纽建设、产业集群、城市建设等重点领域发
　　　　　展情况，分析了2013年以来实验区的发展成就，从政策层
　　　　　面、区位特点、发展基础、产业现状等方面分析了实验区发
　　　　　展面临的机遇和挑战。本文认为实验区在持续的政策红利下，
　　　　　要补足短板、建强弱项，向"十年立新城"目标继续迈进，
　　　　　文章提出了下一步发展意见和建议。

关键词：　郑州　航空港综合实验区　产业集群

郑州航空港经济综合实验区（以下简称实验区）是全国第一个，也是迄今为止唯一上升为国家战略的航空经济先行区。自2013年3月7日获批以来，实验区按照省委、省政府确定的"建设大枢纽、发展大物流、培育大产业、塑造大都市"的总体思路，提出了"三年打基础、五年成规模、十年立新城"的发展目标。经过五年多跨越式的发展，实验区枢纽建设取得突破，口岸功能逐步完备，产业培育成效显著，航空新城初具规模，民生福祉全面提升，圆满完成了"五年成规模"发展目标，实验区成为省会经济的重要增长点、河南省经济转型升级的重要引领者、郑州国家中心城市建设双城引领中的一城。

＊　曹青梅，高级统计师，郑州航空港经济综合实验区经济社会调查队队长；常伟杰，高级统计师，郑州航空港经济综合实验区经济社会调查队副队长；王玺，助理统计师，郑州航空港经济综合实验区经济社会调查队。

一 2013年以来郑州航空港经济综合实验区发展成果

2013年以来，实验区积极抢抓国家"一带一路"发展机遇，充分发挥"争分夺秒、拼尽全力"的港区精神，以项目为支撑，以富士康为龙头，以产业集群培育为目标，以开放招商为抓手，实验区经济总量不断壮大，产业结构不断优化，民生保障持续改善，各项社会事业全面发展。

（一）实验区经济实现跨越式发展

1. 经济发展势头强劲

2012~2017年，实验区以每年百亿元的增量一年一个新台阶，从2012年的206.26亿元，跃至2017年的700.09亿元，年均增长27.7%。实验区经济总量占郑州市比重从2013年的5.3%跃至2017年的7.7%，提高2.4个百分点。2018年前三季度，实验区完成生产总值542.99亿元，同比增长13.2%，分别比全省、郑州市高5.8个、5.0个百分点。

2. 产业结构不断优化

在经济总量不断壮大的同时，实验区产业结构也实现了升级，产业结构渐趋合理，三次产业结构由2013年的4.1∶83.8∶12.1转变为2017年的1.5∶70.6∶27.9，第一产业比重下降2.6个百分点，第三产业比重逐年提高，累计提高15.8个百分点。第二产业以智能终端设备制造为支柱，迅速壮大，增加值由2013年的227.47亿元增加到2017年的494.50亿元。2013~2017年，实验区第二产业对GDP增长的贡献率依次为78.5%、84.3%、62.4%、46.2%和69.6%，分别拉动经济增长19.9个、16.7个、15.7个、6.1个和9.8个百分点。以物流、跨境电商为代表的现代服务业蓬勃发展，推动第三产业以年均21.4%的增速增长，2017年实验区第三产业增加值达到195.08亿元，是2012年的7.7倍、2013年的4.9倍。2018年前三季度实验区三次产业结构为1.3∶71.2∶27.5，产业结构持续优化。

3. 固定资产投资快速增长

实验区将项目建设作为重要抓手，以项目带产业、以产业带发展，围绕枢纽打造、产业培育、开放创新、城市塑造、生态建设、民生及社会事业精准发力，为实验区长远发展奠定坚实基础，连续五年完成招商引资"超千亿元"，仅 2017 年签约项目就达 65 个，总投资 1016 亿元。2017 年固定资产完成额达到 682.03 亿元，是 2012 年的 5.9 倍，年均增长 42.6%，其中 2014 年固定资产同比增速高达 91.8%。分行业看，交通运输仓储和邮政业、工业、房地产业、水利环境和公共设施管理业等领域的固定资产投资占全部固定资产完成额的 90% 以上。2018 年前三季度，实验区固定资产投资同比小幅回落，但交通运输仓储和邮政业投资达到上年同期的 2.7 倍，仍然保持较快增长态势。

4. 进出口领跑全省

2013 年以来，手机进出口、国际物流分拨和跨境电子商务的快速发展，带动实验区进出口保持高速增长态势，拉动全省进出口快速增长。2017 年，实验区外贸进出口总额完成 3450.07 亿元，同比增长 8.0%，占全省、全市比重分别达到六成和八成以上，对全省对外开放的支撑作用不断增强。2013～2017 年实验区进出口对全省进出口贡献率达 84.4%，已成为全省开放的前沿阵地。

5. 财政收支保持快速增长速度

财政收支规模不断壮大，实验区一般公共预算收入由 2012 年的 7.27 亿元增加到 2017 年的 36.27 亿元，年均增长 37.9%；国地税税收收入由 2012 年的 21.02 亿元增加到 2017 年的 60.08 亿元，年均增长 23.4%；一般公共预算支出由 2012 年的 11.81 亿元增加到 2017 年的 74.13 亿元，年均增长 44.4%。税收质量不断提高。税收占一般公共预算收入的比重为 71.0%，比 2012 年提高 20.0 个百分点。2018 年前三季度，实验区完成一般公共预算收入 34.34 亿元，同比增长 29.8%；完成一般公共预算支出 55.24 亿元，同比增长 30.5%，财政收支仍然保持较快增长速度。

（二）重点领域建设取得重要突破

1. 新郑机场建设取得突破性进展，已跃升为我国重要的干线枢纽机场和空中交通枢纽

一是航空基础设施建设取得突破性进展。按照"双枢纽、多节点、多线路、广覆盖"的总体布局，机场二期投入使用，新郑机场进入"双跑道、双

候机楼"时代。截至 2017 年底，在郑州运营的客运航空公司 54 家，通航城市 112 个，开通客运航线 194 条；在郑州运营的货运航空公司 21 家（国际地区 14 家），开通全货机航线 34 条（国际地区 29 条），通航城市 37 个（国际地区 27 个），已开通全球前 20 位货运枢纽机场中的 15 个航点，基本形成横跨欧美 亚三大经济区、覆盖全球主要经济体的枢纽航线网络，新郑机场成为"空中 丝绸之路"重要节点机场。二是客货吞吐量不断迈上新台阶。新郑机场客货 运输规模逐年提升，2012 年旅客吞吐量为 1167 万人次，2013 年达到 1314 万 人次，2014 年突破 1500 万人次，2015 年达到 1729.74 万人次，2016 年突破 2000 万人次，2017 年达到 2429.91 万人次，年均增长 15.8%；2012 年货运量 为 15.12 万吨，2013 年达到 25.6 万吨，2017 年突破 50 万吨，达到 50.27 万 吨，年均增长 27.2%。2017 年新郑机场首次实现中部机场客货运吞吐量"双 第一"，货运量首次跻身全球机场前 50 强。2018 年前三季度，新郑机场旅客 吞吐量、货邮吞吐量分别达到 2060.25 万人次和 36.0 万吨，同比增速分别达 到 14.5% 和 6.9%，继续保持了较快增长势头。

2. 郑州—卢森堡"空中丝绸之路"成为河南融入"一带一路"的开放门户

卢森堡货航在郑州运营以来，先后开通郑州—卢森堡、郑州—米兰、郑 州—芝加哥—亚特兰大等多条国际货运航线。经过近几年发展，卢森堡货航每 周航班量已由 2014 年的 1 班扩大为 15 班，航线覆盖德国、英国、比利时、美 国、智利等欧美国家，2016 年货运量突破 10.7 万吨，对新郑机场货运增长量 贡献率达 78%；2017 年卢森堡货航货运量占新郑机场 1/4 以上，累计国际货 运量、货运航线、航班数量、国际通航点均居新郑机场首位，成为新郑机场国 际货运的"领头羊"。郑州—卢森堡"空中丝绸之路"不仅是一条空中通道， 豫卢双枢纽建设为河南全面融入"一带一路"打开了新的窗口。河南通过 "空中丝绸之路"建设全面深化"双枢纽"战略实施，开展了"新鲜卢森堡" 双向跨境 E 贸易，设立了卢森堡签证中心，开辟了金融业务、人文交流等更 多领域的合作机会，以实现更大范围、更宽领域、更高层次上融入全球经济 体系。

3. 多式联运综合交通体系基本形成

地铁、城铁、长途大巴、公交、出租等交通方式已全部引入机场，进出实 验区的"三纵两横"高速路网与"三横两纵"快速路网基本建成，新郑机场

成为继上海虹桥机场之后，全国第二个集航空运输、城际铁路、高速铁路、高速公路等多种交通方式为一体的现代综合交通枢纽。客货两用的高铁南站是河南省"米"字形高铁网和中原城市群城铁网的重要枢纽站，已于2017年7月开工建设，将于2019年建成投入使用。中欧班列（郑州）由2013年7月初开通时的每月"一去一回"到2017年底的"八去七回"，成为国内唯一实现高频次、常态化、均衡化开行的中欧国际班列。"航空+高铁+城际铁路+地铁+公路"的多式联运枢纽不断强化，实验区交通体系竞争力跃居全国第二位。

4. 全球智能终端设备（手机）制造基地地位初步确立

智能终端设备（手机）制造业是实验区的支柱产业，尤其苹果手机是实验区发展的起点。经过多年的发展，实验区智能终端设备（手机）制造实现了从单一品牌到多个品牌、单一生产到全产业链发展、港区制造向港区创造的转变，实验区手机产量占全国手机产量的1/6左右，苹果手机产量占全球产量的一半以上，全球智能终端基地地位初步确立。截至2017年底，实验区已入驻智能终端设备（手机）制造企业188家，累计投产项目60个，同时投用了出口退税资金池、智能终端检测公共服务平台等要素平台。2017年实验区手机产量达到29978.90万台，是2012年的4.38倍，年均增长34.4%。非苹果手机发展势头强劲，2016年非苹果手机产量首次超过苹果手机产量，2017年非苹果手机产量达到19639.10万台，占手机总产量的65.5%。

5. 跨境电商业务实现井喷式增长

郑州作为第一批跨境电子商务试点城市，围绕"2020年前建成中西部区域性电子商务中心"这一目标，稳步推进跨境电子商务产业发展。截至2017年底，实验区累计完成跨境进出口企业备案190家，进口企业158家，出口企业32家，分别涉及电商及平台企业、物流企业、支付企业、仓储企业、报关企业等，形成了较为完善的跨境电商产业链。2017年实验区跨境进出口单量、货值和缴纳税款均实现了井喷式增长。截至2017年底，实验区共完成跨境进出口1853.6万单，其中2017年完成1589.58万单，同比增长10.5倍，在全省业务中占17.6%；货值14.53亿元，其中2017年完成11.09亿元，同比增长5.8倍，在全省业务中占9.9%。其中出口1347.16万单，货值6.74亿元，分别占全省出口总量的76.45%和82%，在全国跨境电子商务综合综试区中名列前茅。

6. 综合保税区建设成效显著

新郑综合保税区自 2010 年批复设立、2011 年封关运行，已建设成为我国内陆功能最全、开放层次最高、政策最优惠、效率最高的特定经济功能区域。相继建成电子口岸、口岸作业区与肉类、活牛、鲜果、冰鲜水产品、食用水生动物、邮政等特种进口商品指定口岸，在建口岸还有食品药品医疗器械、植物种苗等口岸。在新郑机场实现落地签，实验区实施了 7×24 小时预约通关机制，53 项自贸区改革试点经验已复制推广 47 项。苏宁云商物流枢纽项目、唯品会中部地区区域物流枢纽项目、欧洲制造之窗保税展销中心项目等相继进驻综合保税区。实验区以综合保税区为依托，运用航空物流产业公共服务平台，连接机场货运区和空港物流园区，积极推进郑州国际航空物流中心建设，实现了区域物流与产业融合互动发展。

7. 航空都市建设初具规模

按照规划，实验区包括郑州航空港、综合保税区和周边产业园，规划范围涉及中牟、新郑、尉氏 3 县（市）部分区域，面积 415 平方公里。截至 2017 年底，实验区实际土地规划面积约 430 平方公里，基础设施覆盖超过 200 平方公里，建成区面积约 80 平方公里，年均增加约 10 平方公里，空港片区基本成熟，古城、双鹤湖、会展物流三个片区初成规模。连接区内外的主要通道基本建成，南北两翼道路全线贯通，郑州南站枢纽工程开工建设；主要功能区开发建设初具规模，航空都市框架基本形成。已建成投用兰河、正弘、青年、梅河等多个城市公园，以园林景观为主的第十一届国际园林博览会主展园、以生态景观为主的双鹤湖中央公园开门迎客。省立医院开诊，实现三甲医院零的突破。郑州市第一人民医院港区医院正在设备调试，社区卫生服务中心建设逐步完善，已形成 15 分钟就医服务圈。郑州航空港实验区领事馆片区设计规划已经进行了批前公示。

二 郑州航空港经济综合实验区发展面临的机遇与挑战

2013 年以来，在全球经济增长乏力的大环境下，郑州航空港实验区主要指标持续飘红，成为省会郑州经济发展的增长点，也成为带动中原城市群及周边地区发展的战略突破口。当前，航空经济方兴未艾，成为全球发展的新时

尚，郑州航空港要勇立时代潮头，在未来一段时间内实现"一持续两提升一转变"面临许多有利条件、一些不利因素，经济社会发展中出现的一些问题也亟须高度关注。

（一）有利因素

1. 航空经济正当时

在经济全球化浪潮中，信息化、数字化、网络化促使各国、各地区处在一个紧密的生产、商贸、信息和通信网络之中。航空运输适应了国际贸易距离长、空间范围广、时效性要求高的特点，成为联系世界和经济交流的重要交通方式。航空经济逐渐成为区域经济发展的重要推动力，成为现代化国际经济中心城市迅速崛起的重要依托。发展航空经济正当其时，实验区依托航空积极发展，形成航空都市，找到了区域发展的新航标，适应了全球城市发展的新趋势。

2. 政策优势持续

2014 年 5 月，习近平总书记在河南考察时指出，我国发展仍处于重要战略机遇期。近年来，国家实施自由贸易战略、创新驱动发展战略、"中国制造 2025"规划、"互联网＋"行动计划，为发展新经济高地提供了重大机遇。实验区充分认识和把握战略机遇期，在国家和省的大力支持下，国家战略和一系列政策措施相继落地实验区，产生了巨大的经济效应和社会效益。《郑州航空港经济综合实验区"十三五"发展规划》做出了实验区两个"没有变也不能变"的判断。在未来，各项政策红利仍将持续，并将产生强者愈强的马太效应。

3. 区位优势明显

河南省是我国人口大省，2017 年全省常住人口达 9559.13 万人。郑州是重要的人口聚集区，以郑州为圆心，500 公里范围内覆盖人口 4.2 亿人，覆盖全国经济总量的 27%；1000 公里范围内覆盖人口 7.9 亿人，覆盖全国经济总量的 51%。建成以郑州为中心 1 小时通达的中原城市群辐射网络，对中原经济区的辐射带动作用明显增强；形成了以郑州为中心的"米"字形高铁网络，预计将于 2020 年全部开通。郑州至东京、大阪、首尔、釜山、中国台湾和中国香港的航程都在 4 小时以内，基本处于亚洲主要经济发达城市的地理中心。

4.发展基础良好

河南对民航业在区域经济社会发展中的作用认识到位,起步较早。省委、省政府在谋划中原经济区时,就明确提出"中原崛起,民航优先"战略。2010年,实验区总体规划就正式开始启动。与周边航空经济区相比,实验区规格高、起步早、政策力度大,发展主线和功能定位清晰科学。近年来,实验区按照相关规划,逐步推动各项建设任务,在基础设施建设和产业重大项目落地两个方面取得实质性突破,多项目标取得重大进展。2013~2017年固定资产投资年均增长42.4%。在未来一段时间,前期投资效果将持续显现,成为实验区"十年立新城"目标的重要推动力。

(二)不利因素

1.航空经济竞争加剧

2017年12月,国家发改委、民航局出台《推进京津冀民航协同发展实施意见》,提出建设京津冀世界级机场群,打造国际一流航空枢纽。2018年2月9日,湖北鄂州机场正式获批,总投资372.6亿元,以货运为主,将作为顺丰速运的基地机场,计划于2025年实现货运245万吨,2030年实现货运330万吨。同时,成都、广州、上海等都制定了超常规的航空经济发展规划,机场竞争日益加剧。从数据来看,2017年新郑国际机场旅客吞吐量达2429.91万人次、货邮吞吐量达50.27万吨,分别居中国民航机场吞吐量第13位和第7位(见表1),实现了中部省份机场的"双第一",名次排位逐年前移,但是在体量上却与首都机场、浦东机场、白云机场等仍有巨大的差距,而实力相当的长沙黄花机场、西安咸阳机场、武汉天河机场在一些关键指标上也具有较大优势。

表1 2017年全国主要民航机场吞吐量情况

机场	旅客吞吐量(万人次)			货邮吞吐量(万吨)			起降架次(万架次)		
	位次	总量	增速(%)	位次	总量	增速(%)	位次	总量	增速(%)
全国		114786.68	12.9		1617.73	7.1		1024.89	10.9
北京首都	1	9578.63	1.5	2	202.96	4.4	1	59.73	-1.5
上海浦东	2	7000.12	6.1	1	382.43	11.2	2	49.68	3.5
广州白云	3	6580.70	10.2	3	178.04	7.8	3	46.53	6.9
成都双流	4	4980.17	8.2	5	64.29	5.1	6	33.71	5.5

河南经济蓝皮书

续表

机场	旅客吞吐量(万人次)			货邮吞吐量(万吨)			起降架次(万架次)		
	位次	总量	增速(%)	位次	总量	增速(%)	位次	总量	增速(%)
深圳宝安	5	4561.07	8.7	4	115.90	2.9	5	34.04	6.8
昆明长水	6	4472.77	6.5	8	41.80	9.2	4	35.03	7.5
上海虹桥	7	4188.41	3.5	9	40.75	-5.0	10	26.36	0.6
西安咸阳	8	4185.72	13.1	14	25.99	11.2	7	31.90	9.6
重庆江北	9	3871.52	7.9	11	36.63	1.4	8	28.86	4.3
杭州萧山	10	3557.04	12.6	6	58.95	20.8	9	27.11	8.0
南京禄口	11	2582.29	15.5	10	37.42	9.7	11	20.94	11.4
厦门高崎	12	2448.52	7.7	12	33.87	3.1	13	18.65	1.6
郑州新郑	13	2429.91	17.0	7	50.27	10.1	12	19.57	9.9
长沙黄花	14	2376.48	11.6	21	13.87	6.5	17	17.96	6.9
青岛流亭	15	2321.05	13.2	15	23.21	0.6	16	17.96	6.6
武汉天河	16	2312.94	11.4	16	18.50	5.5	15	18.39	4.7
海口美兰	17	2258.48	20.1	20	15.45	3.8	21	15.75	16.2

资料来源：2017 年全国机场生产统计公报。

2. 对单一项目依赖度过高

实验区规模以上工业增加值受富士康手机生产情况的直接影响，2017 年富士康工业增加值占实验区规模以上工业增加值比重近 80%。富士康进出口总值及增速直接影响实验区进出口指标，2016 年富士康出口交货值下降 4.8%，实验区和郑州市进出口总值当年都出现负增长，河南省进出口总值增速仅为 2.6%。另外，富士康从业人员数量庞大，大量富士康员工的衣、食、住、行需求，直接影响实验区批发、零售、住宿、餐饮业发展。

3. 新兴产业尚未形成有效支撑

2016 年，实验区以智能终端、精密机械、生物医药、电子商务、航空物流、航空制造维修、电子信息和现代服务八大产业集群为重点，大力实施"产业带动战略"。从近年来的产业发展情况来看，智能终端产业集聚效应明显，但现代服务、航空物流、电子信息等新兴产业支撑作用尚未有效显现。2018 年前三季度，实验区工业增加值占比高达 70.1%，其中智能终端制造占据了大半壁江山；而交通运输、仓储和邮政业增加值占比仅为 9.0%，其他服务业增加值占比仅为 2.8%。

4. 人才需求缺口巨大

航空经济是一个新型的跨行业、跨部门、跨区域、渗透性强的复合型经济形式，对从业人员文化素养和技能要求较高。虽然近年来实验区通过项目引进带动人才流入，聚集了一批高素质的专家型人才，但是从航空港区从业人员整体情况来看，高学历、高职称人才占比仍然较低，航空经济、空港管理等专业人才缺乏。面对日益激烈的国际竞争和经济转型发展的要求，实验区对航空物流、出口保税、投融资等方面的中高端人才需求还将呈几何级式增长。未来几年，项目集中投产，人才匮乏或将成为制约航空经济发展的瓶颈。

三 推动郑州航空港经济综合实验区发展的几点建议

整体来看，目前正值空港经济蓬勃发展的重要时期，实验区多年的发展积累奠定了良好的产业基础，区位优势下的集聚扩散能力日益增强，两个"没有变也不能变"的判断仍将带来持续的政策红利，实验区面临较好的发展环境，潜力巨大，前景广阔。但是现代化国际化航空新城建设目标依然任重道远，空港经济竞争加剧、人才缺口较大、产业发展不均衡等问题凸显，需要引起高度重视。对此，笔者建议从以下几个方面补足短板、建强弱项，让强项更强、优势更优。

（一）继续保持经济高质量发展

河南省委书记王国生在省委十届六次全会暨省委工作会议上要求：把创新摆在全局的核心位置，激活高质量发展的第一动力。实验区是省会经济的重要增长点，是河南经济转型升级的重要引领，要充分认识自身在创新驱动中的使命担当，切实加强国家引智试验区建设和航空港区人才智库建设，将创新驱动作为航空港区高质量发展的有力支撑，促进实验区五大战略定位的确立和发展目标的实现。

（二）实施更积极、更开放、更有效的人才引进和培育政策

突出"高精尖缺"导向，实施"智汇郑州"人才工程，会聚一批与实验区主导产业发展相适应的中高端技术人才、管理人才、跨界融合人才。引育结

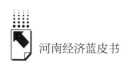

合，将实验区打造成为创新创业人才的聚集、培养、事业发展和价值实现之地。

（三）培育和完善优势产业集群，推进产业协调发展

针对产业发展不均衡问题，借鉴法兰克福机场模式，从打造国际商务展会品牌入手，逐步实现会展业的合理定位，提升展会的专业化水平。借鉴孟菲斯机场的航空物流强势发展模式，进一步做大做强新郑机场的航空物流园区，增强国际影响力和物流发展水平。培育和完善优势产业集群，促进产业创新平台建设，推进产业高端化发展。

（四）切实提升城市服务功能

致力于"四个航空港"建设，增强航空新城的承载力、吸引力和舒适度。在推进产业发展的基础上，大力发展商务和娱乐休闲服务，建设更多的商务中心、贸易中心、酒店、购物中心等。

参考文献

郑州市城乡规划局：《国家航空经济区规划创新与实践——郑州航空港经济综合实验区规划工作纪实》，人民出版社，2018。

耿明斋：《郑州航空港经济综合实验区发展报告（2018）》，社会科学文献出版社，2018。

中国民用航空局：《2017 年民航机场生产统计公报》，中国民用航空局网站，http：//www. caac. gov. cn/XWZX/MHYW/201803/t20180307_ 55653. html，2018 年 3月 7 日。

王学东：《2017 年中国空港经济区（空港城市）发展报告》，中国民航网，http：//www. caacnews. com. cn/zk/zj/zgmhysfxbg/201708/t20170817_ 1224171. html，2017 年 8 月16 日。

郑州建设国家中心城市若干问题研究

孙斌育　吴　娜*

摘　要： 为加快推进郑州建设国家中心城市，本文立足国家中心城市主要功能特征，通过郑州与相关城市主要数据对比，分析郑州在区位交通、劳动力资源、发展潜力、历史文化底蕴等方面的优势，在综合服务、产业集聚、物流枢纽、科技创新、开放高地等功能方面的问题和不足。结合郑州实际，提出了扩大城市规模，加强城市管理和建设投入，坚持高质量发展，提高人才集聚能力，扩大对内对外开放等对策建议，以期为郑州建设国家中心城市提供决策参考。

关键词： 河南　郑州　国家中心城市

国家中心城市是全国城镇体系的核心城市，在我国的金融、管理、文化和交通等方面都发挥着重要的中心和枢纽作用，在推动国际经济发展和文化交流方面也发挥着重要的门户作用。《促进中部地区崛起"十三五"规划》《中原城市群发展规划》《国家发展改革委关于支持郑州建设国家中心城市的指导意见》等文件的相继落地，为郑州建设国家中心城市提供了国家层面的政策支持，也为郑州的发展指明了方向，标志着郑州的城镇化发展站在一个新的历史起点上，开启了向全国乃至全球城市体系中更高层级城市迈进的新征程。深入分析研究郑州建设国家中心城市的优势和不足，对进一步发挥优势、补齐短板，加快推进郑州建设国家中心城市，更好地发挥郑州在引领中原发展、支撑

----

* 孙斌育，硕士，高级统计师，河南省统计局人口和就业统计处处长；吴娜，硕士，河南省统计局人口和就业统计处主任科员。

中部崛起、服务全国大局中的作用具有重要意义。本文主要选取国家已经明确的 9 个城市以及积极争取进入国家中心城市行列或实力较强的 8 个城市共 17 个城市作为分析样本，其中将成都市、武汉市这两个与郑州发展相近、可比性较强的城市作为着重比较对象进行分析研究。

一 郑州建设国家中心城市的主要优势

基于国家中心城市的主要内涵以及国家对郑州建设国家中心城市的功能定位，对比现有国家中心城市以及其他主要城市的发展，郑州在许多方面具有较大优势。

（一）区位交通优势明显

居中心，通天下，区位交通优势是一个城市发展的关键和命脉。郑州地处国家"两横三纵"城市化战略格局中陆桥通道和京哈—京广通道的交会处，是全国重要的铁路、公路、航空、电力、邮政电信枢纽城市，全国普通铁路和高速铁路网中唯一的"双十字"中心，新亚欧大陆桥上的重要经济中心，"一带一路"核心节点城市，在连接东西、贯通南北中有着无可替代的核心价值。尤其是近年来，以"米"字形快速铁路网、高密度高速公路、新兴航空港等为标志的"铁、公、机"综合大枢纽初步形成。

以郑州为中心的"米"字形快速铁路网规划建设全面推进，高铁"十"字形已经建成通车，郑万、郑合、郑济和郑太高铁部分已经开工建设，郑州到北京、上海、天津、武汉、西安等地 3 小时内通达；至徐州、合肥、济南、太原等周边城市，都缩短至 2 小时以内到达。中欧班列（郑州）的货运总量、承运货类、境内境外集疏分拨范围、开行频次、市场化程度等综合实力，在全国 23 家开行的中欧班列中持续领先。

目前，郑州新郑国际机场开通全货机航线 36 条，客运航线 194 条，在全球前 20 位货运枢纽机场中开通 15 个航点，国际全货机航班日均 110 架次，初步形成了横跨欧美亚、覆盖全球主要经济体的国际枢纽航线网络。2017 年，郑州新郑国际机场旅客吞吐量达到 2430 万人次，比 2016 年增长 17.1%，在全国机场旅客吞吐量排名中居第 13 位；货运吞吐量达到 50.27 万吨，是 2010 年的 5.9 倍，货运增速在国内大型机场中保持领先，在全国机场货运吞吐量排名中居第 7 位，成功跻身全球货运机场 50 强。5 年来，郑州机场货运吞吐量年均增速 30% 以上，是国内行业平均增速的 6 倍。相信不久的将来，郑州的区位交通优势将更加凸显，郑州的开放带动能力也将进一步增强。

（二）劳动力资源丰富

我国的城市化进程已步入新阶段，劳动力成为城市发展的核心资源。郑州依托河南人口大省的庞大基数，加上近年来自身多重优势综合对劳动力形成的强大集聚能力，在城镇化加快发展的过程中，成为劳动力的最重要流入地。2007~2017 年，郑州市人口净流入为 252 万人，为郑州市的发展提供了源源不断的动力。劳动力就是实现城市可持续发展的重要保证，我国很多城市近年来纷纷推出优惠政策，开始了"抢人大战"。2017 年，在省内流动人口中有 23.4% 的人选择留在郑州市，郑州常住人口增加了 15.7 万人，在多个中国城市人口吸引力排行榜中，郑州都居前 10 位。至 2017 年底，郑州的常住人口达到 988.1 万人，为郑州的发展奠定了较为丰富的人口基础。

（三）发展潜力较大

相对于多数国家中心城市，郑州属于后发展城市，目前正处于加速发展时期，后劲充足，潜力巨大。

1. 经济发展速度相对较高

近年来，随着经济社会发展，特别是在国家转方式、调结构的政策推动下，全国经济发展进入平稳发展期，全国主要城市经济发展速度逐步放缓。在此背景下，郑州的 GDP 增速仍保持在相对高位，从近 10 年的 GDP 增速来看，郑州市在 17 个城市中居第 7 位，到了 2017 年挤进第 4 位。这在一定程度上说明郑州具有较大的经济发展潜力和后来居上的势头（见表 1）。

表1　2017 年 17 个重点城市 GDP 增速及排名

城市	2017 年比 2016 年增长（%）	排名	2017 年比 2007 年增长（%）	排名
北京	6.7	15	118	16
天津	3.6	16	226	2
上海	6.9	14	115	17
广州	7.3	13	166	10

城市	2017 年比 2016 年增长(%)	排名	2017 年比 2007 年增长(%)	排名
重庆	9.5	1	242	1
成都	8.1	5	191	5
武汉	8.0	7	188	6
郑州	8.2	4	184	7
西安	7.8	9	200	4
杭州	8.0	8	151	13
南京	8.1	6	176	8
青岛	7.5	11	164	12
长沙	9.0	2	223	3
宁波	7.6	10	133	14
沈阳	3.5	17	130	15
厦门	7.5	12	171	9
深圳	8.8	3	165	11

2. 城镇化速度逐步走高

近年来，随着城镇化进程的深入推进，郑州的城镇化有了较快发展，城镇化率从 2010 年的 63.62% 提升到 2017 年的 72.23%，年均增速达到 1.23 个百分点。2010~2017 年，郑州的城镇化率年均增速在 16 个城市（深圳的城镇化率 2006 年已达到 100%，未列入排序）中居第 4 位，仅次于长沙、重庆、沈阳。逐步走高的城镇化速度也显示了郑州巨大的发展潜力（见表 2）。

表 2　2010 年和 2017 年 16 个重点城市的城镇化率及年均增速

城市	城镇化率(%)		年均增速(百分点)	年均增速排名
	2010 年	2017 年	2010~2017 年	
北京	85.96	86.50	0.08	15
天津	79.55	82.93	0.48	11
上海	89.30	87.70	-0.23	16
广州	83.78	86.14	0.34	13
重庆	53.02	64.08	1.58	2
成都	65.75	71.85	0.87	6
武汉	77.10	80.04	0.42	12
郑州	63.62	72.23	1.23	4
西安	69.00	73.42	0.63	7

城市	城镇化率（%）		年均增速（百分点）	年均增速排名
	2010 年	2017 年	2010～2017 年	
杭州	73.25	76.80	0.51	10
南京	78.50	82.29	0.54	9
青岛	65.81	72.57	0.97	5
长沙	61.30	77.59	2.33	1
宁波	68.60	72.40	0.54	8
沈阳	71.60	80.50	1.27	3
厦门	88.33	89.10	0.11	14

3. 国家层面的政策支持

河南是国家战略出台最多的省份之一，郑州作为河南的省会，成为一大批国家战略的叠加之地。2011～2017 年，中原经济区、郑州航空港经济综合实验区、中原城市群、中国（郑州）跨境电子商务综合试验区、郑洛新国家自主创新示范区、中国（河南）自由贸易试验区、国家大数据综合试验区、国家通用航空产业综合示范区、国家综合交通枢纽示范城市等国家战略规划和政策平台相继落地，为郑州的建设提供了较为充分的国家政策叠加优势，在全国城市中屈指可数。政策叠加，使郑州的区位优势、交通优势、市场优势、资源优势、人文优势会更加凸显。随着这些战略的实施，必将为郑州市的经济社会发展提供强大的动力，郑州对国内外人口、资金、信息、科技、产业的虹吸效应将日益加强。

（四）历史文化底蕴厚重

郑州是华夏文明的重要发祥地，国家历史文化名城，中国八大古都之一、国家六个大遗址片区之一。中华人文始祖轩辕黄帝的故里，拥有不可移动文物近万处，其中世界文化遗产 2 处，全国重点文物保护单位 74 处 80 项，文物数量和规模居全国城市前列。商都文化、嵩山文化、黄帝文化、黄河文化、根亲文化、功夫文化、儒释道文化等影响深远。历史上，郑州曾为夏、商都城之一，为管、郑、韩等藩国的首府，隋、唐、五代、宋、金、元、明、清在此设州。中心城区至今依然保留着 7 公里长的商代城墙遗址。悠久的历史积淀了灿

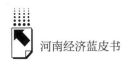

烂的文明，禅宗祖庭少林寺、道教圣地中岳庙、宋代四大书院之一的嵩阳书院、我国现存时代最早并保护较好的天文台登封观星台都是中华文明史上的璀璨明珠。

二　郑州建设中心城市的主要差距和不足

郑州市近年来的发展可圈可点，令人振奋，但对照建设国家中心城市的目标，与有关城市相比，还存在一些差距和不足。

（一）综合服务功能亟待增强

综合服务功能是国家中心城市的重要标志和必备的基本功能之一。目前，郑州在这些方面的发展还存在较大短板。

1. 城市基础设施有待完善

现有的城市公共交通设施难以满足城市居民的出行、生活等需求。截至2017年底，郑州市轨道交通运营通车里程达到93.6公里，在17个城市中居第12位。《中国城市建设统计年鉴（2016）》显示，郑州市人均道路面积11.78平方米，在17个城市中居第11位，也低于全国平均水平15.80平方米。每万人公共汽车拥有量不足。随着城镇中心人口迅速增多，城市人口密度增加，而地下管网老旧，不能满足给排水需要，地下管网建设也亟待改善。

2. 城市公共产品匮乏

郑州市近年来教育、医疗、卫生、文化等都取得较大发展，但是与居民需求以及国家中心城市建设的标准相比，还有不小的差距。尤其是河南没有一所"985"院校，仅有一所"211"院校，尽管郑州大学已经进入世界一流大学建设行列，河南大学也已经进入世界一流学科大学建设行列，但与河南生源第一大省的地位极不匹配。教育资源严重不足不仅影响城市的综合服务能力，也严重影响了城市对高端人才等要素的集聚，制约着科技创新水平的提高和人口资源优势向人力资源优势的转化。基础教育资源不能满足城市发展需要，每万名中学生和小学生拥有的学校数量，在17个城市中排名较为靠后。

3. 综合承载力不足

在9个国家中心城市中，郑州区域面积较小，仅为成都的一半，环境容量趋于饱和，人均水资源占有量不足全国平均水平的 1/10，空气质量在全国排名居后。生态环境承载能力较弱。

（二）产业集聚功能不足

1. 经济实力偏弱

2017 年，郑州市地区生产总值为 9130.20 亿元，人均生产总值为 93143元。在 17 个城市中，郑州的 GDP 总量居第 14 位，仅为排名第 1 位上海的30.3%，在 9 个中心城市中仅高于西安；人均 GDP 居第 13 位，只有深圳的52.0%。

2. 产业结构层次较低

2017 年，郑州市三次产业结构为 1.7∶46.5∶51.8。第三产业占比在 17 个城市中居第 15 位。在第三产业内部，结构也不合理，生活性服务业多，生产性服务业少，特别是金融等现代服务业发展不足，产业集中度、专业化水平低等问题比较突出。2017 年郑州市金融业增加值 986.1 亿元，同比增长 7.1%，在 17 个城市中居第 12 位。在集聚度较高的汽车制造、电子终端产品制造中，汽车的品牌效应不高，缺乏高档产品，市场占有份额和效益不够高，电子终端制造业中多数是代工企业，原创和研发产品几乎没有。上市公司数量明显偏少，企业综合实力和创新能力不足。

3. 辐射带动能力不足

近年来，随着经济社会快速发展和中原城市群建设的深入推进，郑州市对周边地区各项要素的集聚功能凸显，但是对中原城市群内其他城市辐射带动能力还远远不够。从经济首位度（当地 GDP 占全省 GDP 的比重）看，2017 年郑州的经济首位度为 20.3%，人口首位度为 10.34%，在 14 个城市中（不含直辖市，下同）分别居第 9 位和第 11 位。在全国 27 个省会（自治区首府）城市中，郑州的经济首位度和人口首位度分别居第 26 位和 25 位。

（三）物流枢纽水平有待提升

高水平的物流枢纽是国家中心城市的必备条件，尤其随着国内城市参与全球产业链分工越来越深入，未来城市竞争中必不可少的一环便是物流承载能力和物流效率的竞争。2017 年，郑州市交通运输业各种运输方式完成货运量

25130 万吨，在 17 个城市中居第 13 位，在中心城市中仅高于北京。交通运输、仓储和邮政业增加值 486.8 亿元，在 17 个城市中居第 10 位，在中心城市中仅高于西安。2016 年物流仓储用地居第 16 位，远远不能满足物流业发展的需要。

（四）科技创新能力不足

从发明专利、万人发明专利拥有量、高新企业数量、研究生数量及重点高校资源看，郑州市实现超越任务很重。2017 年，郑州的发明专利授权量 2954 件，居第 16 位，仅高于厦门，仅为北京的 6.43%；郑州万人发明专利拥有量为 10.8 件，居第 16 位，仅高于重庆的 7.25 件；郑州的高新企业数量 824 家，居第 17 位。

郑州对创新人才的吸引力不足。在 17 个城市的人均可支配收入、人均工资收入、社会消费品零售总额对比中，郑州市分别位居第 16 位、17 位和 14 位。与此相对应的房价收入比（即住房价格与城市居民家庭年收入之比）达到 12.24，严重偏离合理的房价收入比 4~6 的标准值，郑州在 17 个城市中居第 8 位。低收入与高房价，严重影响城市居民的幸福指数和对创新人才的吸引力。

2018 年 1 月 9 日，福布斯中国发布了中国大陆创新力最强的 30 个城市，郑州居第 29 位，仅高于浙江省的诸暨市；在 9 个国家中心城市中郑州居第 7 位，在 17 个城市中居第 11 位。2018 年 12 月 8 日，首都科技发展战略研究院发布的《中国城市科技创新发展报告（2018）》，郑州市科技创新能力在 9 个国家中心城市中居第 8 位，在 17 个城市中居第 16 位。

由此可见，郑州的科技创新能力严重不足，仍有较大的提升空间。

（五）开放高地尚未形成

对照国家中心城市的功能标准和其他城市的发展指标来看，郑州的开放高地功能还有待进一步提升。

1. 进出口贸易额不高

2017 年郑州市进出口贸易总额 4028 亿元，在 17 个城市中居第 12 位，分别为排名前三位上海、深圳和北京进出口贸易总额的 12.5%、14.3% 和 18.4%。

2. 实际利用外资不足

2017 年郑州市实际使用外资 40.49 亿美元，在 17 个城市中居第 14 位，仅为排名前三位北京、上海和沈阳的 16.7%、23.8% 和 36.9%，不到成都和武汉的一半。

3. 国际化程度不高

郑州目前没有一个领事馆，武汉有 5 个，成都有 16 个领事馆。在郑州的全球500 强企业数量有 63 家，仅为武汉（246 家）的 1/4。2016 年全市接待国际游客人数 48.1 万人次，仅为西安的 1/4、成都的 1/6。郑州的国际友好城市有 11 个，远低于武汉（22 个）和成都（27 个）。另外，国外专家人才数量也较少。

4. 引进人才任重而道远

在 2018 年科技部发布的 2017 "魅力中国—外籍人才眼中最具吸引力的中国城市" 评选结果，郑州不仅未入选前 10 个城市中，而且排在合肥、青岛、深圳、杭州、苏州、南京等非国家中心城市之后。

三 加快推进郑州建设国家中心城市的对策建议

2019 年《河南省政府工作报告》再次明确提出 "支持郑州建设国家中心城市，加快郑州大都市区建设"。因此郑州必须立足本地，发挥优势，找准差距，加快建设国家中心城市的步伐。

（一）扩大城市规模，增强人口集聚

城市具有人口规模和集聚效应。郑州市应进一步扩大城市规模，特别是城市城区规模，使郑州市中心城区人口近期达到 600 万~800 万人，中期达到800 万~1000 万人。要坚持郑汴一体化发展，实现优势互补；加快中牟、荥阳、新郑等撤市（撤县）划区工作；积极探索向黄河以北发展，推进郑新一体化，充分利用黄河以北的土地资源，使黄河成为郑州市区的一条景观河，进一步提高郑州的城市品位。

（二）加强城市管理和建设投入，提高综合承载能力和服务水平

加大投入，不断改善城市交通环境。大力发展城市公共交通，积极发展大容量地面公共交通，加快推进地铁等城市轨道交通系统建设。不断提升公共产品数量和质量。进一步加大对教育、医疗、环保等方面的投入，多渠道、多措施提

升公共产品质量。不断完善养老、医疗等公共服务供给能力。全面提升城市服务管理水平，实现城市精细化管理，以不断提升城市的服务水平。

（三）坚持高质量发展，提高城市发展内涵

必须加快产业转型升级，提升综合实力和发展质量。加大对战略性新兴产业和高技术产业的扶持，做大做强相关产业。加快发展现代服务业，积极发挥服务业的主导作用。

要按照省委、省政府"百城提质工程"的总体部署，以百城建设提质工程为抓手，探索一条具有时代特征和郑州特点的新型城镇化道路，提高郑州城市管理水平和人居环境，提高城市的吸纳力和辐射力。

（四）采取有力措施，提高人才集聚能力

增加土地供应，控制房价上涨，降低财政对土地的依赖度，同时认真落实降税减费政策，采取多项措施减轻企业负担，提升各类人员收入水平，努力使房价收入比趋于合理。改善城市环境，提高城市宜居水平。建立健全创业就业平台，努力为引进的人才提供广阔空间。出台更具有针对性的优惠政策，增强人才吸引力，可借鉴一些城市的经验，使人才进得来、留得住、发展得好。

（五）扩大对外、对内开放

不断完善城市功能和品位，发挥区位优势，积极承办大型国际会议，搭建世界级的招商、经贸合作和文化交流平台，提升郑州的国际影响力和知名度。积极探索建设跨境电商特色小镇，推动跨境贸易、文化旅游等集成发展。借力"一带一路"，积极推动装备制造、能源资源等优势企业开拓国际市场，支持企业建设境外生产基地，鼓励其参与开发国家级合作工业园。

参考文献

住房和城乡建设部城乡规划司、中国城市规划设计研究院：《全国城镇体系规划（2006～2020年）》，商务印书馆，2010。

《国家发展改革委关于支持郑州建设国家中心城市的指导意见》，《河南日报》2017年1月24日。

倪鹏飞：《中国城市竞争力报告 No. 16》，中国社会科学出版社，2018。

梁建章、黄文政：《人口创新力：大国崛起的机会与陷阱》，机械工业出版社，2018。

赵执：《以国家战略为依托建设内陆开放高地》，《河南日报》2017年4月14日。

赵振杰、孙静、刘斐：《河南省积极融入"一带一路"建设"四条丝路"优势并举畅通开放新通道》，《大陆桥视野》2018年第10期。

杨兰桥：《郑州建设国家中心城市的战略路径研究》，《黄河科技大学学报》2018年第9期。

姜一梅：《品牌传播视域下的郑州市城市形象定位研究》，《赤峰学院学报（汉文哲学社会科学版）》2014年第7期。

王海锋：《国家中心城市所在地区城市群人才吸引力评价》，《中国大学生就业》2018年第20期。

专题研究篇

Monographic Study Part

B.20
深入贯彻新发展理念
推动实现高质量发展

——关于河南省深入推进高质量发展的分析与建议

渠长振　王亚钶　黄翔鲲　徐东方*

摘　要：　党的十八大以来，河南省委、省政府以习近平新时代中国特
　　　　　色社会主义思想为指导，牢牢把握高质量发展这一根本要求，
　　　　　持续探索符合河南实际的高质量发展路子，取得了初步成效，
　　　　　但河南仍存在发展理念有偏差、结构矛盾较突出、转型发展
　　　　　较滞后、民生欠账仍较多等突出问题。本文提出要加快经济
　　　　　结构调整、强化创新驱动引领、加大改革开放力度、强力推
　　　　　进三大攻坚、切实保障改善民生和建立完善制度环境等对策
　　　　　来推动河南高质量发展。

* 渠长振，河南省政府研究室经济发展研究处处长；王亚钶，高级统计师，河南省政府研究室
经济发展研究处副处长；黄翔鲲，河南省政府研究室经济发展研究处主任科员；徐东方，博
士，河南省政府研究室经济发展研究处主任科员。

关键词： 河南　新发展理念　高质量发展

中国特色社会主义进入新时代，这是我国发展新的历史方位；推动高质量发展，是由我国处于新的历史方位决定的。与高质量发展要求相比，河南规模速度型增长方式表现明显，实现质量效率型增长方式任重道远。可以说，推动高质量发展既是适应新时代历史方位的客观需要，也是落实习近平总书记殷切嘱托的实践要求，还是解决河南省自身矛盾的根本途径。因此，必须把高质量发展贯穿于经济社会各领域全过程。

一　河南高质量发展取得的积极成效

党的十八大以来，省委、省政府以习近平新时代中国特色社会主义思想为指导，牢牢把握高质量发展这一根本要求，以新发展理念为引领，以供给侧结构性改革为主线，统筹推进"四个着力"，持续打好"四张牌"，深入开展"三大攻坚战"，持续探索符合河南实际的高质量发展路子，取得了初步成效。

（一）经济增长保持平稳

从总量看，全省生产总值先后跨越 3 万亿元、4 万亿元台阶，2018 年达到 4.8 万亿元，稳居全国第 5 位，占全国比重稳定在 5.4% 左右。财政总收入先后迈过 4000 亿元、5000 亿元台阶，2018 年达到 5875.8 亿元。从增速看，近年来全省生产总值季度增速均在 7.4% 以上，预计 2018 年增长7.5% 左右，持续高于全国平均水平，经济增长的稳定性、协调性、包容性明显增强。

（二）结构调整成效显著

从产业结构看，服务业对经济增长拉动作用明显增大，2018 年全省服务业增加值占生产总值的比重达到 44%，比上年提高 0.7 个百分点。从需求结构看，消费对经济增长的基础性作用日益显现，2018 年社会消费品零售总额同比增长 10.2%，高于固定资产投资增速 2.1 个百分点。从产品结构看，知识

密集型、高附加值产品快速增长，2018 年全省新能源汽车、服务机器人产量同比分别增长 70.4%、37.8%。

（三）发展动能加快转换

随着供给侧结构性改革的不断深化、增长方式的不断转变，经济发展动能加快转换，企业活力、创新能力和内生动力不断增强。2018 年，全省新设立企业 34.3 万户，同比增长 14.9%，实有市场主体 590.6 万户，稳居中部首位；新增高新技术企业突破 1000 家，万人发明专利拥有量同比增长 17.6%，技术合同成交额 149.7 亿元，实现倍增；实际吸收外资 177 亿美元，引进省外资金超过 9600 亿元。

（四）三大攻坚扎实推进

重点领域风险总体可控。截至 2018 年底，全省处置完成"僵尸企业"1124 家，国有控股工业企业资产负债率同比降低了 1 个百分点。脱贫攻坚深入开展，2018 年全省 121.7 万名农村贫困人口脱贫，33 个贫困县有望摘帽，易地扶贫搬迁提前完成"十三五"安置点住房建设任务。环境质量持续改善，2018 年全省 PM 10、PM 2.5 平均浓度分别比上年下降了 1.6%、2.8%，实现年度目标任务。

（五）质量效益不断提高

企业利润明显回升，2018 年前 11 个月全省规模以上工业企业实现利润总额同比增长 16%，同比提高了 5.7 个百分点。财政税收持续好转，2018 年全省一般公共预算收入同比增长 10.5%，其中税收占比 70.6%，比上年提高 2.2 个百分点。居民收入稳步提高，2018 年全省居民人均可支配收入增长 8.5%，高于生产总值增速 1 个百分点左右。

二　河南高质量发展面临的困难挑战

概括来讲，在河南高质量发展中，既有远虑也有近忧，既有"旧伤"也有"新病"，既有"阵痛"也有"顽疾"。

（一）发展理念仍有偏差

一些地方没有摆脱偏重经济总量和速度情结，高消耗、粗放型的增长方式仍较明显，导致投资边际效益递减、能耗水平仍然较高、环境污染依然严重。2017 年，全省每百元全社会固定资产投资只新增 9.7 元的生产总值，仅相当于 2012 年的 77.6%；全省环境质量主要指标在全国仍处在靠后位置。

（二）结构矛盾仍比较突出

传统产业占比偏高，服务业和高技术产业占比偏低，城乡之间、地区之间发展水平和质量差异都比较大。2018 年前三季度，全省服务业产值占生产总值的比重低于全国 9.1 个百分点；能源原材料行业仍占规模以上工业近四成，高技术产业占比不足 10%；农业也是以传统农业为主，优质农产品明显偏少。

（三）转型发展仍为滞后

尽管当前新旧动能的替代步伐加快，但科技创新能力不强，创新机制仍然不活，新技术、新业态、新产品、新模式依然较少，新生动能增长难以弥补传统动能下拉影响。2017 年，全省研发经费投入强度只有 1.31%，仅相当于全国研发经费投入强度的 61.5%，高新技术企业数占全国数量不足 2%。

（四）民生欠账仍然较多

脱贫攻坚任务艰巨，居民收支水平偏低，教育、医疗、养老等社会事业领域和公共服务领域与全国平均水平的差距较大。2018 年前三季度，全省居民人均可支配收入仅相当于全国平均水平的 74.4%，居全国第 24 位。

三　推动河南高质量发展的路径选择

推动高质量发展是当前和今后一个时期确定发展思路、制定经济政策、实施宏观调控的根本要求。落实这一根本要求，必须牢固树立新发展理念，坚决破除一切不符合新发展理念的思想障碍、体制机制、管理方式，更自觉、更主动、更全面地把新发展理念落实到高质量发展实践中；深化供给侧结构性改

革，在"巩固、增强、提升、畅通"八个字上下功夫，不断提高供给与需求的平衡性、适应性、灵活性、前瞻性；建设现代化经济体系，着力加快建设实体经济、科技创新、现代金融、人力资源协同发展的产业体系，着力构建市场机制有效、微观主体有活力、宏观调控有度的经济体制，不断增强经济创新力和竞争力；坚持以人民为中心，顺应人民对美好生活的向往，使发展成果更多更公平地惠及全体人民。

（一）加快经济结构调整，把准高质量发展的主攻方向

调整经济结构是转变经济发展方式的核心问题，也是高质量发展的主攻方向。必须以供给侧结构性改革为主线，向结构要市场、向结构要动力、向结构要效益，推动经济发展从"有没有"转向"好不好"。

1. 推进产业结构调整

从根本上抓好产能、产品、产业三大结构调整，加快由河南制造向河南创造转变、河南速度向河南质量转变、河南产品向河南品牌转变。在产能结构方面，重点着眼增强供给能力与市场需求的平衡性，减少过剩的，增加短缺的，努力实现供需平衡；同时，纵深推进绿色改造、智能改造、技术改造"三大改造"，着力解决产能的结构性短缺，使供给体系和供给质量更加富有效率。在产业结构方面，重点着眼增强供给结构与市场需求的适应性，深入落实制造业、种养业、服务业供给侧结构性改革专项行动方案，大力发展先进制造业、推动制造业优化升级，深入推进农业"四优四化"发展、加快发展高效种养业，提质发展现代服务业、保持现代服务业快速增长势头。在产品结构方面，重点着眼增强供给产品与市场需求的灵活性，继续以提高产品、工程和服务质量为重点，深入开展"质量提升年"活动，大力推进创新制造、精品制造、品牌制造，加快提升供给体系质量和效率。持续打好发展转型攻坚战，以高端化、绿色化、智能化、融合化为目标，坚持和完善"一个产业、一套班子、一个方案、一抓到底"的工作机制，深入实施12个省定重点产业转型发展专项方案，加快培育一批高税利、高技术、高成长产业，引领带动全省产业高质量发展。

2. 推进城乡结构调整

加大统筹城乡发展力度，让城市建设和乡村振兴互促共进、相得益彰。一

是加快构建新型城镇体系。在支持郑州建设国家中心城市和洛阳打造中原城市群副中心城市的同时，深入推进百城建设提质，以文明创建为载体，以省辖市老城区、县级城市为主体，突出抓好基础设施和公共服务配套建设、背街小巷和老旧小区提升改造，着力做好以绿荫城、以水润城、以文化城、以业兴城"四篇文章"，抓好老城与新城、地上和地下、硬件与软件、城区和郊区"四个统一"，着力交通治堵、环境治污、市容治脏、服务治差，努力使城市成为创业之都、宜居之城、幸福之家。二是大力实施乡村振兴战略。以产业兴旺为重点解决好农业强的问题，着力调结构、提质量、增动力；以生态宜居为关键解决好农村美的问题，围绕环境美、田园美、村庄美、庭院美，着力加强生态环境保护、抓好人居环境整治、搞好村庄环境美化；以生活富裕为根本解决好农民富的问题，着力提高农民收入水平、改善农民生活条件、增强农民保障能力。

3. 推进区域结构调整

河南区域发展不平衡问题比较突出，不同类型区域的发展阶段、产业基础存在较大差异，需要结合实际找准发展方向，形成错位发展、特色发展、竞相发展的良好局面。传统农区的人口众多，第一产业占比较高，尚处在工业化中期偏前阶段，发展潜力很大，要培育壮大主导产业，加快推进工业化、城镇化，实现跨越发展。发展基础好的地区，要加快提升创新能力，实现提质发展，增强辐射带动力和区域竞争力。资源型城市要加快培育接续替代产业，打造新的发展优势，实现转型发展。"三山一滩"地区是河南区域经济的短板，也是生态保护的重点，要加大支持力度，推动绿色发展。

（二）强化创新驱动引领，激活高质量发展的第一动力

目前，正值世界新一轮科技革命和产业变革同我国转变发展方式的历史性交会期。河南创新人才不足、资源短缺、平台不多是突出短板，必须准确把握自身发展与科技大势、科技创新与发展优势的结合点，激活高质量发展的第一动力，敢为人先、勇于突破，在一些领域实现弯道超车。在工作中，必须深入实施创新驱动发展战略，以郑洛新国家自主创新示范区建设为龙头，持续打好开放牌、念好人才经、下好改革棋、唱好协同戏，突出抓好创新引领型企业、平台、人才、机构"四个一批"汇聚创新资源，促进科技与金融、军工与民

河南经济蓝皮书

用、国家与地方、产业与院所"四个融合"推动协同创新，大力实施"十百千"转型升级创新重大专项，加快推进体制改革、审批改革、监管改革，优化自创区创新生态，激发自创区发展活力，加快推动经济增长由要素驱动向创新驱动转变，努力抢占制高点、培育增长极、赢得主动权。

（三）加大改革开放力度，走好高质量发展的必由之路

深化改革开放是新时代中原更加出彩的关键一招，也能为高质量发展带来源源不断的活力。

1. 更高水平地扩大开放

坚持对外开放基本国策，深度融入"一带一路"建设，牢牢抓住世界科技革命和产业变革、世界经济调整和产业转移、世界发展潮流和产业升级带来的机遇，在持续扩大开放中赢得新一轮发展先机。统筹平台建设，坚持郑州航空港综合实验区、中国（河南）自贸区、郑洛新自主创新示范区、中国（郑州）跨境电子商务综合试验区、国家大数据（河南）综合试验区"五区"联动，推进空中、网上、陆上、海上丝绸之路"四路"并举，高标准建设好功能、产业、制度和通道"四类平台"。改善优化营商环境，着力打造高效政务环境、有序竞争环境、规范法治环境和公平市场环境，加快形成投资贸易国际化、法治化、便利化、规范化，培育开放竞争新优势。

2. 更大力度地深化改革

聚焦破除制约高质量发展的体制机制弊端，坚持用改革的方法破解发展中的难题，统筹推进体制性、制度性和政策性改革。一是抓好国有企业改革。打好国企改革攻坚战，抓好千家"僵尸企业"处置扫尾工作，深化企业产权结构改革、组织结构改革、治理结构改革，做好分层分类制定实施省管企业混改计划等工作。二是抓好行政审批改革。着力转变政府职能、提高办事效率、改善服务质量、深化"放管服"改革。坚持"权由法授、责由法定"原则，对审批事项进行再梳理、再分类、再规范，力求事项最少、流程最优、时限最短、效率最高，做到"一口进、一码通、一网办"。借鉴开封经验，在多证合一的基础上推进"证照分离"，让"放管服"改革落到实处，务求"放"出活力与效率，"管"出公平与秩序，"服"出便利与品质。三是抓好管理体制改革。在全省推广投资项目"容缺办理"，研究制定企业投资项目核准和备案管

理办法，加快投融资体制改革；加快转变政府科技管理职能，深化人事薪酬制度、科技评价制度和院所体制改革，创新科研经费使用和管理方式，深化科技体制改革。同时，要按照中央要求，扎实推进机构改革工作，统筹推进教育、文化、城市、环境综合执法等其他领域改革。

（四）强力推进三大攻坚，补齐高质量发展的突出短板

打好三大攻坚战是实现高质量发展必须跨越的关口，只有跨越这一关口，才能夯实高质量发展的基础。

1. 坚决打好防范化解重大风险攻坚战

坚持底线思维，着力解决突出问题，守住风险底线。一是着力防范区域金融风险。要降杠杆，尤其把企业杠杆降下来，切实抓好债转股工作，堵住金融风险的源头；要治乱象，严厉打击非法集资、整治政府融资平台，杜绝新增风险源头；要抓规范，规范金融交易行为，规范企业依法经营，将金融行为纳入可控范围之内；要强监管，切实落实地方政府和地方金融监管机构的监管职责，确保金融安全高效稳健运行。二是着力防范政府债务风险。依法规范、严控增量，严把政府举债融资关口，坚决杜绝各类违法违规举债行为；积极稳妥、化解存量，决不能"新官不理旧账"，只做加法、不做减法；守住底线、防范风险，既做好保工资支付、保经费运转、保基本民生"三保"，又化解债务，确保不发生系统性区域性风险。三是着力防范安全生产风险。克服麻痹思想，紧绷安全生产这根弦，严字当头全面落实安全责任，强化源头控制、综合治理，坚决防范遏制各类事故发生。

2. 坚决打好精准脱贫攻坚战

按照"求精准、抓重点、提质量、促平衡"的总体要求，把提高脱贫质量放在首位，瞄准目标，压实责任，强化举措，进一步在落实精准方略上下功夫，切实做到精准整改、精准施策、精准帮扶、精准退出；在组织重点攻坚上下功夫，聚焦深度贫困县村、特殊贫困群体、重点贫困县区，强化对口帮扶、加大政策支持、改善发展条件、提高保障能力；在全面提高质量上下功夫，着力促进贫困群众增收、改善基础设施条件、优化基本公共服务、提升社会保障水平；在坚持统筹推进上下功夫，统筹推进贫困县村和一般县村、地区帮扶和家庭帮扶、经济发展和社会发展、内生动力和外部动力，高质量完成脱贫目标任务。

3. 坚决打好污染防治攻坚战

把打好污染防治攻坚战作为重大政治任务和民生工程常抓不懈，持续打好蓝天、碧水、净土保卫战。在大气污染防治方面，要突出"三严"，即抓好严控，把控尘、控煤、控排、控车、控油、控烧"六控"落实到位；抓好严治，治理好散煤、散乱污企业"两散"；抓好严管，对重点企业、重点时段、重点区域科学管控、联防联控，尽最大的努力减少污染排放，减少雾霾天气，坚决打赢蓝天保卫战。在水体污染防治方面，严守"水质只能变好不能变差"这一底线，认真落实河长制和湖长制，重点打好城市黑臭水体治理、饮用水水源地整治、全域清河行动、农村环境整治4个标志性攻坚战役。在土壤污染防治方面，建立各级污染源监管清单，加大重金属污染、农业面源污染治理力度，加强未污染土壤的严格保护，决不再欠新账。同时，加大生态建设力度，统筹推进森林、湿地、流域、农田、城市生态系统建设，着力打造绿量适宜、布局均匀、网络完备、结构合理、功能完善、稳定高效的生态系统。

（五）切实保障改善民生，盯紧高质量发展的根本目的

坚持问题导向，紧盯薄弱、对接需求、突出重点、精准发力，把推进经济发展与持续改善民生有机统一起来，不断满足人民对美好生活的向往。

1. 办好重点民生实事

坚持从人民群众最关心、最直接、最现实的利益问题入手，每年办好一批可量化、可考核的重点民生实事，加强进度督导、节点督查、年中评价、年终考核，确保不折不扣落实到位。

2. 稳定扩大社会就业

始终将就业作为最大的民生，用好支持外出务工人员返乡创业这一重要抓手，完善公共就业创业服务体系，深入实施职业教育攻坚和全民技能振兴工程，突出抓好高校毕业生、去产能企业分流职工、退役军人、农民工等重点群体的稳岗就业工作。

3. 完善社会保障体系

加快多层次社会保障体系建设，突出抓好全民参保计划、健康养老"十百千"示范项目、新一轮棚户区改造三年计划等重点保障项目实施，更好地发挥社会保障"稳定器"功能。

4. 加快发展公共事业

落实城乡义务教育"四统一"，实施高中阶段教育普及攻坚计划，推进高等教育发展，支持郑州大学、河南大学"双一流"建设。深入推进医疗、医保、医药、医院"四医"联动改革，加快推进六大国家区域医疗中心建设，力争在优势学科、科研平台建设和高层次人才引进上取得较大突破。同时，统筹发展文化、旅游、体育等事业，不断增强经济社会发展的全面性、平衡性、协调性，让广大人民群众有更多的获得感。

（六）建立完善制度环境，把握高质量发展的坐标导向

过去那种重规模速度、轻质量效益的监测评价考核制度，在推动经济高速增长方面确实发挥了重要作用，但也带来了"举债发展""污染增长"等不良后果，已经明显不符合高质量发展的新要求，必须加快修正完善。

1. 处理好政府与市场的关系

坚持使市场在资源配置中起决定性作用，完善市场机制，打破行业垄断、进入壁垒，消除地方保护，提高企业资源要素配置效率和竞争力；更好发挥政府作用，用改革激发市场活力，尤其要持续深化"放管服"改革，重点推进"一网通办"前提下的"只进一扇门""最多跑一次"改革，抓规范、抓整合、抓提升，最大限度地优化制度环境，最大限度释放经济内生动力。

2. 构建顺应要求的指标体系

对照高质量发展的内涵，系统研究创新、协调、绿色、开放、共享指标体系，按照质量第一、效益优先的要求，充分反映供给、需求、投入产出、分配、经济循环等方面高质量的特征，加大资源消耗、环境损害、生态效益、科技创新、安全生产、新增债务等指标权重，更加重视劳动就业、居民收入、民生保障、社会事业等状况。

3. 形成有效有度的政策体系

加强财政、金融、产业、区域等各方面政策的协调和良性互动，特别是要把握好稳增长与调结构的关系，在质的大幅提升中实现量的有效增长。同时，制定的政策要有差异性，要综合考量区域差异度、人民接受度、时机成熟度，避免在政策上"一刀切"、执行上"运动化"，努力做到精准施策、精准发力。

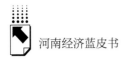
4. 建立刚性引领的标准体系

把标准作为高质量发展的基础支撑，建立健全产品、工程、服务、营商环境、生态环保等领域的标准，加快标准化在经济社会发展各领域的普及应用与深度融合，努力形成市场规范有标可循、公共利益有标可保、创新驱动有标引领、转型升级有标支撑的良好局面。

5. 健全真实有效的统计体系

全面反映经济发展的新变化，逐步完善统计分类，研究建立反映共享经济、数字经济、网络经济等统计制度，进一步健全对新产业、新业态、新模式统计调查体系。深化统计管理制度改革，强化统计执法监督，健全数据质量责任制，坚决杜绝数据造假，确保统计数据客观真实。

6. 树立目标科学的考核导向

完善高质量发展成果考核评价体系，在考核导向上，既要看经济发展也要看民生改善，既要看年终考核也要看日常工作，更加注重发展的质量、发展的方式和发展的后劲。在考核方法上，要探索实行差别化与综合性评价相结合、定量与定性评价相结合的绩效评价方式，引导各级领导干部树立正确的政绩观，把目标和精力放到推动高质量发展上来。

B.21
推动河南工业高质量发展
谱写中原更加出彩新篇章

冯　阳*

摘　要： 本文通过实地调查研究和数据资料搜集分析发现，当前河南
工业运行呈现总体增速放缓、传统产业效益改善、供给侧结
构性改革扎实推进的特点，但工业运行也面临下行压力增大、
总体效益下滑和融资难等突出问题。文章提出河南要进一步
稳定工业经济运行态势，深入推进"三大改造"，推进重点产
业转型升级，不断培育壮大中小企业及民营经济。

关键词： 河南　工业　高质量发展

　　河南正处于工业化、城镇化快速发展阶段，既面临承接产业转移、发展新
兴业态等重大机遇，也面临结构性矛盾突出、资源环境约束、区域竞争加剧等
严峻挑战。2018年是深入贯彻落实党的十九大精神的开局之年，也是转型发
展攻坚的关键之年，省委、省政府牢牢把握稳中求进工作总基调，坚持质量第
一、效益优先，围绕提高供给体系质量和效益，持续打好转型发展攻坚战，着
力稳运行、调结构、促转型、扩投资、增效益，奋力推动全省工业高质量
发展。

一　全省工业经济运行情况

　　2018年以来，全省工业去产能深入推进，供给侧结构性改革扎实开展，

---

* 冯阳，河南省工业和信息化厅运行监测协调局科员。

传统行业效益持续改善，主导产业、新兴产业稳中有进，但中美贸易摩擦加剧，工业下行压力逐步加大，企业风险暴露加速，2018年以来工业生产增速出现明显回落，全省工业经济总体呈现"稳中趋缓、缓中有忧、忧中育新"的态势。

（一）工业生产增速下滑，趋缓态势明显

2018年1~11月，全省规模以上工业增加值同比增长6.7%，较2017年同期回落2.5个百分点。从单月增速来看，上半年各月增速比较平稳，进入下半年以来，7月首次出现较大幅度下滑，8月略有回升，9~10月再次大幅下探，形成2次探底，11月又有小幅回升。其中，10月规模以上工业增加值增速为4.5%，为近10年来最低值。随着国家减税措施效应逐步显现、央行定向支持中小企业措施落地实施，第四季度各省辖市工业增长信心较足，多数地市预期全年增速高于前三季度。

（二）传统行业减产增效，国企效益改善

2018年，全省在前两年较好完成去产能目标任务的基础上，去产能工作深入推进，传统行业产品产量继续下降。1~11月，电解铝、平板玻璃和水泥产量同比分别下降12%、4.4%和0.9%。建材、化工和能源行业利润同比分别增长31.2%、49.8%和645.4%，分别高于全省工业15.2个、33.8个和629.4个百分点；冶金、建材、化工、轻纺和能源五大传统支柱行业利润占全省工业比重为44%，较2017年同期提高1.1个百分点。国有企业利润继续高位运行，成为支撑全省工业利润增长的重要力量。1~11月，全省国有控股企业主营业务收入同比增长10.4%，利润增长71.2%，分别高于全省工业1.7个和55.2个百分点；国有亏损企业亏损额同比下降20.9%，亏损企业数下降4.4%。

（三）供给侧结构性改革扎实推进，高质量发展成效初显

2018年，在复杂严峻、内外交困的经济形势下，全省工业投资持续低位运行；但在供给侧结构性改革的综合作用下，投资结构有所优化。1~11月，制造业投资继续回升，同比增长4.8%，较2017年同期提高0.4个百分点。主导产业投资回升，前11个月五大主导产业投资同比增长3.6%，较2017年同

期提升 8.2 个百分点；高耗能产业投资继续下降，1~11 月同比下降 2.4%，较 2017 年同期回落 8.9 个百分点。新产业新业态蓬勃发展，1~11 月高技术产业、战略性新兴产业投资同比分别增长 10.8%、12%，分别高于全省工业投资 3.9 个、5.1 个百分点。终、高端产品生产形势良好，锂离子电池产量同比增长 161.4%，新能源汽车产量同比增长 132.8%，服务机器人同比增长 125.4%。以企业为主体的智能化改造"遍地开花"，在各个产业类别、各种规模企业、各个生产环节中均有呈现，智能制造已经成为企业家们的共识和战略方向。

二　全省工业运行中重点工作开展情况

制造业是国民经济的重要组成部分，也是工业化及现代化程度的重要衡量指标。推动河南制造业高质量发展，是贯彻落实中央决策部署、让中原更加出彩的使命担当，是主动适应新一轮科技革命与产业变革的迫切需要。2018 年，河南以加快推进先进制造业大省建设为重点，稳增长、增后劲，推动工业由大变强，同时加速新型工业化进程，不断培育新的发展方式，努力构建现代产业发展新体系。

（一）实施大技改，改造提升传统产业

基于河南省传统产业占比大、产业结构偏重的现状，聚焦高端化、绿色化、智能化、融合化，着力实施"一去三改"（去产能、智能化改造、绿色化改造和企业技术改造），推动传统产业改造提升、提质。

1. 智能化改造步入快车道

河南省举办智能制造和工业互联网对接大会，大会签订合作协议 10 项、金额 1.88 亿元，达成合作意向 206 项。召开装备制造、纺织服装等行业智能制造对标提升现场会，发布融合创新十大典型案例，在 12 个市开展制造业与互联网融合发展深度行活动，累计参与企业 2000 多家。2018 年 7 月，组织省辖市政府分管工业副市长、工信部门主要负责同志 44 人赴青岛市部分标杆企业考察学习。2018 年 7 月起，在全省开展智能化改造诊断服务，组织智能制造解决方案供应商、工业互联网平台服务商，先后赴 18 个省辖市和 10 个直管县为 512 家企业提供诊断服务，并为 98 家重点企业出具个性化诊断报告。

2. 绿色化改造迈出坚实步伐

实施能效水效领跑者行动，建设绿色制造体系，召开"绿动河南"工业绿色化发展宣传贯彻活动，促进工业绿色转型升级。组织 67 家企业和 2 个园区开展省级绿色工厂和绿色园区评选工作，2 家企业入选首批国家级绿色工厂。积极运用环保安全倒逼机制，加快重点敏感区域化工企业"退城入园"，推动化工产业转型，认真组织实施《河南省城镇人口密集区危险化学品生产企业搬迁改造工作实施方案》。推进资源综合利用。组织开展全省固体废弃物综合利用企业调查，规范废钢铁、轮胎翻新等再生资源行业有序发展，推动全省 4 家大型铅冶炼企业开展生产者责任延伸工作，推进赤泥资源综合利用。

3. 企业技术改造深入推进

实施"十百千"技改提升工程。筛选确定投资 3000 万元以上重点项目1212 个进入省级技术改造项目库，总投资 5130 亿元，年度计划投资 1739 亿元。加快创新型企业培育和新产品开发应用，中铁装备被新认定为国家技术创新示范企业，宇通客车等 4 家企业被新认定为全国制造业单项冠军。加强质量品牌和基础能力建设，有 1 个项目新进入国家工业强基工程。支持首台（套）重大技术装备应用，进一步完善首台（套）重大技术装备奖励政策，将政策实施范围扩大到全省。

4. 依法依规化解过剩产能

贯彻落实工信部等 16 部门《关于利用综合标准依法依规推动落后产能退出的指导意见》，大力实施利用综合标准依法依规推动落后产能退出工作方案，确保落后产能应退尽退。

（二）发展大产业，推动迈向中高端

1. 加快装备制造业转型升级

制定出台支持首台（套）重大技术装备研发和应用财政政策，着眼开发一批标志性、带动性强的首台（套）重大技术装备，聚焦国家重点工程建设项目和战略产业的需要，瞄准高端装备领域突破一批关键核心技术开发首台（套）重大技术装备，将首台（套）重大技术装备财政支持政策从郑洛新自主创新示范区范围扩大到全省，加大首台（套）重大技术装备推广应用的财政政策支持力度。

2. 加快新型材料业转型发展

聚焦铝加工、特色有色金属、新型钢铁材料等七大领域，实施链式整合、龙头带动、技术创新等六大工程，着力抓好 100 个重点项目、30 家龙头企业。开展新材料产业摸底调研，建立了企业目录库，入库企业 221 家、产品近 400种。贯彻落实国家新材料首批次应用保险补偿政策，鼓励和组织企业积极投保，多氟多、旭飞电子等 3 家企业申请的 1400 多万元保险补贴已进入工信部评审环节；全面开展清理整顿电解铝行业违法违规项目专项行动，对电解铝企业进行全覆盖、无死角核查；开展绿色建材评价标识工作，建立绿色建材评价标识制度，发布绿色建材产品目录。

3. 加快电子制造业转型升级

做强智能终端、电子材料、新型电池 3 个优势产业，做优信息安全、智能传感及终端、光电子等 6 个特色产业，省市联动实施 105 个重点项目，推动电子信息产业加快向价值链高端跃升。富士康智能手机产能逐步释放，中兴、天语等项目陆续投产，部分新一代信息技术企业在芯片设计、云安全平台研发、智慧教育、传感器应用等领域达到国内领先水平。

4. 加快汽车制造业转型发展

抢抓中高端汽车中西部布局机遇，推进上汽郑州乘用车生产基地、河南速达 10 万辆新建纯电动乘用车、森源重工 20 万辆新建纯电动乘用车等重点项目建设，加快传统汽车高端化、新能源汽车规模化和零部件集群化发展。

5. 加快酒业提质增效发展

省政府召开全省白酒业转型发展座谈会，强调要加快推进企业重组、品牌重塑和模式重建，强化部门联动和政策支持，凝聚政府、企业和社会之力，为全省白酒产业做大做强做优提供良好环境支撑。省工信委领导开展豫酒转型发展调研，深入酒企把脉问诊、指导工作。

（三）开放搞活壮大集群和企业

1. 举办2018中国（郑州）产业转移系列对接活动

2018 中国（郑州）产业转移系列对接活动于 10 月 31 日至 11 月 2 日在郑州国际会展中心举行，由工信部、中国工程院与河南省人民政府等共同主办，

河南省由省工信委牵头，会同省直有关部门和各省辖市、直管县（市）政府共同承办。本次活动举行了产业转移合作项目集中签约，有关领导共同鉴签。对接活动聚焦新型材料、智能装备、绿色制造、工业设计、军民融合、人工智能等高端产业，对外发布 1000 余个、总投资 9000 亿元的合作项目，共收集签约项目 611 个，签约项目呈现出"龙头型项目多""基地型项目多""转型升级项目多"的特点。

2. 参与组织召开全省促进非公经济健康发展大会

2018 年 8 月 25 日，全省促进非公有制经济健康发展大会在郑州召开，省委书记王国生、省长陈润儿出席并发表重要讲话。会议印发了《关于促进非公有制经济健康发展的若干意见》《关于营造企业家健康成长环境弘扬优秀企业家精神更好发挥企业家作用的实施意见》等文件，围绕会议精神的贯彻落实，省工信委正在积极谋划"政策宣讲进万企"活动。

三 当前工业运行中存在的困难和问题

当前，随着供给侧改革不断深入推进，河南工业运行出现一些可喜变化，但影响全省工业平稳运行的困难和问题仍然不可忽视，突出表现在外部环境严峻、内部效益存忧、融资仍较困难和成本持续攀升等方面。

（一）下行压力"陡增"

2018 年以来，国际国内经济环境异常复杂严峻，中美贸易摩擦不断加剧，对我国经济和金融环境产生较大影响，对全省相关产业及上下游企业造成一定影响，在很大程度上削弱了民间投资的预期和信心，造成工业投资长期低位运行，市场有效需求明显不足，工业经济下行压力倍增，工业增速在全国位次不断后移。

（二）工业效益"存忧"

2018 年，虽然主要能源原材料价格大多在高位运行，传统行业效益保持了高速增长，但整体工业效益在下滑。1～11 月，全省企业应收账款、利息支出同比分别增长 10.1%、12.9%，快于主营业务收入 1.4 个、4.2

个百分点，说明企业整体运营效益在变差。与此同时，企业亏损程度也在加重，前 11 个月，亏损企业亏损额增幅较 2017 年同期上升 11.2 个百分点。

（三）融资难题"顽固"

全省多地反映，传统行业企业遭受"信贷歧视"，新增贷款困难，续贷形势严峻，资金链条极其紧张。与此同时，企业融资成本攀升较快，大中型企业贷款利率普遍上浮，很多中小企业贷款综合成本高达 10% 以上，是当前贷款基准利率的 2 倍以上，企业利润很大一部分流向银行，利润空间被进一步压缩。

（四）成本攀升"棘手"

多数原材料价格自 2016 年第四季度以来一直高位运行，在此基础上，当前宽厚钢板、焦炭、精煤、帘子布、聚氯乙烯、原煤、工业丝等工业品价格分别又较 2017 年同期上涨 40.2%、21.7%、14.7%、28.2%、2.7%、9.8%、26.0%，下游加工制造产业利润不断被压缩，经营活力和潜力明显削弱。

四　面临的机遇和挑战

当前国际国内经济形势复杂严峻，我国正处于大发展大变革大调整的"窗口期"，河南工业在新旧动能转换过程中机遇与挑战并存，既存在政策和环境的利好，也存在要素瓶颈和基础薄弱的制约。

（一）机遇

国际制造业强国不断实施"新一代工业革命"的战略，我国顺应潮流，提出以智能制造为核心的"中国制造 2025"计划，必将成为我国大力发展制造业的关键举措。加快制造业智能化的发展进程，培育和发展新优势，是在新一轮国际产业竞争中主动出击，促进工业转型升级的重大战略抉择，河南制造业必须要抓住这一历史机遇。在宏观方面，2018 年初以来，国家针对实体经济融资难、中小企业发展难、广大企业税负重等热点难点问题，出台了一系列

"组合拳"，缓解了实体经济极端缺血、中小企业发展瓶颈诸多、制造业企业负担过重等重特大难题，为工业企业发展创造了良好的营商和创业环境。在微观方面，企业家精神在觉醒，创新意识在增强，国际化思维在拓宽，对新产业、新模式接受程度在提高，对技改提升和智能化改造的认可在增长，对环保改造和绿色化发展的认同在提升，对企业未来成长和生命周期有了更多的信心和把握。市县在稳定增长、提升质量方面也做了不少工作，在产业基金保障企业融资、落实国家减轻税负政策、搞好"放管服"营造营商环境等领域做实做细，企业获得感逐步增强。

（二）挑战

2018 年以来，国内发展和国外环境异常复杂，工业经济形势严峻。从国际形势上看，中美贸易摩擦发展迅猛、升级很快，短时间内对国内经济运行环境造成较大影响，PPI 涨幅逐步回落，主要工业品价格波动下行；CPI 涨幅有所回升，大豆油类、猪肉等农产品受贸易摩擦影响价格开始攀升；市场预期变差，股市、汇市震荡下行。贸易冲突导致明泰铝业、万基控股等全省行业中一些骨干企业的美国订单大幅萎缩。从宏观环境看，工业下行压力加大。环保、资金约束偏紧，工业用电量增幅回落，工业投资持续低迷，工业贷款余额负增长、利润增幅低位运行，PMI 环比回落，新订单和外贸指数下滑明显，工业经济下行压力明显增加。从微观主体看，企业风险暴露加速。全国 P2P 行业集中"爆雷"，南方网贷平台跑路倒闭如潮，企业债券违约风险不断暴露，政府性融资平台债务到期压力巨大。受中美贸易摩擦影响，企业投资意愿和信心明显下降，给持续低迷的制造业投资蒙上巨大阴影。

五　下一步措施建议

面对复杂严峻的经济形势和持续增大的下行压力，下一步要牢牢把握稳中求进工作总基调，坚持质量第一、效益优先，围绕提高供给体系质量和效益，继续打好转型发展攻坚战，实施制造业智能化改造、绿色化改造和企业技术改造，推动重点产业转型发展，推动工业提质增效、信息化提速升级。

（一）全力稳定工业经济运行

1. 强化运行分析质量

坚持求深求实，强化对工业经济运行情况、深层次原因、具体措施等方面的深度分析，注重与全国、工业大省、中部六省横纵对比分析研究。树立问题导向，加强对全省工业经济运行中新情况、新问题的关注、研究和分析，特别是中美贸易冲突等，深入专题调查研究，提出科学、合理、可行的措施建议，供领导决策参考。

2. 加强监测体系建设

继续扩展和完善运行监测平台功能，加快推进工业经济运行智能化监测平台建设，进一步增强全省工业经济运行工作的前瞻性、预见性。

3. 继续开展产融合作

针对企业融资难融资贵突出问题，加强产业和金融合作，开展系列对接活动，通过采取资本平台等新理念扩大企业融资。继续推进产融合作支持制造强省建设，向省内银行业金融机构重点推介"产融合作"先进制造企业融资"白名单"。

4. 积极开展稳增长活动

一是继续发挥工业稳增长专项协调服务经验做法，全力稳定工业运行。二是推动企业减负，组织开展企业负担网上调查工作，开展降低一般工商业电价政策效果自评估工作。三是抓好项目建设工作，用好转型发展项目库；抓好项目的谋划储备、协调推进，稳定和扩大工业投资。四是为企业做好服务，继续组织百名中原领军型企业家培训，深入实施"千亿元资本助力制造强省建设"行动，组织产融、产销、用工、产学研等"四项对接"，积极帮助企业破解转型升级瓶颈难题。

（二）深入推进"三大改造"

1. 推动大规模技术改造提速升级

持续实施"十百千万"技改提速工程。编制技术改造年度工作方案，引导全省5500万家规模以上工业企业普遍完成新一轮技术改造。指导第一、第二批创新中心培育单位建设省级创新中心，适时遴选第三批创新中心培育单

位。实施百项工业强基工程，研究发布全省工业"四基"发展目录。培育创建第九批国家级新型工业化产业示范基地，全力争创国务院"推动实施中国制造 2025、促进工业增长和转型升级成效明显市（县）"。

2. 推动智能化改造深度实施

抓好示范企业项目，完善省市两级智能化改造项目库，省一级要重点抓好100 个"机器换人"示范项目、300 条智能化示范生产线、100 个智能车间、50 个智能工厂。加快发展工业互联网，继续开展工业互联网平台培育，打造以平台为核心的生态圈，面向制造企业提供各种类型的信息技术资源和服务。组织开展第二批"企业上云"云平台服务商征集，制定支持"企业上云"的政策措施，加快企业数字化转型。深化"两化融合"管理体系贯标试点，选择一批应用效果好、带动能力强的企业，总结推广贯标优秀经验和成果。

3. 推动绿色化改造对标管理

加强工业节能管理，制定河南省能效领跑者行动方案，发布河南省重点行业能效水效领跑者标杆企业。深入开展绿色制造体系建设，加强对绿色工厂、绿色园区的管理，研究出台管理办法，争创国家绿色工厂、绿色园区、绿色产品、绿色供应链。引导企业开展清洁生产审核，引导企业建立清洁循环生产模式。推进危化品生产企业"退城入园"。按照方案持续推进城镇人口密集区危险化学品生产企业搬迁改造。研究出台全省环保装备制造业发展指导意见，推广应用节能环保技术装备，争取更多技术装备列入国家推广目录。制定全省年度工业节能监察工作计划和实施方案，组织协调节能监察部门在重点行业开展能耗监察。

（三）推进重点产业转型升级

坚持分行业抓示范、抓项目、抓龙头、抓基地、抓服务，努力在优势领域壮大一批领军型企业、打造一批标志性产品。

1. 装备制造行业

培育一批国家或省级数字化车间（工厂），及时复制推广智能制造成熟模式成熟经验；推动轨道交通、工程机械、机械零部件等行业开展再制造，鼓励企业实施产品全生命周期管理。培育一批国家或省级服务型制造示范企业，以及 EPC 工程总包示范企业；建设三家左右省级制造业创新中心，争创智能农机装备国家级创新中心。加快高端装备产品开发与推广应用，推出一批具有国际先进水平的行业标志性高端装备，积极推广工业机器人（数控机床）示范应用。

2. 新型材料行业

持续开展首批次保险补贴，推进铝基新材料、新型耐火材料、功能金刚石材料等省级创新中心建设，研究成立河南省新材料行业协会。加快铝工业、钢铁、电子级新材料、化工新材料、特色有色金属材料等基地建设，在重点领域打造一批优势产品，形成企业示范带动效应。支持材料生产企业面向应用需求研发新材料，推动下游行业积极使用新材料。

3. 电子信息行业

进一步贯彻落实《河南省智能传感器产业发展行动计划》，推动智能传感器产业发展，加快"一谷两基地"规划建设，推动建设河南省智能传感器创新中心。抓好郑州航空港区合晶硅材料衬底硅片二期、华锐光电5代薄膜晶体管液晶显示器件等重点项目建设。召开电子信息产业转型升级示范现场会，创建省电子信息产业转型升级示范点和示范企业。

4. 汽车制造行业

推动传统汽车高端化，推进上汽集团等骨干企业重点项目建设，加大中高级乘用车引进力度，巩固郑汴百万辆汽车生产规模。促进新能源汽车产业化和推广应用，加快速达等重点项目建设进度。实施动力电池"二次创业"，以信大捷安为龙头，打造智能网联汽车信息安全产业链。推动零部件集群化，扩大优势零部件企业集中度和市场占有率。推动低速电动车规范化，推动重点企业进入国家低速电动车规范目录。

（四）培育壮大中小企业和民营经济

推动成立高规格非公有制经济和中小企业发展领导小组，做好省领导联系非公有制企业相关配合工作。提升中小企业特色产业集群发展水平，组织"专精特新"优质中小企业与服务机构对接。筛选培育细分领域专业化"小巨人"企业，树立中小企业发展的标杆和典型。做好"小升规"后备企业培育工作，强化对新升规模以上企业的政策扶持。举办好2019年"创客中国"河南省中小企业创新创业大赛活动。完善全省中小企业公共服务网络平台，加强

河南省中小企业公共服务平台网络项目运营管理，完善企业政策服务信息清单和企业服务政策包，推进省枢纽平台和各地窗口平台互联互通。构建法治化营商环境。充分发挥市场的自主调节能力和企业的主观能动性，减少政府对市场和资源配置的干预，坚决破除民营企业发展障碍，为民营企业打造公平的竞争环境和充足的市场空间。

B.22

对河南经济高质量发展问题的探索

——基于全员劳动生产率视角的分析

罗勤礼　张喜峥　徐　良　王一嫔　胡昶昶　雷茜茜[*]

摘　要： 长期以来，河南全员劳动生产率相对较低，行业内部差异明显。本文运用威廉·诺德豪斯提出的指数方法对河南全员劳动生产率的三个效应进行分析，发现河南全员劳动生产率增长主要依靠各产业内部生产率的增长来实现，产业间劳动力配置结构优化对全员劳动生产率提升作用不明显，产业间联动效应较低。因此，要通过加大研发经费投入、加强人才支撑、加快产业转型升级，提高要素配置效率等措施，促进河南全员劳动生产率的持续提高。

关键词： 河南　劳动生产率　高质量发展

党的十九大做出了我国经济已由高速增长阶段转向高质量发展阶段的重大判断，指出"必须坚持质量第一、效益优先，以供给侧结构性改革为主线，推动经济发展质量变革、效率变革、动力变革，提高全要素生产率"。这意味着，我国经济发展的重点和目标不再是只关注经济总量和速度，而是要提高经济增长效率。

全员劳动生产率是衡量经济效率的重要指标之一，也是反映地区经济发展

---

* 罗勤礼，高级统计师，河南省统计局总工程师；张喜峥，高级统计师，河南省统计局国民经济核算处处长；徐良，硕士，河南省统计局国民经济核算处副处长；王一嫔，硕士，河南省统计局国民经济核算处副处长；胡昶昶，河南省统计局国民经济核算处；雷茜茜，河南省统计局国民经济核算处。

水平的重要标志。长期以来，河南全员劳动生产率一直低于全国平均水平，因此分析研究河南全员劳动生产率的现状、发展历程及其影响因素，剖析面临的困难，探索提高全员劳动生产率的有效途径，对于推动河南经济高质量发展具有十分重要的现实意义。

一 河南全员劳动生产率的现状及发展特点

劳动生产率，是指所有劳动者在一定时期内创造的劳动成果与其相适应的劳动消耗量的比值，它既包括人的主观因素，又包含事物的客观因素。目前，衡量指标主要有国际劳工组织（ILO）的劳动生产率和国家统计局的全员劳动生产率两种，为便于省际比较，本文采用后者为观察对象，具体计算公式为地区生产总值（GDP）与地区年平均从业人员的比率。

河南是一个发展中省份，改革开放四十年来，在高速发展阶段实现了经济总量的稳步提高和发展质量的大幅飞跃，但与全国平均水平和其他发达省份相比，全员劳动生产率仍然偏低，且产业间全员劳动生产率发展不协调、部分行业全员劳动生产率不高等问题，制约了河南经济由数量型增长向高质量发展的转变。

（一）全员劳动生产率不断迈上新台阶，增速逐步趋稳

1. 全员劳动生产率稳步提高，与全国平均水平差距仍然较大

改革开放以来，河南全员劳动生产率稳步提高，实现了跨越式发展。扣除价格因素，1979 年全省全员劳动生产率为 669 元/人，2002 年跨越万元大关，达到 1.1 万元/人，2008 年、2011 年、2013 年、2016 年先后超过 3 万元/人、4 万元/人、5 万元/人和 6 万元/人，2017 年达到 6.6 万元/人。但长期以来，河南全员劳动生产率一直低于全国平均水平，1978 年河南与全国平均水平相差 341 元/人，2007 年差距扩大到 1.1 万元/人，2017 年与全国平均水平相差 4.1 万元/人，只相当于全国平均水平的 62%，差距逐步扩大。

2. 全员劳动生产率增速走势和全国趋同，近年呈趋缓态势

自 1980 年以来，河南全员劳动生产率增速与全国增速走势大体相同，在经过剧烈波动阶段和相对平稳阶段后，2011 年以来步入稳中趋缓阶段。从年

平均增速来看，河南全员劳动生产率增速高于全国，1980～2017 年年均增速为 8.1%，高于全国平均水平 0.4 个百分点。

（二）与中部六省和东部发达省份相比，全员劳动生产率相对较低

在中部六省中，2017 年河南全员劳动生产率居第 5 位，比第 1 位湖北、第 2 位湖南分别低 3.2 万元/人、2.2 万元/人。山西和江西虽然人均 GDP 比河南低，但全员劳动生产率却高于河南。与东部发达省份江苏、浙江相比，河南全员劳动生产率分别只相当于江苏的 36.6%、浙江的 48.2%（见表 1）。

表 1　2017 年全国、江苏、浙江及中部六省全员劳动生产率比较

地区	全员劳动生产率（元/人）	中部六省位次	人均 GDP（元）	中部六省位次
全国	106558	—	59660	—
江苏	180578	—	107150	—
浙江	137026	—	92057	—
河南	66037	5	46674	3
山西	81252	3	42060	6
安徽	62084	6	43401	5
江西	75736	4	43425	4
湖北	97965	1	60199	1
湖南	87631	2	49558	2

注：本表数据按含研发支出的 GDP 计算，其中 GDP 为年度最终核实数据。

（三）河南全员劳动生产率发展特点

1. 与经济增长高度相关，呈周期变化特征

分析显示，河南全员劳动生产率与经济增长周期变化高度相关（见图 1），增速呈现波动性的同时也表现出与经济增长同周期变化特征，由此可见劳动生产率对经济增长有着很大促进作用。自改革开放以来，河南劳动生产率变化大体上可以划分为三个阶段（见表 2）。

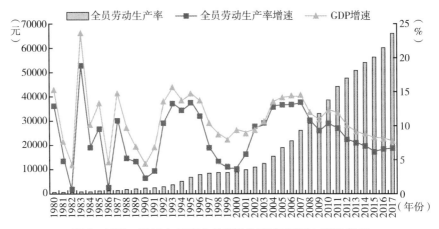

图1　1980～2016年河南全员劳动生产率增速与GDP增速

表2　1980年以来河南地区生产总值、从业人员及全员劳动生产率增速

单位：%

年　份	地区生产总值增速	从业人员年平均增速	全员劳动生产率增速
1980～2017年	10.9	2.3	8.4
第一阶段（1980～1990年）	10.4	3.2	7.0
第二阶段（1991～2010年）	11.8	2.0	9.6
第三阶段（2011～2017年）	9.2	1.7	7.4

注：河南全员劳动生产率增速的计算口径为生产总值与地区年平均从业人员的比例增速。

第一阶段为剧烈波动阶段（1980～1990年）。这一阶段处于改革开放的启动和探索期，经济发展体制机制尚不健全，各经济主体活力还不强，经济发展处于起步阶段。这一时期河南全员劳动生产率增速波动较大，最低值为0.7%（1982年），最高值为19%（1983年），波幅达18.3个百分点，年均增速为7.0%，高出同期全国平均水平0.6个百分点。

第二阶段为相对平稳阶段（1991～2010年）。这一时期处于市场经济体制不断形成时期，经济体制不断健全，各经济主体活力不断释放，是河南经济发展的黄金期，经济发展实现了量的突破和质的飞跃。河南全员劳动生产率进入相对平稳阶段，波幅较上一阶段减小，走势逐步趋稳，有2/3的年份实现了两位数增长，年均增速达到9.6%，高于同期全国平均水平0.4个百分点。

第三阶段为稳中趋缓阶段（2011～2017年）。这一时期特别是国际金融危机后期在国内外宏观经济的相互交织共同作用下，受到经济环境日趋复杂、外部需求持续疲软、微观经济主体生产经营困难等诸多因素制约，经济发展进入新常态，河南经济增长进入下降通道，开始新一轮收缩期。这一时期全员劳动生产率增长开始放缓，增速降至个位数，2017年降至6.7%，年均增速为7.4%，较上一阶段回落2.2个百分点，高于同期全国平均水平0.1个百分点。

2. 第二产业全员劳动生产率较高，三次产业均有较大提升空间

2011～2017年，河南三次产业全员劳动生产率中第二产业最高，第三产业次之，第一产业最低。2017年三次产业全员劳动生产率分别为1.6万元/人、10.1万元/人和9.1万元/人，第二产业全员劳动生产率高于第三产业1.0万元/人，是第一产业的6.3倍。2011～2017年，第三产业全员劳动生产率提升幅度较大，与第二产业的差距由2011年的3.7万元/人缩小到1.0万/人，差距逐渐缩小（见图2）。

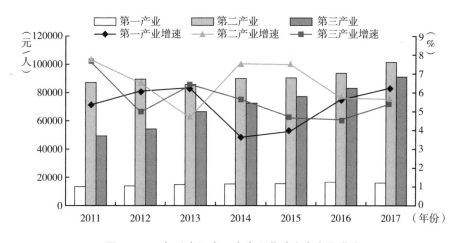

图2　2011年以来河南三次产业劳动生产率及增速

与全国和发达省份相比，河南三次产业全员劳动生产率均有较大提升空间。2017年，河南第一产业全员劳动生产率相当于全国平均水平的52.8%。河南第二产业全员劳动生产率虽然是三次产业中最高，但与全国和湖北、江苏等省份相比仍然偏低，只有全国平均水平的67%，是湖北的55.1%、江苏的53.6%。第三产业全员劳动生产率近年增长较快，但与全国平均水平相差3.4

万元/人，是全国平均水平的 72.9%，相当于湖北的 81.1%、江苏的 39.8%
（见表 3）。

表 3　2017 年全国与河南、湖北、江苏分产业全员劳动生产率

单位：元

省份	全员劳动生产率	第一产业	第二产业	第三产业
全国	106558	30852	151502	124445
河南	66037	16305	101458	90741
湖北	97965	26980	184269	111877
江苏	180578	49680	189194	228012

3. 行业内部差异明显，服务业行业相对较高

分行业看，河南各行业间全员劳动生产率差异较大，较高的行业集中在服
务业，其中金融业和房地产业最高。具体来看，2017 年最高的金融业全员劳
动生产率为 80.4 万元/人，是最低行业农林牧渔业（1.7 万元/人）的 47.3
倍。排名第二的房地产业（59.2 万元/人）是排名第三位科学研究、技术服务
和地质勘查业（16.5 万元/人）的 3.6 倍。同时低于全省平均水平的行业有农
林牧渔业、建筑业、批发和零售业、住宿和餐饮业、居民服务和其他服务业
（见表 4）。

表 4　2013~2017 年河南分行业全员劳动生产率

单位：万元/人

行业	2013 年	2014 年	2015 年	2016 年	2017 年	排名
全省	5.1	5.4	5.6	6	6.6	
农、林、牧、渔业	1.5	1.6	1.6	1.6	1.7	17
工业	11.8	12.3	12.2	12.7	13.6	7
建筑业	2.7	2.9	3.1	3.2	3.7	15
批发和零售业	3.6	3.7	3.9	4.2	4.9	14
交通运输、仓储和邮政业	6.3	7	7.6	7.9	8.4	12
住宿和餐饮业	4.9	5.3	5.2	5.1	5.4	13
信息传输、计算机服务和软件业	10.2	11.6	14.8	16.2	13.7	6
金融业	51.1	59.4	77.6	78.5	80.4	1
房地产业	59	53.9	50	52.8	59.2	2

行业	2013 年	2014 年	2015 年	2016 年	2017 年	排名
租赁和商务服务业	13.6	12.6	12.1	12.3	12.6	10
科学研究、技术服务和地质勘查业	15.2	15.2	14.4	14.2	16.5	3
水利、环境和公共设施管理业	8.3	10.7	12.1	13.4	14.5	5
居民服务和其他服务业	1.1	1.6	1.9	2.2	2.4	16
教育	9.2	10.3	11	12.2	13.5	8
卫生、社会保障和社会福利业	9.6	10.9	11.7	11.4	12.8	9
文化、体育和娱乐业	13.2	19.4	22.1	23.1	16.3	4
公共管理和社会组织	7.6	8.1	8.9	10.4	11.9	11

二 河南全员劳动生产率的增长因素分析

为分析影响河南全员劳动生产率增长的原因，本文运用美国经济学家威廉·诺德豪斯提出的指数方法，从产业角度对全员劳动生产率进行分解，并分析全员劳动生产率的三个效应。

（一）理论基础

威廉·诺德豪斯认为，劳动生产率涉及部门劳动生产率和部门劳动力配置结构两个因素，在此基础上劳动生产率增长可以分解为三个部分的效应：一是纯生产率效应，指在产出或投入份额不变时各行业内部劳动生产率增加带动整体劳动生产率增加的部分；二是丹尼森效应，表示不同行业间劳动再分配对劳动生产率的影响，即劳动力从低生产率部门向高生产率部门转移的影响；三是鲍默效应，指的是各行业劳动生产率和行业权重变动间的相互影响对整体劳动生产率的作用效果，可以理解为是前两大效应的交互影响。

（二）影响全员劳动生产率的因素分析

本文以 2010 年为基期，采用 2011～2017 年河南三次产业全员劳动生产率和从业人员数据对全员劳动生产率增长的 3 个部分进行分解，计算出三个效应

的数值，并将三大效应的测算数据分别除以全员劳动生产率的增长率，得到各自的贡献率（见表5）。

表5　2011～2017年河南全员劳动生产率增长的三个效应贡献率

单位：%

年份	纯生产率效应				丹尼森效应	鲍默效应
	合计	第一产业	第二产业	第三产业		
2011	85.3	5.1	51.1	29.1	12.4	2.3
2012	101.2	14.7	60.3	26.2	5.2	-6.4
2013	70.8	19.7	30.5	20.6	31.6	-2.4
2014	77.2	23.0	29.0	25.2	27.2	-4.4
2015	87.0	18.1	28.5	40.4	15.7	-2.7
2016	84.9	9.8	31.6	43.5	12.4	2.7
2017	90.1	8.9	37.4	43.8	5.6	4.3

1. 河南全员劳动生产率增长主要由纯生产率效应，特别是第二、第三产业纯生产率效应的提高带动

2011～2017年，在河南全员劳动生产率增长的三大效应中，纯生产率效应年平均贡献率达到了84.6%，远高于其他两个效应的贡献，其中第二产业纯生产率效应贡献最大，年平均贡献率达到38.6%，其次是第三产业为31.8%，第一产业贡献率最低为14.2%。2015年，第三产业纯生产率效应的贡献首次超过第二产业，之后一直处于领先地位。

2. 产业间劳动力配置结构对河南全员劳动生产率提升作用不明显

2011～2017年，丹尼森效应年平均贡献率为16.1%，年度间波动较大，从2013年以来，丹尼森效应贡献率由31.6%下降到5.6%，有明显的下降趋势。说明河南三次产业间的要素流动还不充分，尤其是劳动力配置的优化对全员劳动生产率的提升作用并不明显。

3. 鲍默效应贡献最低

2011～2017年鲍默效应年平均贡献率为-1.04%，最高年份为2017年，达到了4.3%，而2012～2015年这四个年份贡献率为负值，说明河南三次产业间的交互作用未对全员劳动生产率的提高起明显的促进作用。这从一定程度上反映河南三次产业间的联动功能尚未发挥，河南经济的整体联动效应较低。

（三）与部分省份三个效应的比较分析

进一步分析河南全员劳动生产率的三个效应，选取国内全员劳动生产率较高的江苏和湖北两省进行对比，以2016年三个省份数据为基期，分析2017年全员劳动生产率三个效应的贡献率，结果见表6。

表6　2017年河南、江苏、湖北全员劳动生产率三个效应的贡献率

单位：%

省份	纯生产率效应				丹尼森效应	鲍默效应
	合计	第一产业	第二产业	第三产业		
河南	89.5	8.9	37.4	43.2	5.6	4.9
江苏	88.9	2.0	33.7	53.2	8.2	2.9
湖北	85.1	4.3	35.6	45.2	7.2	7.7

三省对比，全员劳动生产率贡献率最大的均为纯生产率效应，其中，江苏第一产业贡献率比河南低6.9个百分点，第三产业贡献率比河南高10.0个百分点；湖北第一产业、第二产业分别比河南低4.6个和1.8个百分点，第三产业比河南高2.0个百分点。丹尼森效应中河南最低，分别比江苏、湖北低2.6个和1.6个百分点，说明河南劳动力由低生产率向高生产率流动不充分，在一定程度上制约了河南全员劳动生产率的提高。鲍默效应河南居第二位，比最高的湖北低2.8个百分点，说明河南三次产业增长和劳动力配置的联动作用相对较弱。

三　当前河南提高全员劳动生产率面临的困难和原因

当前，河南处于跨越"两个关口"、实现高质量发展的重要战略机遇期，中央出台的一系列宏观政策效应持续释放，河南宏观经济持续稳中向好，供给侧结构性改革持续推进，经济结构不断优化，科技创新能力持续提升，人才红利逐渐得到释放，市场活力持续迸发，未来提升河南全员劳动生产率的宏观和微观基础正在不断夯实，但应注意到，还有许多问题和难点制约了河南全员劳动生产率的进一步提升。

河南经济蓝皮书

（一）投资对产业发展的推动作用在逐渐下滑

纯生产率效应主要依靠行业内部生产率的提高而实现，行业内部生产率提高在本质上取决于分工水平的提高和分工组织的演进，这种分工情况可以用人均资本和人力资本投入来度量，即通过提高资本有机构成或技术进步来实现。实际上，二者在河南经济发展中都发挥了重要作用，2011～2017年，固定资本形成对河南经济增长的年均贡献率达71.5%，但随着资本边际效用递减和资源环境要素约束趋紧，全省依靠投资继续保持快速增长、支撑经济稳定增长的难度正在不断加大，从2013年以来，固定资本形成的贡献率呈逐年下降态势，到2017年降至34.5%。因此，未来要提高纯生产率效应需要从提高投资效率、改善投资结构和依靠技术进步来共同实现。

（二）科技研发基础较弱、研发产出偏低

目前河南科技研发能力不强、研发基础较弱已成为制约全员劳动生产率提高的突出短板和瓶颈，主要表现如下。一是河南省有研发活动的单位覆盖面偏低，研发基础实力较弱。有研发活动的单位主要集中在科研机构、高等院校和规模以上工业企业，其中2017年省属研究机构（含中央驻豫研究机构）中有研发活动单位为60家，仅占51.7%；全省百余所高校中近1/5的高校无研发活动；全省有研发活动的规模以上工业企业仅占15.7%，而全国平均水平为27.4%，江苏为48.5%。二是研发经费投入较少。2017年，河南R&D经费投入强度为1.31%，比全国平均水平低0.82个百分点，居全国第17位，而江苏为2.63%，湖北为1.97%；河南R&D经费投入总量为582亿元，居全国第9位，而江苏为2260亿元，湖北为701亿元。三是研发产出偏低。2017年河南专利申请量和专利授权量只相当于江苏的23.2%和24.4%（见表7）。

表7 2017年河南、江苏、湖北R&D经费投入和产出情况

省份	R&D经费投入（亿元）	位次	R&D经费投入强度（%）	位次	专利申请量（件）	专利授权量（件）	发明专利（件）
河南	582	9	1.31	17	119240	55407	7914
江苏	2260	2	2.63	3	514402	227187	41518
湖北	701	7	1.97	10	110234	46369	10880

（三）劳动力质量不高，劳动力配置结构不优

1. 河南是劳动力大省，但劳动力质量不高，高层次人才短缺、人才的供给需求不够匹配等问题制约了河南全员劳动生产率的提高

国家统计局 2017 年全国人口变动情况抽样调查样本数据显示，河南在 6 岁及以上人口中，初中学历及以下人口占比为 73.0%，比全国平均水平高 4.4 个百分点，分别比江苏、湖北高 7.9 个、7.0 个百分点；大专学历及以上人口占比为 8.7%，比全国平均水平低 5.2 个百分点，分别比江苏、湖北低 8.6 个、7.5 个百分点。由于河南本地重点院校偏少，人才供给低于江苏、湖北，高层次、创新型、国际化人才相对缺乏，尤其是国家顶尖的科学家、产业领军型人才缺乏。

表8　2017 年全国与河南、江苏、湖北 6 岁及以上人口受教育程度情况

单位：%

地区	初中及以下人口比重	大专及以上人口比重	研究生人口比重
全国	68.6	13.9	0.60
江苏	65.1	17.3	0.58
河南	73.0	8.7	0.28
湖北	66.0	16.2	0.44

注：该数据来自国家统计局《2018 中国统计年鉴》，其中各比重均为占 6 岁以上人口比重。

2. 劳动力配置结构不优制约着丹尼森效应的提高

河南第一产业从业人员占比偏大，劳动力转移主要集中在第一产业向第三产业转移，水平转移多，垂直转移少。2012～2017 年，河南第一产业从业人员占比由 42.4% 下降到 37.6%，但仍高于第二、第三产业。第二产业从业人员占比基本维持在 30%～32%，变化不大。第三产业从业人员占比由 27.4% 增加到 31.5%，为第一产业劳动力转移的主要阵地，且主要集中在批发零售业，交通运输、仓储及邮政业，住宿餐饮业，居民服务等传统服务业领域。这种转移大多是低科技含量的水平转移，而不是高科技含量的垂直转移，因此对全员劳动生产率增长贡献不明显。而丹尼森效应与两方面因素相关，一是产业间全员劳动生产率的差异程度，二是劳动力流动时的交易成本。河南三次产业

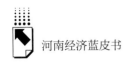

劳动生产率存在显著差异，因此要提高丹尼森效应一方面需要提高第一产业剩余劳动力的素质和技能，另一方面要降低劳动力在流转过程中的成本，拓宽农民在非农领域工作的机会。

（四）部分要素市场仍不完善，重点行业产能过剩影响较大

当前河南仍有部分资源要素市场受到限制及管制，影响劳动力、资本、资源等生产要素自由流动，同时影响了丹尼森效应和鲍默效应，导致部分行业全员劳动生产率较低。比如，受土地流转、社会保障、劳动力教育和培训制度不完善等影响，低生产率部门的劳动力向高生产率部门转移难度较大，特别是农民向非农领域转移成本较大，低科技含量向高科技含量转移较为困难。同时，煤炭、钢铁、有色、建材、化工等重点行业仍然存在产能过剩问题，这不仅引起市场疲软、产品价格下滑、企业盈利能力大幅降低，还使得以设备形式投入的资本在过剩后很难转用于其他产业而成为企业的不良资产，导致这些行业增加值增速减缓，影响整体全员劳动生产率的提升。

四　提高全员劳动生产率，推动河南迈向高质量发展

今后几年，是河南决胜全面建成小康社会、开启全面建设社会主义新征程的关键时期，全省要坚持贯彻新发展理念，以提高经济增长质量和效益为中心，加大研发经费投入，加强人才支撑，加快产业转型升级，不断提高全员劳动生产率，逐步实现质量变革、效率变革、动力变革，推动河南迈向高质量发展。

（一）加大研发经费投入，提高技术创新水平

河南在新技术应用上、管理效率提高等领域具有后发优势，通过努力可以实现"弯道超车"。河南要把创新摆在发展全局的核心位置上，夯实创新战略支撑。一是努力建设创新型河南，增强自主创新能力，提高原始创新能力，增强集成创新、引进消化吸收再创新能力。二是加大研发经费投入，通过新技术的大规模应用，大幅提高河南全员劳动生产率水平。三是要加大政策倾斜力

度，建立以政府资助和采购支持相结合的企业创新的长效机制，为"大众创新"保驾护航。

（二）加强人才支撑，提升人力资本素质

全员劳动生产率提升的关键是劳动力素质整体提高和核心人才发挥作用。一是加大公共教育投入，着力开展职业教育和技能培训，促进劳动者尤其是农村剩余劳动力的能力素质提高。二是大力实施人才强省战略，不断完善人才引进的政策标准，对河南产业发展急需或创新潜力较大的人才开设"绿色通道"。三是加强本土人才的培养，开展对科技人才的股权激励、分红激励等措施，更好地发挥高端人才的积极性和创造性。

（三）推进经济结构调整，实现产业结构优化升级

由于当前河南全员劳动生产率主要依赖纯生产率效应，未来提高纯生产率效应贡献率需要依靠三个产业协调发展。一是大力发展现代农业和农业产业化经营模式，深入推进农业供给侧结构性改革，深入推进农业绿色化、优质化、特色化、品牌化，推进农村三产融合发展。二是加快推进装备制造、电子信息、绿色食品等传统产业转型升级，加快企业规模化、产业集群化、装备大型化和产品高端化，协同推进科技、制度、业态和工艺创新，促进第二产业全员劳动生产率提升。三是第三产业要积极培育和发展高附加值的生产性服务业，重点发展科创服务、信息服务、节能环保、现代物流、健康服务等现代服务业，形成高端服务业产业群，提高第三产业全员劳动生产率。

（四）发挥市场机制作用，提高要素配置效率

提高资源配置效应，消除劳动力、资本、土地及资源等要素流动中的制度性障碍，提高丹尼森效应和鲍默效应，从而提高全员劳动生产率。一是加快土地使用权流转，健全和改革农村金融制度、财税制度、教育制度、培训制度和社会保障制度，使低生产率部门的剩余劳动力更顺利地向高生产率部门转移，实现劳动力资源的有效配置。二是提高投资效率，防止对低效率生产的过度投资，切实把投资着力点放到调整和优化结构上来。三是加大淘汰过剩产能力度，实现资本、资源合理有效利用，从整体上提升河南全员劳动生产率。

参考文献

高帆：《中国劳动生产率的增长及其因素分解》，《经济理论与经济管理》2007 年第 4 期。

杨少浪、李华：《广东全员劳动生产率国内外比较分析》，《广东经济》2018 年第 1 期。

茹少峰、魏博阳、刘家旗：《以效率变革为核心的我国经济高质量发展的实现路径》，《陕西师范大学学报（哲学社会科学版)》2018 年第 3 期。

刘兮、王晓：《安徽省全员劳动生产率发展情况及其因素分析》，《合肥师范学院学报》2018 年第 4 期。

B.23
全面打造内陆开放高地 推动全省外贸高质量发展

付喜明 郭 谦*

摘 要： 本文对外贸高质量发展的内涵和定义进行界定，分析推动外贸高质量发展的必要性，并从价值链、贸易方式等方面剖析了制约全省外贸高质量发展的突出问题。进而从增强开放意识、坚持开放带动主战略、加大招商选资力度、释放亮点红利、全方位打造内陆开放高地等方面提出推动全省外贸高质量发展的对策建议。

关键词： 河南 对外贸易 高质量发展

党的十九大报告指出，我国经济已由高速增长阶段转向高质量发展阶段。随着全省开放型经济的不断发展，河南对外贸易无论从规模上还是结构上，都取得了长足的进步。2009 年，全省外贸进出口值不足 1000 亿元，2011 年随着富士康公司正式在新郑综合保税区投产，全省外贸规模迅速扩大，2017 年已经超过 5000 亿元，进出口值居中西部第 1 位，全国第 10 位。如果单从规模来看，全省已经进入全国对外贸易大省之列，但应清醒地看到，全省外贸规模仍是"大而不强"。特别是自 2018 年以来，国际政治经济形势发生了深刻而复杂的变化。全省外贸行业一方面承受着原材料成本和劳动力成本上升的压力，另一方面面临着国际国内市场的双重竞争压力，国内经营成本不断上升。外向型经济转向高质量发展的必要性日益凸显。

---

* 付喜明，郑州海关统计分析处主任科员；郭谦，郑州海关综合统计处主任科员。

一　全力推动河南省外向型经济高质量发展的必要性

（一）推动外向型经济高质量发展是适应社会主要矛盾变化的必然要求

党的十九大报告强调，中国特色社会主义进入新时代，我国社会主要矛盾已经转化为人民日益增长的美好生活需要和不平衡不充分的发展之间的矛盾。全省外向型经济发展也存在不平衡不充分的问题，从地区来看，郑州市进出口总值占全省进出口总值的七成以上，其他地市外向型经济发展不够充分；从产业和企业来看，手机出口值占全省出口总值的九成以上，而其他产业相对发展较为缓慢，富士康进出口值占全省进出口总值的六成以上，广大企业开展进出口业务的潜力有待挖掘。这种不平衡不充分的发展就是发展质量不高的直接表现。要更好地满足人民日益增长的美好生活需求，必须推动外向型经济高质量发展，既要重视量的增长，更要解决质的问题，在质的提升的基础上实现量的有效增长。

（二）推动外向型经济高质量发展是遵循经济发展客观规律的必由之路

近年来，随着全省人口、资源、环境、政策红利的集中释放，外向型经济发展走上发展"快车道"，2018 年进出口总值已居中部第 1 位。但随着经济体量的不断提升，人口红利开始减少，发展劳动密集型产业的优势逐渐减弱，与此同时，资源环境承载力面临的压力日趋增加，优惠政策的边际效益大不如前，外贸总值的增长速度已由 2010 年的 31.6% 放缓至 2018 年的 5.3%，此时一味追求量的增加和规模的扩大将带来供给过剩、环境污染等更多难以解决的后遗症。当前，我国经济发展的客观规律要求，发展目标由高速发展向高质量发展转变，发展动力从要素驱动、投资驱动向创新驱动转变，只有这样才能实现全省外向型经济的可持续发展。

（三）推动外向型经济高质量发展是迎接全球经济变化挑战的必然选择

得益于经济全球化的趋势，全省参与全球经济的程度不断提升，给全省经济发展带来诸多利好。但不同国家在经济全球化过程获得的利益并不均衡，由此带来的逆全球化趋势、贸易保护主义给全球经济发展带来重大挑战，尤其是近期的中美贸易摩擦愈演愈烈，美国已对中国 2500 亿美元商品加征关税，中国予以反制对美国逾 1000 亿美元商品加征关税，美国作为全省第一大贸易市场，2018 年前 3 季度对美进出口总值占到全省进出口总值的 22.7%，中美贸易摩擦给全省外向型经济发展增添了较大不确定性。必须选择走高质量发展之路，坚持全面开放，坚持主动扩大进口，实现从"大进大出"向"优进优出"转变，才能更好地抵御风险，使全省外向型经济在新一轮的全球经济变化中傲立潮头。

二　当前制约全省外贸高质量发展的突出问题

（一）加工贸易仍处于价值链低端，一般贸易发展模式较为粗放

整体来看，一是全省加工贸易产业仍集中在劳动密集的加工组装环节，处于价值链的较低端，而产品中的资本或技术含量高的料件主要依赖进口，产业利润微薄。二是外商投资企业占全省加工贸易进出口总值的九成以上，核心技术掌握在外商手中，技术外溢效果未能有效发挥。三是近年来全省一般贸易占比有较大提升，但大部分一般贸易企业以订单贸易、贴牌生产方式为主，走的是低成本、低价格竞争路线，出口产品除手机外，铝材、纺织服装等劳动密集型产品占比较高，这导致全省一般贸易出口在面临贸易摩擦时存在较大风险和隐患。

（二）外贸进出口过度依赖郑州市，外贸发展不平衡的问题较为突出

与我国经济发展整体格局一样，沿海省份内部的区域经济和外贸发展也普遍呈现两极分化态势。例如，广东珠三角核心 6 市外贸发展明显好于其他地区，浙东地区明显好于浙西，山东东部地区也好于其西部地区。但是相比较而言，河南各地区外贸发展分化情况更为明显。2018 年，郑州市进出口占全省进出口的 74.5%，排名第二、第三位的南阳、焦作分别仅占 3% 左右。除郑州市以外，省内其他地市在政策、成本上和其他中部城市并无比较优势，在完善

产业链配套方面仍需加强，对产业转移的承接和优化有待进一步提高，地区外贸总量小，还未形成良好的梯度结构。

（三）河南省对富士康依赖程度较高，外贸支柱多元化格局尚未形成，抵御外贸波动风险的能力较弱

自2011年下半年富士康苹果手机项目进驻河南以来，全省外贸进出口突飞猛进。富士康占全省外贸进出口的比重从2011年的28.7%一直攀升至最高峰2015年的67.5%，2016年小幅回落至67.2%，2018年进一步回落至60.4%，与此同时富士康项目对全省外贸的贡献率却出现大幅缩减，2011年其贡献率为66.7%，最高点的2015年达到115%，2016年下滑至56.6%，2017年进一步下滑至38.1%。富士康所占比重较高，全省外贸进出口对其依赖程度高，一旦富士康进出口出现波动对全省外贸影响显著。目前，富士康项目对外贸贡献率逐年缩小，全省外贸支柱多元化格局尚未形成，抵御外贸波动风险的能力较弱。

（四）航空港、铁路口岸等辐射带动力强，但河南企业参与度较低，平均规模和贡献率较小

在全省外贸发展的五大板块中，以机场综保区为代表的航空港和以铁路东站办事处为代表的郑欧班列铁路口岸辐射带动能力较强。据海关统计，2017年这两项共辐射带动了全国30个省份的企业在河南航空港和铁路口岸报关进出口813.8亿元，同比增长24.3%，尽管较2016年63.8%的增速有所下滑，但仍然显著高于全省外贸总体增速。河南本省企业参与程度较低，2017年河南企业在航空港和铁路口岸报关进出口121.7亿元，占比仅为15%，省外企业利用率高达85%。大量省外企业利用河南航空口岸和铁路口岸的鼓励措施和优惠政策通关，虽然繁荣了全省的口岸经济，但进出口数据却没有留在本地。全省有1693家企业参与报关的进出口平均规模仅为719万元。经测算，河南企业进出口对航空港和铁路口岸的贡献率为24.9%。在河南打造内陆开放高地、从贸易大省向贸易强省的跨越进程中，在利用航空港和铁路口岸方面，本省企业存在参与度较低、平均规模和贡献率较小。航空港和铁路口岸对全省外贸的推动作用还有待进一步加强。

三　推动全省外贸高质量发展的政策建议

（一）增强开放意识，持续坚持开放带动主战略

自改革开放以来，河南历届省委、省政府都把推进对外开放作为重要命题来抓。2003年8月，第四次全省对外开放工作会提出，把开放带动作为加快河南经济社会发展的主战略，统领全省经济社会发展。开放带动主战略的实施取得显著成效，2017年实现外贸进出口总值5232.8亿元，是2009年918.8亿元的5.7倍，年均增长24.3%。对外开放特别是全面融入"一带一路"建设已经成为河南最亮丽的名片，河南因开放而崛起振兴。

当前，国家着力推进新一轮扩大开放，以"一带一路"建设为重点，积极推动形成陆海内外联动、东西双向互济的开放格局。扩大全省对外开放是落实中央战略部署的重要体现，是破解全省经济社会发展不平衡不充分难题、实现经济高质量发展的必然选择，是新时代中原更加出彩的关键一招，全省必须以扩大开放赢得更大主动。因此，面对新时代河南应该进一步增强开放意识，深入学习习近平总书记对外开放重要思想，更加自觉、更加坚定地贯彻落实习近平总书记对外开放重要思想，坚持以开放带动主战略，以开放引领全省经济社会各领域发展。

（二）进一步释放亮点红利，全方位打造内陆开放高地

党的十九大报告指出，要推动形成全面开放新格局。拓展对外贸易，培育贸易新业态新模式，推进贸易强国建设。全省要坚定不移推进对外开放，全方位打造内陆开放高地，推进贸易强省建设。一是完善体制机制，加强对对外开放工作的组织领导。要推动好全省外贸高质量发展，应该进一步完善对外开放工作的体制机制，充分发挥全省对外开放工作领导小组的实际作用，及时研究解决对外开放工作中的问题、困难，特别是要继承和发扬全省在引进富士康项目、推进航空港经济综合实验区建设过程中的优良作风，切实将对外开放工作抓紧抓实抓出成效；应完善对外开放工作的考核、评价、激励机制，认真落实对外开放工作"党政一把手"工程，把发展开放型经

济纳入党委、政府及有关部门的责任目标。二是以"一带一路"建设为重点，不断深化与沿线国家的贸易联系。体现全省承东启西的战略功能，充分发挥现有整车、肉类等口岸的功能作用，提升全省外贸竞争优势。从地区上看，全省与沿线国家贸易主要集中在东南亚及西亚北非地区。以2017年为例，对东南亚11国和西亚北非16国外贸总值达到688亿元，占比为71%。对这些国家的贸易主要依托海运方式进行。而对蒙俄中亚7国、中东欧16国、独联体6国的贸易体量相对较小，总值为149.2亿元，占比仅为15.5%，主要依托铁路运输方式进行。三是加快航空港与铁路、公路、海运等多式联运紧密衔接。引进相关物流龙头企业，加大对多式联运相互衔接的方案设计和政策研究，满足外贸企业对多式联运的实际需求，提供多式联运的"一站式服务"，实现海运、陆运、空运的无缝对接，打通"最后一公里"。四是挖掘航空港聚集效应的潜力。以将郑州机场打造成为国际货运枢纽为目标，加快改善新郑机场的硬件和软件环境，进一步增加机场国际航班的密度，降低单位客货运成本，开通更多的直达航线，增强对国内外知名企业落户河南的吸引力，挖掘航空港聚集效应的潜力，发挥内陆地区"空中丝绸之路"的效用。

（三）进一步加大招商选资力度，形成多支柱体系，增强抵御风险的能力

向国内外宣传河南对项目落地的扶持政策，加大招商选资工作力度。一是落实国家各项优惠政策，面向国内500强企业和国家各部委定期推介河南招商选资的各项工作，吸引国家重大项目建设落户河南。二是发挥全省引进富士康项目的品牌效应，面向世界500强，吸引更多的外商投资企业进驻河南。三是提升海关特殊监管区域的龙头作用。想方设法吸引更多保税仓储、物流等类型企业进入特殊监管区域开展进出口业务，围绕当省内产业链条缺失和薄弱环节进行"补链"，避免由于企业集中度过高而导致外贸增长出现大幅波动。四是发挥全省的区位优势，承接产业转移。对自贸区等可复制可推广的措施，在全省自贸区范围内开展相关的复制推广和简政放权工作，鼓励沿海企业向河南转移，推动全省进出口企业转型升级，尽快形成多支柱的贸易体系，增强抵御风险的能力。

（四）提升富士康融入河南的水平和层次，促进其更多的产品项目和研发基地落户河南

富士康业务是全省外贸的支柱龙头项目，自2011年正式投产以来，占全省外贸进出口的比重一直维持在60%以上，而且将在未来相当长的一段时期内继续支撑全省整个对外贸易发展，因此进一步加大双方合作的广度和深度也是河南省外向型经济发展的优势之一。一是继续巩固苹果手机制造的份额。在富士康接单的苹果手机制造总体份额中，提高在河南的分配比例。二是研究对富士康承接苹果公司手机之外其他产品在河南落户的可能性，争取苹果手表、苹果电脑等产品落户河南的机会。三是推动富士康代工的国内其他品牌手机落户河南的工作，尽快在河南形成手机加工制造的产业集群，发挥集群的规模效应，形成国内手机制造的首选基地。四是加快推动富士康研发项目落户，增加产业链高附加值环节在河南布局的力度，让富士康更加深入地融入全省开放型经济体系中，形成不分彼此、互利共赢的长期成长格局。

（五）促进更多本省企业利用好开放平台，推动外贸综合服务企业试点工作

加大开放平台红利对全省企业的释放，让全省更多的企业利用好开放平台。目前，在航空港、郑欧班列的铁路口岸享受国家，特别是河南省给予的外贸发展红利有85%是省外企业，在开放平台已经逐步做大做强、品牌效应、聚集能力日益提升的基础上，要鼓励本省外贸企业更多地参与其中，把全省对外开放释放的红利更多留给省内企业，有利于全省企业逐步发展壮大，尽快形成更多的外贸龙头骨干企业；切实推动外贸综合服务企业试点工作，加快外贸综合服务企业的认定工作。坚持培育本土企业和引进省外企业相结合，打造一批服务功能完善、辐射带动能力强的外贸综合服务企业，为外贸企业特别是中小企业提供专业集成服务，帮助企业降低贸易成本、开拓国际市场，助推全省外贸稳增长和调结构。

（六）积极调整战略布局，主动实施扩大进口战略

一是依托"一带一路"，积极拓展美国之外的市场。中美贸易摩擦具有

长期性、复杂性，而美国又是全省第一大贸易伙伴。全省要以"一带一路"为重点，加大对新兴市场的开拓力度，拓展新的贸易增长点，也可以有效分散中美贸易摩擦可能给全省带来的风险。二是主动实施扩大进口战略。扩大进口对推进全省产业结构优化升级和满足人民对美好生活的需要具有重要意义。

B.24
河南省金融支持实体经济情况研究

崔凯 徐红芬*

摘　要： 服务实体经济是金融工作的三大任务之首，增强金融服务实体经济能力和水平，对打赢三大攻坚战进而全面建成小康社会意义重大。近年来，河南省金融支持实体经济取得了一定成效，但金融领域仍存在宏观杠杆率偏低，国有企业、高耗能行业占有信贷资源较多，基础设施领域、融资平台集聚大量贷款，政府的隐性债务风险增加，优质企业数量少、直接融资偏少等一系列问题，河南亟待增强金融自身发展能力，不断改善融资环境，优化企业融资结构，提升金融服务实体经济发展的质量和效益。

关键词： 河南　金融　融资总量　服务实体经济

习近平总书记强调，实体经济是金融的根基，金融是实体经济的血脉，为实体经济服务是金融的天职，是金融的宗旨，也是防范金融风险的根本举措。党的十九大报告明确提出要增强金融服务实体经济能力；在2017年7月召开的全国金融工作会议上将服务实体经济列为金融工作的三大任务之首，增强金融服务实体经济能力和水平，对全面建成小康社会、打赢三大攻坚战举足轻重。

一　河南金融支持实体经济现状及成效

近年来，在人民银行郑州中心支行同其他相关部门的金融政策支持和引导

---

* 崔凯，高级经济师，中国人民银行郑州中心支行调查统计处副处长；徐红芬，高级经济师，中国人民银行郑州中心支行货币信贷管理处副处长。

下，河南融资总量不断扩大，融资结构持续改善，融资成本趋于下行，金融支持实体经济取得了一定成效。

（一）金融总量变化情况

2013 年以来，河南省金融业发展进入快速通道，社会融资规模每年增量不低于 5600 亿元，高的年份（2017 年）甚至达到 8000 多亿元；本外币贷款以每年 15% 左右的速度增长，贷款余额与 GDP 的比值也逐年提高，由 2013 年末的 73.0% 上升至 2017 年的 95.5%；金融业增加值在 2016 年以前保持了较快增长，占 GDP 比重由 2013 年的 4.0% 上升至 2018 年前三季度的 5.8%，对经济增长的贡献持续加大（见表 1）。

表 1 2013 年以来河南省主要金融总量指标变化情况

单位：亿元，%

时间	社会融资规模增量	本外币贷款			金融业增加值		
		余额	同比增速	余额/GDP	绝对额	同比增速	占GDP比重
2013 年末	5691.1	23511.4	15.8	73.0	1280.9	24.5	4.0
2014 年末	6828.1	27583.4	17.3	78.9	1509.2	15.6	4.3
2015 年末	5755.8	31798.6	15.3	85.3	1991.1	27.5	5.3
2016 年末	6823.6	37139.6	16.8	91.8	2256.6	12.7	5.6
2017 年末	8078.2	42546.8	14.6	95.5	2530.3	7.4	5.6
2018 年 9 月末	5943.1	47702.4	14.1	134.2	2058.2	4.4	5.8

数据来源：人民银行郑州中心支行，河南省统计局。

与发达省份和中部六省相比，河南省贷款总量与发达省份的差距仍较大，在中部六省稳居首位。从本外币贷款余额与 GDP 的比值看，河南省处于相对较低水平，2017 年仅为 95.5%，与山东省接近，但比全国及广东、江苏、浙江省的比值分别低 56.4 个、45.0 个、25.6 个、78.8 个百分点，也低于中部湖北、安徽省的比重，这意味着河南省单位 GDP 产出所需的信贷资源要少于其他省份，也表明河南省贷款增长对 GDP 产出的拉动作用空间较大（见表 2）。

表2　2017 年与 2018 年 9 月河南省贷款产出效率的省际比较

单位：亿元，%

省份	2017 年末			2018 年 9 月末		
	GDP	本外币贷款余额	本外币贷款/GDP	GDP	本外币贷款余额	本外币贷款/GDP
全国	827121.7	1256073.7	151.9	650899.0	1388998.4	213.4
广东	89705.2	126031.9	140.5	70635.2	142033.1	201.1
江苏	85869.8	104007.3	121.1	67039.3	115471.1	172.2
山东	72634.1	70873.9	97.6	59607.5	76956.8	129.1
浙江	51768.3	90233.3	174.3	39796.0	102427.6	257.4
河南	44552.8	42546.8	95.5	35537.4	47702.4	134.2
湖北	35478.1	39483.6	111.3	27634.4	44833.5	162.2
湖南	33903.0	31850.0	93.9	25321.6	35783.0	141.3
安徽	27018.0	35162.0	130.1	21632.9	38881.5	179.7

数据来源：根据 Wind 数据库数据加工计算所得。

（二）融资总体结构变化情况

随着供给侧结构性改革加快推进，金融领域去杠杆力度加大，加之有关理财、资产管理等一系列金融业务规范准则和政策的实施，金融机构表外融资大幅收缩，向表内融资转化增多，实体经济融资结构出现明显变化。银行贷款一直是实体经济融资的主要渠道，河南省本外币贷款占社会融资规模增量的比重保持在 55% 以上，而且上升态势明显，2018 年前三季度攀升至 83.9%，较 2013 年上升 28.5 个百分点，高于全国 1.9 个百分点。表外融资在 2013 年和 2014 年发展较快，后有所放缓，尤其是 2018 年收缩幅度较大，前三季度下降 348.8 亿元，同比减少 998.6 亿元。直接融资发展相对滞后，企业直接融资占全省社会融资规模增量的比重由 2013 年的 16.6% 下降至 2018 年前三季度的 1.8%，低于全国占比 10.5 个百分点。这两年债券市场违约风险上升，低评级企业发债难度增加，企业发债量下降较多。

（三）信贷结构变化情况

1. 住户贷款增速明显高于非金融企业，占比稳步提升

近年来，在我国扩大内需政策作用和房价上涨刺激效应下，居民消费需求

特别是住房贷款需求显著增加，推动住户部门贷款保持较快增长，增速持续高于非金融企业贷款，但在房地产调控不断升级背景下，这两年住户贷款增速呈现回落态势。截至 2018 年 9 月末，河南省住户贷款余额 17445.5 亿元，同比增长 18%，较上年同期回落 6.1 个百分点，比各项贷款和非金融企业贷款增速分别高 4.2 个和 6.5 个百分点，住户贷款余额占各项贷款的比重为 37.4%，较 2013 年末提高 8.2 个百分点，比非金融企业贷款占比低 25.2 个百分点。

2. 小微企业贷款增长较快，占比持续上升

近年来，国家和各级政府高度关注小微企业融资难、融资贵问题，特别是 2018 年国务院多次召开会议部署缓解小微企业融资难题，人民银行等五部委出台了《关于进一步深化小微企业金融服务的意见》，各地进一步深化有关政策举措及实施细则，取得了一定成效。河南省小微企业贷款持续较快增长，自 2014 年以来年均增速达到 18.7%，高于各项贷款增速 1.4 个百分点，截至 2018 年 9 月末，小微企业贷款余额（不含票据贴现）为 9433 亿元，占全部企业贷款余额的 35.6%，较 2013 年末提高 4 个百分点。大型企业贷款在 2013 年和 2014 年增长相对较慢，后在国企改革加快推进、基础设施投资及 PPP 项目快速增长的带动下，这几年贷款增长较快，占比也相对稳定。中型企业贷款近年来增长乏力，占比呈现持续下滑态势。截至 2018 年 9 月末，大型、中型企业贷款余额占全部企业贷款余额的比重分别为 35.7%、28.7%，较 2013 年末分别回落 0.1 个和 4.0 个百分点。

3. 第三与第二产业贷款份额呈现"一升一降"态势

随着第三产业的快速发展，河南省第三产业贷款增势较好，自 2014 年下半年以来持续高于全部贷款增速，截至 2018 年 9 月末，第三产业贷款同比增长 15%，高出全部行业贷款（含个人贷款，不含票据贴现，下同）增速 2.2 个百分点。受去产能、环保治理等因素影响，第二产业贷款增速呈现波动回落态势，尤其是 2018 年下滑态势明显，至 9 月末降至 0.5%，为近年来的最低水平，比全部行业贷款增速低 12.3 个百分点。由此，三次产业贷款结构也发生了较大变化，贷款余额占比由 2013 年末的 3.9∶32.1∶34.0（个人贷款及透支占比 30.0%）调整为 2018 年 9 月末的 2.5∶19.7∶39.2（个人贷款及透支占比 38.6%），其中第三产业贷款占比上升 5.2 个百分点，第一和第二产业贷款占比分别下降 1.4 个和 12.4 个百分点（个人贷款及透支占比上升 8.6 个百分

点)。2018 年前三季度,第一、第二、第三产业新增贷款占比分别为 1.7%、6.5% 和 43.7%。

(四)融资定价变化情况

随着利率市场化的加快推进,贷款利率上限逐步放开,金融机构贷款定价能力不断增强,定价行为更加透明,贷款利率整体呈现下行态势。人民银行存贷款综合抽样统计显示,存量贷款加权平均利率逐步由 2014 年 7% 以上的水平回落至 2018 年 9 月末的 5.48%,较 2014 年 9 月末的高位(7.29%)下降了 1.81 个百分点。在多种利率政策工具引导作用下,金融机构积极让利支持企业发展,企业贷款利率出现较大回落,特别是在支持小微企业金融服务一系列政策措施作用下,小微企业贷款利率下降幅度最为明显。截至 2018 年 9 月末,全省大、中、小微企业贷款余额加权平均利率分别为 4.97%、5.88%、6.29%,较 2013 年末水平分别回落 1.29 个、1.25 个、2.16 个百分点。

二 河南金融支持实体经济存在的问题与不足

(一)河南宏观杠杆率偏低,与 GDP 排名不相匹配

近几年,河南省宏观杠杆率持续小幅上升,2018 年上半年达到 137.3%,比 2017 年和 2016 年分别上升 2.5 个和 6 个百分点,但比全国水平低 111.5 个百分点,在全国排名第 31 位,与 GDP 总量在全国排名第 5 位的位次不相匹配。宏观杠杆率偏低与河南省是农业大省、原材料大省、人口大省的省情有很大关系,由于工业经济不够发达,产业转型升级步伐缓慢,传统产业、高耗能、过剩产业占比高,而战略性新兴产业、高技术产业占比低,省内企业数量众多但实力不强,融资相对于其他发达省份要困难得多;居民整体收入水平不高,消费能力有限,加之近年来房价上涨较快,大量的城乡居民尤其是农村居民无力购房,对个人贷款尤其是消费贷款的需求有限,这是造成企业和住户部门杠杆率以及宏观杠杆率远低于全国水平的主要原因。

（二）国有企业、高耗能行业占有的信贷资源较多，制约工业贷款增长

目前国有企业债务水平普遍偏高，而负债率过高会加重企业财务负担和偿债成本，侵蚀企业利润。数据显示，2018 年上半年，河南省国有工业企业利息支出占三项费用的比重高达 37.4%，分别高出规模以上工业企业和非公有制工业企业占比 18.4 个和 23.4 个百分点；同期国有工业企业资产利润率仅0.8%，分别低于规模以上工业企业和非公有制工业企业 3.0 个和 4.1 个百分点。国有企业大部分债务来自金融机构，当企业债务增长到一定规模导致营业利润无法覆盖利息时，通常靠借新还旧的方式来延续债务，贷款占比处于较高水平。截至 2018 年 9 月末，全省国有控股企业贷款余额占全部企业贷款余额的 53.9%，同比增加 2.9 个百分点；前三季度贷款新增 1462.1 亿元，占全部企业贷款增量的 61.6%。负债率高的国有企业往往也是传统产业、高耗能行业、产能过剩企业，由于占用了大量的信贷资源，造成信贷资金利用效率低下，同时受去产能、环保治理等因素影响，贷款新增难度也较大。截至 2018年 9 月末，全省高耗能行业中长期贷款余额占工业中长期贷款余额的比重为 70.6%，较 2015~2017 年末分别下降 7.7 个、5.7 个和 1.7 个百分点。高耗能行业企业贷款持续收缩，造成工业贷款增长较为乏力，截至 2018 年 9 月末，全省高耗能行业和工业中长期贷款同比分别下降 8.8% 和 6.2%；工业中长期贷款余额占全部工业贷款的三成，造成工业贷款余额同比下降 1.2%。

（三）基础设施领域、平台类公司集聚了大量贷款，政府隐性债务风险需高度关注

基础设施建设项目大多由地方政府主导，由平台类公司、国有企业参与承建，在获取银行贷款、信托资金、发行债券等方面具有很大的优势，导致信贷资金向该领域过度集中。2014~2017 年，河南省基础设施行业、租赁和商务服务业（主要是政府融资平台公司）新增贷款合计占全部行业贷款增量的比重持续升高，分别为 24.1%、27.6%、34.1% 和 41.9%。2018 年以来，随着地方政府融资举债、政府购买服务管理趋严，政府背景的企业和项目贷款增长出现较大回落。截至 2018 年 9 月末，租赁和商务服务业贷款增速下滑至

25.6%，基础设施行业贷款增速下滑至12.2%，较上年同期分别回落48.3个和11.4个百分点。融资平台是地方政府隐性债务的主体，占地方政府隐性债务的50%左右，另有40%在PPP项目。融资平台举债资金主要投向基建、棚改、PPP等项目，收入来源主要是土地出让收入和政府补贴，自身盈利能力有限，偿债资金主要靠银行贷款或发行债券来借新还旧。在市场风险偏好下降情况下，使得融资平台贷款和发债难度加大，一旦续贷或发债难以接续，不排除部分融资平台会产生债务偿付危机。

（四）优质企业数量少、企业竞争力不强，直接融资相对落后

河南省企业总体数量虽多，但小微、民营企业占比高达九成以上，企业实力偏弱、竞争力不强。在2017年中国500强企业中，河南仅有9家企业入围，与广东（51家）、山东（46家）、浙江（43家）等发达省份相比明显偏少，与安徽（14家）、湖北（11家）等中部省份相比数量也较少。近两年随着市场资金面收紧、债券违约风险上升，企业发债融资难度明显加大。2018年6月末，河南企业债券融资占其融资总额的比重仅为9.2%，较2017年和2016年分别下降了0.2个和0.6个百分点，比全国水平低4.5个百分点。2018年前三季度，河南企业债券净融资仅73.2亿元，仅占社会融资规模增量的1.2%，比全国占比低9.1个百分点；企业境内股票融资仅有30.8亿元，仅占社会融资规模增量的0.5%，比全国占比低1.5个百分点。由于直接融资比较落后，债权融资占比偏低，企业融资主要依赖债务融资，这是造成河南省企业融资难的重要原因之一。

三 推进金融支持实体经济发展的对策建议

（一）盘活传统行业存量贷款，激发企业和市场活力

一是加快"僵尸企业"退出，将金融资源从低效率领域中腾挪出来，投向先进制造业、战略性新兴产业、企业技术改造等高效率领域，增强企业和市场活力。二是积极推进企业债转股。通过市场化、法制化的手段，对符合产业转型方向、发展前景良好、暂时出现经营困难的大中型企业实施债转股，通过

兼并重组、盘活存量、调整债务结构等方式降低企业杠杆率。三是加快国有企业混合所有制改革步伐。以管资本为主线，以保护产权为核心，优化国有资本布局，加快推进地方国有企业混合所有制改革步伐，积极引入各类社会资本、民营资本，完善国有企业公司治理结构，提高国有资本资源配置效率，降低国有企业资产负债率。

（二）用好增量金融资产，加强对重点领域和薄弱环节的支持

一是加强对国家重大发展战略、重大改革举措、重大工程建设的金融支持，加强对创新驱动发展和新旧动能转化的资金支持。二是大力发展普惠金融，提升薄弱环节金融服务水平。引导金融资源向小微企业、"三农"、精准扶贫、异地搬迁扶贫等薄弱领域倾斜，提升金融服务覆盖面、可得性和便利性。三是加强政策协调联动，引导政府各类产业基金与开发性金融、政策性金融、商业金融加强合作，形成合力，为重点领域项目提供综合性金融服务。

（三）持续优化融资环境，改进中小微企业金融服务水平

一是借鉴金融扶贫"卢氏模式"经验，建立小微企业信贷风险分担和补偿机制。在省级层面成立小微企业贷款担保公司，省市县三级财政分别出资设立小微企业信贷风险补偿基金，对小微企业贷款的损失，由三级风险补偿基金、担保公司、商业银行等按比例进行分担。二是进一步健全社会信用体系建设，优化信用环境。积极发挥大数据技术，借助社会信用信息对中小微企业"精确画像"，对讲诚信、重品质、有社会责任感的中小微企业进行正向激励，给予一定贷款优惠政策。三是建立联合惩戒机制。依法依规查处企业和金融机构弄虚作假、骗贷骗补等违法违规行为；对恶意逃废银行债务的企业法人和高管，可联合法院等相关部门进行联合惩戒；严厉打击金融欺诈、恶意逃废债、非法集资等非法金融活动，营造良好的金融生态环境。

（四）大力发展多层次的资本市场，提高直接融资比重

一是大力发展股权融资。落实好各层次资本市场的差异化定位，形成不同市场与不同企业以及企业不同发展阶段在股权融资上更好的匹配关系。不断规范发展场外股权市场，通过场外市场为中小企业提供融资渠道。二是充分发挥

开发性金融连接政府与市场、有效整合各方面资源、引领商业性资金等独特作用，加大对重点领域和薄弱环节的支持力度，形成与商业性金融联动互补、差异化发展的格局。三是积极推进产融结合，创新"贷款 + PE"的投贷联动模式、"债权 + 股权"的选择权融资模式，多渠道满足新兴产业和企业的融资需求。

（五）积极防范化解风险，守住不发生系统性金融风险底线

一是金融机构作为金融风险的第一道防线，要坚持审慎合规经营，强化风险管理规制，动态排查风险隐患，把风险消灭在萌芽状态。二是强化宏观审慎管理和监管协调。完善宏观审慎管理逆周期、跨市场系统性金融风险的早期识别预警、事中监测控制和事后救助处置等机制。健全金融监管体系，进一步加强监管协调，守住不发生系统性金融风险底线。

B.25
河南省乡村振兴战略实施中的
投资情况调研报告

顾俊龙　郑颖龙[*]

摘　要： 实施乡村振兴战略，是党的十九大做出的重大决策部署。当前，河南省加快实施乡村振兴战略，各地涌现出一些行之有效的做法和经验，但也暴露出了短板和不足。笔者采取实地走访调研的形式，以乡村振兴战略实施中投资问题为主线，围绕实施乡村振兴战略的"二十字"方针进行研究。本文经过研究认为，当前全省乡村振兴战略投资成效凸显，但是仍然存在人、财、地等方面的制约，并提出了有针对性的政策建议。

关键词： 河南　乡村振兴战略　三产融合　资本下乡

乡村振兴战略是党的十九大提出的坚持农业农村优先发展的新战略，是全面建成小康社会、解决人民日益增长的对美好生活的需要与不平衡不充分发展之间矛盾的必然要求。河南省是传统农业大省，农村人口多，农业基础薄弱，实施乡村振兴战略是河南向现代农业强省迈进、破解城乡发展不平衡、农村发展不充分难题的"金钥匙"。党的十九大以来，河南按照"产业兴旺，生态宜居，乡风文明，治理有效，生活富裕"的总要求，政府引导，政策发力，群众大胆实践，各方积极探索，乡村振兴战略加快推进。为深入了解乡村振兴战略

---

[*] 顾俊龙，博士，河南省统计局固定资产投资处处长；郑颖龙，硕士，河南省统计局固定资产投资处。

政策实施情况，特别是农村地区基础设施建设、产业发展、民生补短板等领域的项目投资现状及存在的问题，河南省统计局组织相关市、县统计局在商丘、许昌、驻马店、信阳、三门峡、长垣县等地区开展专题调研。调研发现，各地区乡村振兴战略扎实推进，投资成效凸显，但仍存在一些制约因素。

一 乡村振兴战略投资成效凸显

当前，河南乡村振兴战略加快实施，政策利好持续释放，产业扶贫、交通扶贫等扶贫措施力度大，三农领域成为投资热点。2018 年前三季度，全省涉农投资同比增长 19.9%，高于全部投资增速 11.6 个百分点，拉动投资增长 1.4 个百分点，对投资增长的贡献率为 17.2%。

（一）产业先行，因地制宜发展乡村经济

产业兴旺是实施乡村振兴战略的关键，也是实现脱贫攻坚的根本保障。当前农村领域正在经历一场变革，资本下乡促进农业经营日渐规模化，合作经济蓬勃发展，农业生产效率不断提升，富余劳动力从事乡村旅游等产业，也为三产融合提供了契机。

1. 以农业专业合作社为载体发展现代农业

传统农业分散经营，不利于集中资源发挥规模效应。农业专业合作社加快了土地流转，是促进农业适度规模经营的重要形式，也是实施乡村振兴战略和脱贫攻坚的重要载体，实现了小农户和现代农业的有机衔接，在各地得到了快速发展。如长垣县以农民合作社为龙头，带动产业发展，目前已注册农民专业合作社 714 家，其中国家级 8 家、省级 9 家，市、县级 85 家。合作社经济蓬勃发展，以豫长合作社、谷稻香农业、华太合作社、绿业合作社、融禾汇合作社为代表的良种繁育及优质粮食作物生产基地产销两旺；以鸿志农业、惠民蔬菜等为代表的蔬菜生产基地声名远扬，全年种植面积 14 万亩（复种）；以宏力、四季青、新行、心怡、金丰、恒瑞、众和、江河等农业公司和合作社为代表的瓜果生产势头正旺，种植面积达到 6.6 万亩（含复种）；以荣善公司、蒲田食用菌公司等为代表的食用菌生产稳步发展。平舆县鑫芳生态农业在李屯镇投资 4300 万元，建设"国家级现代农业产业化示范园区"，从事高效生态农

业种植，公司已流转土地 2000 亩，打造集优势农产品生产、销售、加工、储运为一体的新型现代农业产业化龙头企业。平舆县十字路乡李芳庄合作社投资3200 万元，通过流转、托管、合作的形式集中经营土地 1800 亩，有 432 家农户加入了合作社，促进了农业增产增效；该合作社产业带贫 723 户，金融带贫196 户，为脱贫攻坚提供了产业支撑。

2. 充分挖掘乡土文化资源发展乡村旅游

乡村旅游将农村的绿水青山变成村民的金山银山，在保护乡村自然人文景观的同时拓宽群众致富增收的路径，是农村产业发展的重要突破口。河南省充分发挥乡村旅游资源丰富的优势，于 2018 年认定了一大批乡村旅游特色村，在政府的引导下各地乡村旅游步入了快车道。例如，洛阳市栾川县凭借山水优势，发展全域旅游带动群众致富，该县陶湾镇 2017 年以来先后引进项目 11个，总投资 31.1 亿元，建设协心乡村生态旅游度假村、红未央生态庄园、万花谷山地旅游度假区等项目。其中，陶湾镇南沟村现有农家宾馆 117 家，比2016 年增加近 3 倍，床位 1989 张，增长近 4 倍，农民人均纯收入大幅增加。

3. 促进第一、第二、第三产业深度融合培育发展新动能

推进第一、第二、第三产业深度融合，是构建现代农业产业体系、促进农民增收的必然选择。当前，实现产业融合的途径主要是促进种养加、产供销一体化发展，同时借助农业生态园等模式实现农业生产与采摘、观光等休闲农业"比翼齐飞"。例如，平舆县以"公司 + 合作社 + 农户""龙头企业 + 合作社 +基地 + 农户""公司（企业）+ 基地 + 农户"等模式发展农业产业化，建设蓝天芝麻小镇，以白芝麻规模种植带动乡村芝麻加工、乡村旅游，以金沙湾连片荷塘、果蔬种植带动乡村旅游，全县出现了以平舆康博汇鑫油脂有限公司为龙头的白芝麻加工业、以驻马店百缘面业有限公司为龙头的面粉加工业、以平舆县惠成皮革有限公司为龙头的皮革及制品加工业、以蓝天农业开发有限公司为龙头的休闲农业等产业融合新业态。新县围绕旅游产业，以乡村第一、第二、第三产业融合发展为抓手促进产业兴旺，推动乡村生活富裕，近年来实施乡村第一、第二、第三产业融合项目 11 个，通过对古村落修复，山林、水系贯通和改造，美丽乡村吸引了络绎不绝的游客。长垣县推进农业与旅游、教育、文化等产业深度融合，依托云寨花卉、苗源农林、亿隆农林、胜雪园区等生态观光农业项目，建设提升了一批融休闲观光、三产融合为一体的生态农业示范

园。其中，胜雪高新农业园区于 2016 年被国家农业部、国家旅游局命名为全国休闲农业与乡村旅游示范点，宏力采摘园于 2018 年被评定为三星级乡村旅游经营单位。

（二）补齐短板，逐步加强基础设施建设

农村基础设施建设存在较多历史欠账，制约了乡村发展，各地把基础设施建设作为实施乡村振兴战略的切入点，以完善基础设施来助力产业兴旺和民生事业发展。2018 年前三季度，全省涉农交通运输、仓储和邮政业等公用事业的投资同比增长 116.0%，其中道路运输业投资增长 153.9%，主要用于乡村公路升级改造、客运站等建设；教育投资增长 128.3%，主要用于小学改造提升；电力、热力、燃气及水生产和供应业投资同比增长 141.9%，主要用于光伏发电和燃气改造。

1. 升级改造乡村道路

柘城县按照"四好公路"的标准建设好、管理好、养护好、运营好农村公路，截至 2017 年末，已投资 3.81 亿元对全县 142 个贫困村道路进行硬化，2018 年又投资 1.31 亿元改造非贫困村道路，目前已完工 130 余公里；设立爱路护林岗位 1583 个，安置 1583 名建档立卡贫困户就业。平舆县利用国开行贷款 3.2 亿元，整合扶贫资金 3 亿元，重点解决 96 个贫困村的通行问题；利用社会资本 3.6 亿元，建设非贫困村通村公路 550 公里，项目涉及全县 19 个乡（镇、街道）；建成 18 个农村客运站、2 个县级客运站，所有乡（镇、街道）和行政村通班车。

2. 保障群众饮水安全

2017 年，柘城县投资 9766.13 万元实施农村饮水安全巩固提升工程，有 85.4 万人从中受益；2018 年投资 288.9 万元，用于资助贫困户安装自来水管道。

3. 大力实施厕所革命

新县全面开展厕所革命，累计拆除农村旱厕、猪圈等乱搭乱建建筑 4200 余间，新建旅游及农村卫生公厕 380 座，完成农户卫生改厕 9000 余户，被评为河南省"厕所革命"先进单位。

4. 改造农村电网

2016~2018 年，柘城县共投入各电压等级电网建设资金 67366.5 万元，实现

贫困村村村通动力电，服务产业扶贫；政府投资 2.23 亿元支持光伏电站建设，105 个光伏电站并网，年发电量 4000 万千瓦时；打通电力服务"最后一公里"，为 1337 机井通电，受益农田 6.69 万亩，每年为群众节约成本 400 余万元。

5. 推进垃圾污水处理设施建设

新县县财政按每村每年 4 万元的标准拨付环卫专项经费，全县聘请村级环卫工、保洁员 1319 人，建成垃圾中转站 29 个，配备垃圾池、垃圾桶 4658 个，大型垃圾运输车 34 辆，村级垃圾清运车 96 辆，实现村组保洁人员、环卫设施全覆盖。

（三）生态引领，不断推进美丽乡村建设

生态宜居是实现乡村振兴的应有之义，改善农村人居环境，要坚持点面结合，统筹推进。

1. 因村施策加强基础设施投入

新县因村施策开展美丽乡村建设，对群众居住集中，尚不够美丽乡村建设条件的村，开展改善农村人居环境示范村、达标村创建，完善基础设施配套和公共服务设施改造；对特色明显，基础设施和服务设施基本配套的村，结合全域旅游发展要求，按照重点村、示范村的标准，将其打造成景区、景点，发展乡村旅游，示范带动农村发展。充分注重对古村落自然人文资源的保护和利用，近五年共谋划项目 283 个，总投资 379.7 亿元，其中生态保护与生态修复类项目 58 个，总投资 34.7 亿元；建成人工湿地 21 个，整修生态大塘 600 余口，乡（镇、街道）实现了无动力污水处理设施全覆盖。

2. 因地制宜发展乡村旅游

栾川县陶湾镇修建景观水系 4 处，并对 200 余家旧民居进行白墙、青砖、黛瓦改造，美化特色民居。该镇突出健康养生及运动休闲元素，建成全长 10 公里、省内落差最大的大峡小镇漂流，旺季日均接待游客 5000 人；长 10.2 公里的山地越野自行车骑游道和总长 20 公里的伏牛山登山健身步道已建成投入使用；西沟村 5 公里长的滨河步道年初建成，唐家庄户外汽车营地正在试运营。通过生态环境建设，陶湾镇实现了春季有赏花节，夏季有采摘节，康养酒店、农家宾馆、民宿齐全，带动村民当地就业，返乡创业。

3. 依托资源发挥产业优势

鄢陵县依托鹤鸣湖、温泉、林海、花卉等资源优势，建设花都温泉、花溪温泉、金雨香草等"温泉疗养小镇"等26个健康养老产业项目，如建业生态新城养老示范基地项目、碧桂园十里花海旅游度假养生养老项目、花都颐挺健康养老项目、花溪科学养老中心项目、唐韵文化旅游养生养老示范项目等。

（四）积极探索，形成乡村振兴有力保障机制

河南省成立了省乡村振兴工作领导小组，由省委书记、省长任组长，省委副书记、分管农业副省长任副组长，39个省直及中央驻豫单位作为成员单位。根据《中共中央国务院关于实施乡村振兴战略的意见》精神，省委、省政府出台《关于推进乡村振兴战略的实施意见》，明确河南省推进乡村振兴战略的40项重点任务，规划了乡村振兴的宏伟蓝图；制定《河南省乡村振兴战略规划（2018～2022年）》。全省确定了20个乡村振兴示范县（市）、162个示范乡（镇），在每个乡（镇）确定一个示范村，先行先试，积累经验。

1. 以金融创新破解资金瓶颈

全省整合涉农资金，用足财政资金，用好金融资金，加大政府投入，撬动更多社会资金投入乡村振兴事业。2018年，全省支持乡村振兴财政资金总规模达1299.4亿元，利用金融资金806.23亿元，有力地支持了乡村振兴战略的实施。例如，卢氏县探索建设金融扶贫试验区，形成了以"证银联动、风险共担、多方参与、合作共赢"为基本思路，以金融服务体系、信用评价体系、风险防控体系、产业支撑体系"四个体系"为主要特点的金融扶贫"卢氏模式"，有效解决了金融扶贫政策落地难问题。截至2018年6月底，三门峡市累计发放扶贫小额贷款19.02亿元，建档立卡贫困户获贷率达到50%，31085户贫困群众通过金融扶贫政策支持实现稳定增收。

2. 以机制建设促进工作落实

新县创新政策机制，推动乡村振兴各项工作落实。加强环卫保洁网格化管理。制定环境卫生考核管理办法，将环卫经费、人员工资待遇与村庄环境卫生状况挂钩，实现了垃圾"扔进桶"向"分好类"转变。创新督查考评机制。全县实行月督查、季观摩、年终总考评，每月开展一次暗访督查，每季度召开一次片区观摩会，半年、年终分别召开全县观摩会。通过领导带队观摩、现场

点评打分、电视曝光问责等方式，促进各乡（镇）比学赶超，加快美丽乡村建设。创新参与机制。充分发挥能人带动作用，在西河、丁李湾等重点村建立农民合作社，鼓励农户以耕地、林地、房屋等生产要素入股，由合作社主导本村的美丽乡村建设。吴陈河镇夏湾村、千斤乡大杨湾村依靠村民理事会或村民自治组织，群众自筹自建，建成了宜居宜业的美丽乡村。

3. 以优质服务助力乡村振兴

长垣县创新政府服务机制，保障乡村振兴有关政策落实到位。加强项目建设跟踪服务。从项目洽谈、项目立项、项目落地、项目建设、项目投产等各个程序，进行全程跟踪服务，及时解决项目建设遇到的困难和问题。创新土地流转机制。在全省率先成立农村产权交易中心，建立健全了县、乡土地流转服务体系，及时提供政策咨询、信息发布、合同签订等服务，引导农民参与土地股份合作，鼓励土地向涉农企业、农民专业合作社和经济能人集中流转。创新农技服务机制。整合"新型职业农民培训""雨露计划"等培训资源，强化农业技术培训，每年培训各类人员达 10 万人次以上。

二　当前乡村振兴战略实施中存在的问题

调研中发现，河南省乡村振兴战略实施虽然进展明显，但是也存在一些亟须解决的问题。

（一）乡村本土人才缺乏

本土人才的参与是乡村振兴成功的关键，没有本土人才的广泛参与，乡村振兴就失去了动力和意义。当前城镇化持续推进，加上传统观念的影响，乡村人才外流现象严重，留村群体年龄结构、知识结构老化，乡村"空心化"的趋势比较明显，不利于乡村振兴战略实施。在乡村治理方面，村干部年龄普遍偏大、文化程度偏低，开展乡村治理和带领群众发展产业致富的能力不足，不利于各项政策措施的贯彻执行，距"治理有效"的要求有较大差距。

（二）乡村振兴资金支撑不足

一方面农业项目投资周期长、回报慢、风险大，而农村土地承包经营权、林权抵押等未获得广泛认可,有效抵押担保物较少,加之农村征信体系不健全,涉农贷款不易获得。另一方面涉农财政资金主要集中在道路、水、电等基础设施领域,且管理中存在条块分割的情况,不利于整合资金支持乡村产业发展。

(三)用地制约较为普遍

一方面每个农户承包经营的土地较少,要集中连片土地开展现代农业生产,需要同农户签订合同,交易成本较高。对土地流转后产生的纠纷,缺乏成熟的处理机制,影响农户流转土地的积极性,同时农户基于风险考虑,倾向承包合同短期化,这不利于农业规模化经营发展。另一方面村级留用地普遍是非建设用地,新增用地指标难以争取,不利于三产融合发展,难以形成完整的产业链条。

(四)产业振兴任重道远

乡村振兴,产业兴旺是关键,是乡村可持续发展的源头活水。目前,乡村产业振兴仍面临较多问题,一是河南是传统农业大省,城镇化正在加速进行,农村人口向城镇转移引起农村“空心化”,农村的区域经济社会功能被削弱,乡村治理有待加强,对社会资本的吸引力相对不足。二是农村产业发展水平有待提升,整体竞争能力不强。投资项目以制衣、农业种植等劳动密集型产业居多,普遍存在建设标准不高、规模较小、科技含量低、盈利能力不足等情况,经营理念、经营行为和管理方式仍未完全向市场经济转变,品牌意识较弱。三是产业融合发展水平较低。当前三产业融合还处于初级阶段,农业与第二、第三产业融合程度低,产业融合链条短,如乡村旅游注重休闲、观光等方面,对乡土文明、农耕文化等深层次内容开发利用不足。此外,新型农业经营主体带动能力不强的问题也比较突出,不少农业合作社规模较小,市场竞争力不强,参与产业融合的能力不足。

三　加快乡村振兴战略实施的政策建议

实施乡村振兴战略就是要从根本上解决当前农业不发达、农村不兴旺、农

民不富裕的"三农"问题。通过牢固树立新发展理念，促进农业、加工业、现代服务业的"三业"融合发展，真正实现农业发展、农村变样、农民受惠，最终建成"看得见山、望得见水、记得住乡愁、留得住人"的美丽乡村、美丽中国。

（一）把农村各项建设作为当前供给侧结构性改革和稳投资的重点领域

由于存在历史欠账，农村各项建设存在短板，农业生产能力不强，是城乡协调发展的薄弱环节。全面建成小康社会、建设现代化农村和现代农业迫切需要加强对农村和农业的投入，要重点加强对农村基础设施、农业服务、公共服务设施如教育卫生文化环境等方面的投资。

（二）多措并举，形成乡村振兴的有效投入机制

要整合财政、交通、教育、供水、电力、通信、环境卫生等专项资金，形成合力，加大向农村投入的力度；开放农村资源，凭借优质自然人文景观、矿山、土地等资源招商引资，吸引社会资本投入乡村旅游、设施农业等领域，支持产业发展；探索土地承包经营权、林权抵押贷款机制，为乡村振兴提供金融支持。

（三）以人才振兴推动乡村振兴

要加强农村人才队伍建设，搭建职业教育平台，培养更多爱农业、懂技术、善经营的新型职业农民；在财政、税收、融资等方面出台政策，支持返乡务工人员留乡创业，活跃农村经济；提高农村村干部待遇，加强正面宣传引导，吸引更多年轻有为的人才加入村干部队伍中，提升基层自治能力，实现治理有效的目标。

（四）完善土地流转机制

搭建土地流转信息平台，为土地供需双方牵线搭桥，破解信息不对称问题；规范土地流转过程，制定统一的流转合同，同时为农户提供土地流转政策

咨询和纠纷解决机制等服务,保障农户的利益,化解农户的后顾之忧;成立土地流转审查机构,对租赁农地的经营主体资质、经营能力、风险防范能力、诚信记录等进行审查审核,并出具相关意见,最大限度避免套取国家补贴等行为,确保土地资源得到合理有效利用。

(五)因地制宜开展乡村振兴

一是乡村振兴要做到规划先行,注重规划的科学性和针对性,保存乡村原始自然风貌和乡土文化,避免"千村一面",真正做到留得住乡愁。二是发挥乡村资源禀赋和"比较优势",找准发展定位。对产业基础较好的村,着力延伸产业链条,推动三产业融合发展;对产业基础薄弱的村,找准优势产业,建立产业发展基金,助力迈出产业兴村的第一步,如旅游资源丰富的村发展乡村旅游,自然资源丰富的村开展加工制造业,人力资源丰富的村可以发展制衣等劳动密集型产业。三是加强宣传推介工作。借助政府平台和公信力加强对乡村的宣传推广,突出乡村特色资源,吸引社会资本投资乡村产业。

B.26
经济新动能快速成长
发展支撑能力不断增强

宗方　张小科　曹雷*

摘　要： "十三五"以来，河南持续贯彻新发展理念，实施创新驱动发展战略，推进"大众创业，万众创新"、深化"放管服"改革，新动能对全省经济社会发展的支撑、驱动作用不断增强。但是，河南经济新动能的成长也存在不稳定和不均衡的问题。根据当前河南经济新动能发展现状和存在的问题，文章从加强人才引进和培养、全面深化改革、实施创新驱动发展战略、推进数字经济与实体经济融合、推动高质量发展五个方面提出了加快培育河南经济新动能的一些对策和建议。

关键词： 河南　经济新动能　创新驱动发展战略

党的十九大报告指出，创新是引领发展的第一动力，是建设现代化经济体系的战略支撑。2017年，河南省上下以学习贯彻党的十九大精神为统领，牢固树立和贯彻落实新发展理念，着力发挥优势打好"四张牌"，大力实施创新驱动发展战略，持续推进"大众创业，万众创新"、逐步深化"放管服"改革，不断激发市场活力，经济新动能快速成长，为推动全省经济转型升级和平稳较快增长奠定了坚实基础。

---

* 宗方，硕士，高级统计师，河南省统计科学研究所副所长；张小科，硕士，河南省统计科学研究所统计师；曹雷，硕士，河南省统计科学研究所统计师。

一　河南经济新动能培育取得积极成效

2017 年，在各项政策措施的共同作用下，全省经济新动能继续快速成长，新旧动能转换加快。为了全面准确反映经济新动能发展情况，国家统计局制定了包含知识能力、经济活力、创新驱动、数字经济、转型升级 5 个方面，共 23 个指标的经济新动能发展指数测算体系。根据国家统计局经济新动能发展指数体系测算，2017 年河南省经济新动能发展指数为 119.1（上年 = 100），同比增长 19.1%。从 5 个分类指数来看，知识能力指数为 116.2、经济活力指数为 100.8、创新驱动指数为 116.1、数字经济指数为 162.4、转型升级指数为 99.7（见表 1），五个分指数对总指数的贡献率①分别为 19.5%、16.9%、19.5%、27.3% 和 16.8%。

表 1　2017 年河南省经济新动能发展指数测算结果

(上年 = 100)

总指数	次级指数	指　标	2017 年	2016 年	指数值
经济新动能发展指数(119.1)	知识能力指数(116.2)	1. 常住人口中研究生学历人数占比(‰)	1.92	1.80	106.7
		2. "四上"企业从业人员中专业技术人员占比(%)	12.27	12.24	100.2
		3. 信息传输、软件和信息技术服务业从业者占比(%)	1.32	0.73	180.8
		4. 每万名就业人员研发人员全时当量(年/人)	24.01	25.71	93.4
	经济活力指数(100.8)	5. 科技企业孵化器数量(个)	157.00	133.00	118.0
		6. 国家高新技术开发区企业单位数(个)	51569.00	43880.00	117.5
		7. 创业板、新三板挂牌公司数量(个)	372.00	353.00	105.4
		8. 快递业务量(万件)	107377.62	83875.32	128.0
		9. 对外直接投资(万美元)	175780.00	433751.00	40.5

---

① 分指数贡献率 $= \dfrac{\text{分指数值} \times \text{该分指数权重}}{\text{总指数值}} = 100\%$。

续表

总指数	次级指数	指　标	2017 年	2016 年	指数值
经济新动能发展指数(119.1)	创新驱动指数(116.1)	10. 企业 R&D 经费(亿元)	516.80	435.32	118.7
		11. 科技企业孵化器内累计毕业企业数(个)	5314.00	4663.00	114.0
		12. 每万名 R&D 人员专利授权数(件)	2079.63	1966.80	105.7
		13. 技术市场成交合同金额(万元)	769258.00	592419.32	129.9
	数字经济指数(162.4)	14. 固定互联网宽带接入用户数(万户)	2128.38	1767.10	120.4
		15. 移动互联网用户数(万户)	7542.45	6378.30	118.3
		16. 移动互联网接入流量(万 GB)	134408.18	43679.00	307.7
		17. 电子商务交易额(亿元)	12535.00	10033.00	124.9
		18. 实物商品网上零售额占社会消费品零售总额的比重(%)	5.00	3.56	140.4
	转型升级指数(99.7)	19. 战略性新兴产业增加值占 GDP 比重(%)	4.81	4.77	100.8
		20. "三新"占农业增加值的比重(%)	24.00	23.30	103.0
		21. 通过电子商务交易平台销售商品或服务的"四上"企业占比(%)	4.40	4.80	91.7
		22. 高新技术产品出口额占总出口额的比重(%)	65.30	66.29	98.5
		23. 单位 GDP 能源消耗降低率(%)	7.90	7.64	103.4

（一）知识能力基础更加稳固

党的十九大报告指出，人才是实现民族振兴、赢得国际竞争主动的战略资源。为了进一步加快推进由人口大省向人力资源强省转变，2017 年河南省委、省政府出台《关于加强河南省高层次专业技术人才队伍建设的实施方案》，计划到 2020 年在重点学科和优势产业、新兴产业、新业态领域中培养造就一批在全国有影响的学术技术领军人才和创新创业团队。随着全省各项政策措施出台，人才不断集聚，知识能力基础不断巩固，经测算，2017 年河南省知识能力指数为 116.2，同比增长 16.2%。

具体来看，人口素质和受教育程度进一步提高。2017 年常住人口中研究生学历人数占比为 1.92‰，同比增加 0.18 个千分点。专业技术岗位人才占比提升，专业技术人才队伍不断壮大。2017年在"四上"企业从业人员中专业技术人员占比为12.27%，同比增加0.03个百分点。信息利用能力不断增强。2017年信息传输、软件和信息技术服务业从业者占比为1.32%，同比增加0.59个百分点。

（二）经济活力进一步提升

在我国经济进入新常态的背景下，党中央、国务院大力倡导"大众创业、万众创新"，深化经济体制改革，加速推进"放管服"改革，进一步完善市场环境，激发市场主体活力。2017年，河南省委、省政府将"放管服"作为全面深化改革的先手棋、转变政府职能的"当头炮"，推动简政放权、放管结合、优化服务的"三管齐下"，依托"互联网＋政务服务"提升治理能力，"三十五证合一"和商事登记全程电子化走在了全国前列，经济活力进一步释放。经测算，2017年全省经济活力指数为100.8，同比增长0.8%。

2017年，河南经济活动指数增长幅度虽然较上年放缓，但许多方面仍取得了积极进展。具体来看，商事制度改革成效显现，市场主体快速增长，全省新设立各类市场主体110.95万户，其中新设立企业29.87万户，日均（365天）新增818户。科技企业、新兴经济成长迅速，在政府的大力培育和扶植下全省科技企业孵化器达157个，同比增长18%；国家高新技术开发区企业单位数51569个，同比增长17.5%。市场环境不断优化，资本市场表现活跃，新兴经济发展的市场基础向好，全省创业板、新三板挂牌公司数量372个，同比增长5.4%。交通、物流为经济发展注入新的活力，交通枢纽支撑作用增强，全省交通运输业快速发展，现代综合交通运输枢纽功能强化，米字形高速铁路建设进展顺利，郑州—卢森堡"空中丝绸之路"建设提速，中欧班列（郑州）满负荷、高频次运营。快递物流业大发展，全省快递业务量达到10.74亿件，首次突破十亿件大关，同比增长28%，居全国第10位，河南"买全球、卖全球"正在实现。纵观2012～2017年全省快递业务发展情况，业务量增长迅速，由2012年的1.25亿件增长到2017年的10.74亿件，年均增长53.7%。

（三）创新驱动力不断增强

2017年，河南省委、省政府贯彻新发展理念，发挥优势打好"四张牌"，推动实施创新发展战略，以郑洛新国家自主创新示范区和知识产权强省试点省建设为抓手，加大科技创新投入，促进科技金融融合，支持自主创新，扩大开放创新，推动协同创新，提高创新供给能力。全省新设立院士工作站41家、新增国家双创示范基地等国家级创新创业孵化载体54家、国家级创新平台数量达151家，创新能力不断增强。郑洛新国家自主创新示范区建设迈上新台阶，成为引领全省创新发展的核心增长极。经测算，2017年全省创新驱动指数为116.1，同比增长16.1%。

具体来看，2017年企业研发投入持续增长，研发能力不断增强，全省企业R&D经费516.80亿元，同比增长18.7%。政府扶持科技企业发展的成效逐步显现，全省科技企业孵化器内累计毕业企业数5314个，同比增长14%。研发人员产出效率提升，全省每万名R&D人员专利授权数2079.63件，同比增长5.7%。科技成果加快转化，全省技术市场成交合同金额达769258万元，同比增长29.9%。

（四）数字经济领跑经济新动能

2017年，国务院在政府工作报告中首次提出"促进数字经济加快成长，让企业广泛受益、群众普遍受惠"。河南省委、省政府认真贯彻落实中央决策部署，加快"宽带中原"建设，推进网络提速降费，以提速降费促进"大众创业、万众创新"，支撑"互联网＋"发展，创新互联网政务服务、持续加大互联网基础设施投入力度，在国家和河南省多项利好政策的支持下，全省数字经济发展十分迅速。在经济新动能五个分类指标中，数字经济指数最高，达到162.4，对总指数的贡献率最大，为27.3%。

2017年，全省固定宽带普及率和移动互联网普及率大幅提高，固定互联网宽带接入用户2128.38万户，同比增长20.4%；移动互联网用户为7542.45万户，同比增长18.3%。移动互联网使用规模快速扩大，全省移动互联网接入流量为134408.18万GB，同比增长了2.08倍，增长十分迅猛。电商新业态快速发展，全省电子商务交易额12535.00亿元，同比增长24.9%。新兴消费模式快速成长，全省实物商品网上零售额占社会消费品零售额的比重为5.0%，同比提高1.44个百分点。

（五）转型升级取得新成效

2017年，河南省坚定不移地贯彻落实新发展理念，不断化解经济发展中长期积累的结构性矛盾和深层次问题，加快转型升级发展，推进实现由经济大省向经济强省的跨越。2017年6月，河南省委、省政府印发《关于打好转型发展攻坚战的实施方案》，加快破除转型发展瓶颈制约，努力构建产业发展新体系，不断提高经济发展质量和核心竞争力。经测算，2017年转型升级指数99.7，虽然该指数较上年略有下降，但一些方面还是取得了积极成效。

2017年，全省产业结构更加优化，第三产业对经济增长的拉动作用更加明显，第三产业增加值占生产总值的比重为42.7%，同比增加0.8个百分点，贡献率为48.4%。传统产业转型升级成效显现。高载能行业增速回落，占比持续下降，全省高载能行业增加值增长3.2%，占工业增加值的比重为32.7%。战略性新兴产业发展加快成长，全省战略性新兴产业增加值占GDP比重为4.81%，提高0.04个百分点。农业现代化水平提升，农业"三新"增加值占农业增加值比重为24%，较上年提高0.7个百分点。经济发展更加"绿色"，全省单位GDP能耗下降7.9%，降幅扩大了0.26个百分点。

二　河南经济新动能存在的短板和问题

2017年，在经济面临诸多困难和严峻挑战的情况下，全省实现生产总值44988.16亿元，同比增长7.8%，经济发展呈现稳中向好态势。经济的平稳较快增长，得益于新动能不断发展和壮大，2017年，农业"三新"增加值为5404.93亿元，占GDP比重为12.0%，在此基础上经济新动能发展指数实现了两位数的增长，为全省经济平稳较快发展提供了有力支撑。但是前期经济运行积累的矛盾较多，使河南省经济新动能的成长仍然存在一些不足和短板。

（一）经济新动能成长不够稳定

2017年，有4个基础指标指数出现负增长，每万名就业人员研发人员全时当量指数为93.4，同比下降6.6%；对外直接投资指数为40.5，同比下降59.5%；高新技术产品出口额占总出口额的比重指数为98.5，同比下降1.5%；通过电子商务交易平台销售商品或服务的"四上"企业占比指数为91.7，同比下降8.3%。有8个基础指标指数出现增速放缓，科技企业孵化器数量指数同比增长18.0%，增速回落13.7个百分点；创业板、新三板挂牌公司数量指数同比增长5.4%，增速回落66个百分点；快递业务量指数同比增长28.0%，增速回落35个百分点；科技企业孵化器内累计毕业企业数指数同比增长14.0%，增速回落10.4个百分点；技术市场成交合同金额指数同比增长29.9%，增速回落0.1个百分点；电子商务交易额指数同比增长24.9%，增速回落5.1个百分点；战略性新兴产业增加值占GDP比重指数同比增长0.8%，增幅回落3.8个百分点；单位GDP能耗降低率指数同比增长3.4%，增幅回落12.9个百分点（见表2）。增速较快指标基础不牢，波动较大。从5个分类指数来看，2016年最高的经济活力指数，在2017年是5个分类指数中下降最多的一个，下降了48个百分点。从基础指数看，对外直接

表2　2017年河南经济新动能发展指数中负增长及增速放缓的指标

单位：%

	个体指标	指数增速	
		2017年	2016年
负增长指标	每万名就业人员研发人员全时当量(年/人)	−6.6	7.4
	对外直接投资(万美元)	−59.5	86.6
	通过电子商务交易平台销售商品或服务的四上企业占比(%)	−8.3	23.1
	高新技术产品出口额占总出口额的比重(%)	−1.5	2.9
增速放缓指标	科技企业孵化器数量(个)	18.0	31.7
	创业板、新三板挂牌公司数量(个)	5.4	71.4
	快递业务量(万件)	28.0	63.0
	科技企业孵化器内累计毕业企业数(个)	14.0	24.4
	技术市场成交合同金额(万元)	29.9	30.0
	电子商务交易额(亿元)	24.9	30.0
	战略性新兴产业增加值占GDP比重(%)	0.8	4.6
	单位GDP能耗降低率(%)	3.4	16.3

投资、通过电子商务交易平台销售商品或服务的四上企业占比及创业板、新三板挂牌公司数量指数增速都呈现较大回落状态。总的来看，在 23 个基本指标中有 11 个指标的指数较 2016 年上升，12 个指标的指数较 2016 年下降，上升与下降的指标个数基本相当。在这些因素的共同作用下，2017 年河南省经济新动能发展指数为 119.1，增长 19.1%，增速较上年下降 4.3 个百分点。

（二）经济新动能发展不均衡

通过分析，可以发现 2017 年全省经济新动能发展不均衡，指数之间的差距较大，存在"偏科"现象。从五个分类指数来看，2017 年数字经济指数为 162.4，转型升级指数为 99.7，二者之间相差 62.7。从 2017 年 5 个分类指数雷达图可以看出，5 个分类指数构成的图形很不规则，各分类指数处于雷达图的不同圈层（见图1）。从 23 个基础指标指数来看，移动互联网接入流量指数为 307.7，对外直接投资指数为 40.5，二者之间相差 267.2。从 23 个基础指标的雷达图可以看到，图形更不规则，各指数所处圈层差距更大，指数发展不均衡现象十分突出（见图2）。

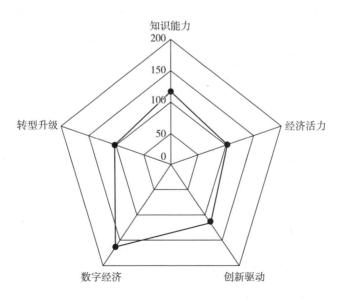

图1　2017 年河南经济新动能 5 个分类指数分布情况

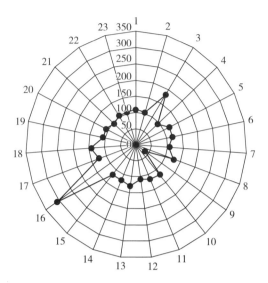

图2　2017年河南经济新动能23个基础指标指数分布情况

（三）转型升级的一些关键指标有待提升

转型升级是经济发展的质量和效益以及经济转型升级成效的全面反映，是多方面因素的综合，因此转型升级分类指数增长相对较慢。2017年，战略性新兴产业增加值占GDP比重、"三新"占农业增加值的比重和单位GDP能源消耗降低率这三个综合指标，与2016年相比分别提升0.04个、0.7个和0.26个百分点，增幅较小。受政策红利和市场驱动，前期河南省电子商务交易企业规模迅速扩大，但随着市场优胜劣汰和政府对电子商务交易平台不断规范，全省通过电子商务交易平台销售商品或服务的"四上"企业占比为4.4%，与2016年相比下降0.4个百分点。从对外出口产品结构来看，全省高新技术产品出口对富士康的依赖度高，高新技术产品出口额占总出口额的比重为65.3%，与2016年相比下降0.99个百分点。目前，河南在转型升级方面，还需要努力提升。

三　河南加快培育经济新动能的对策建议

当前，要切实贯彻落实党的十九大精神，坚持新发展理念，加快建设创新型国家,推动实施创新发展战略,推动经济高质量发展。针对河南省经济新动能发展现状和问题,还需从以下几个方面做出改进和提升。

(一)发挥知识的基础性作用,加强人才引进和培养

与知识和创新紧密相关的就是人才,培育经济发展新动能,更好地发挥知识对经济发展的基础性作用,河南必须坚持实施人才强省战略。一是拓宽思路、创新人才引进政策。对于紧缺人才要树立"不求所有,但求所用"的理念,推行柔性引才方式,特殊人才引进实行"一人一策"政策。二是针对本省引才留才平台不足,对高端人才缺乏吸引力的问题,需要加快推进"双一流"高校建设,积极推动国内外知名研究机构的引进,为引进高层次人才打好基础。三是实施"豫英回归计划",把更多有"乡愁乡情"的留学人员吸引回来,留下干事创业。四是创新人才服务,打造高层次专业技术人才创新创业的良好环境,解除他们到豫工作的后顾之忧。五是加强人才培养。每年有计划有重点地选送部分高层次、急需紧缺人才到国内外著名高校、科研机构和培训机构进行深造。

(二)释放经济活力,全面深化改革

习近平总书记深刻指出,我们全面深化改革,就要激发市场蕴藏的活力。改革是释放体制活力的源泉。一是继续深化国有企业改革,盘活做优国有企业。加快国有经济布局优化、结构调整、战略性重组,该进的进、该退的退。二是继续推进"大众创业、万众创新",支持民营企业发展,多渠道破解民营企业融资难、融资贵的问题。三是深入推进"放管服"改革,"放"出活力、"管"出公平、"服"出成效,优化营商环境。四是构建"亲清"新型政商关系,培育新时代企业家和企业家精神,发挥企业家的"头羊效应"。

(三)发挥创新引领作用,实施创新驱动发展战略

党的十九大报告特别强调创新的重要性,提出"加快建设创新型国家"。河南省实施创新驱动发展战略,深入推进"大众创业、万众创新",更好地发挥创新引领作用:一是加快郑洛新国家自主创新示范区建设,引领辐射全省创新驱动发展。二是深化"放管服"改革,放宽市场准入,创新市场监管,推动形成政府、企业、社会良性互动的创新创业生态。三是加强创新能力建设,

鼓励企业创新，推动产、学、研协同创新。四是建立有利于科技成果转移转化的政策制度环境，完善成果转化服务体系，加速科技成果向现实生产力转化。

（四）发展数字经济，推进数字经济与实体经济融合发展

习近平总书记强调，世界经济正在向数字化转型，要做大做强数字经济，促进数字经济同实体经济融合发展，打造新技术、新产业、新模式、新产品，为经济发展开辟更广阔空间。河南在前期推动数字经济不断发展的基础上仍有较大的提升空间。一是加快新一代信息基础设施建设，夯实数字经济发展的关键基础。推进"宽带中原"和网络强省建设，打造以郑州为核心的"米"字形现代信息通信枢纽，加快下一代互联网大规模部署和商用，深入普及高速无线宽带，建设先进泛在的精品无线宽带网。二是推进数字经济与实体经济融合发展。河南省处于工业化快速推进阶段，面临制造业转型升级、提质增效的重要关口，推进数字经济与实体融合要以制造业为重点。三是加快政府职能转变和治理能力提升，营造有利于数字经济创新健康发展的环境。

（五）经济转型升级，推动高质量发展

2014 年，习近平总书记视察指导河南工作时，要求河南围绕加快转变经济发展方式和提高经济整体素质及竞争力，着力发挥优势打好"四张牌"，其中之一就是以发展优势产业为主导推进产业结构优化升级。近年来，河南经济发展结构与质量效益虽然有所改进与提升，但与全国相比，层次与水平依然偏低，需要进一步推动经济转型升级。一是深化供给侧结构性改革，促进供需结构相匹配；二是构建现代产业体系，推动产业结构优化升级，产业优化升级是河南经济转型的主攻方向和重点任务；三是打造"陆上丝绸之路""海上丝绸之路""空中丝绸之路""网上丝绸之路"四条"丝绸之路"，拓展河南对外开放的广度和深度，以开放促进改革、发展和创新。

B.27
河南省"互联网＋" 加出经济新动能

赵祖亮 李 玉*

摘 要： "互联网＋"孕育大量新产业、新业态、新商业模式将成为中国经济快速崛起的新动能。河南电子商务、四众平台等"互联网＋第三产业"飞速发展，以智能制造为主攻方向的"互联网＋制造业"稳步推进，经济新动能凸显。但河南"互联网＋"应用总量相对偏小，大企业较少，盈利模式有待优化，工业企业信息化水平整体偏低，企业内外环境、设备、软件对智能制造形成掣肘。本文提出要优化"互联网＋"新动能发展环境、打造"互联网＋"新兴经济增长点、建立产学研用协同创新机制、营造智能制造良好发展氛围等针对性的对策建议。

关键词： 河南 "互联网＋" 经济新动能

自 2015 年 7 月国务院正式印发《关于积极推进"互联网＋"行动的指导意见》以来，互联网经济飞速发展。习近平总书记在党的十九大报告中多次提及"互联网＋"，李克强总理在 2018 年政府工作报告中强调"'互联网＋'广泛融入各行各业"。据中国信通院测算，2017 年河南省数字经济规模 1.10 万亿元，同比增长 22.1%，总量居全国第 9 位，发展势头迅猛。新常态下，河南经济正处于从高速增长向高质量发展的转变阶段，"互联网＋"由消费领

---

* 赵祖亮，河南省地方经济社会调查队专项调查处处长；李玉，河南省地方经济社会调查队专项调查处。

域向生产领域日益拓展，助推传统产业在供给侧改革中转型升级，孕育了大量新产业、新业态、新商业模式，如电子商务、共享经济、数字经济等，正在重塑经济增长格局、深刻改变生产生活方式，成为推动经济转型升级的新动能。由于目前"互联网＋第三产业"融合日益加深，"互联网＋制造业"攻坚战正在推进，"互联网＋农业"尚处于破冰阶段，本文特对"互联网＋第三产业""互联网＋制造业"进行专题调研，以期对经济发展新动能培育壮大工作有所借鉴。

一　河南省"互联网＋第三产业"发展情况

（一）电子商务发展迅速

电子商务是通过专门用于收发订单的计算机网络所完成的商品或服务的交易活动，互联网是基础构成要件。近年来，河南省电子商务快速发展，成为经济增长的重要引擎，具体呈现以下特点。

1. 电子商务交易规模不断扩大

2018 年前三季度，河南省电子商务交易额为 7690.85 亿元，同比增长 8.6%，有力拉动消费需求增长，成为经济增长的主要驱动力。从网上零售情况来看，2018 年前三季度全省网上零售额为 1373.80 亿元，同比增长 38.4%，增速高于社会消费品零售额 27.8 个百分点，其中实物商品网上零售额为 988.70 亿元，同比增长 39.9%。从规模以上企业情况来看，2017 年全省规模以上企业电商销售额为 4407.43 亿元，同比增长 6.6%；采购额为 1752.67 亿元，同比增长 9.8%，两者均持续保持增长态势，且销售额增速高于采购额增速。

2. 跨境电商交易活跃

根据河南省跨境电子商务综合试验区建设工作办公室监测显示，2018 年前三季度，全省跨境电商进出口交易额为 967.60 亿元（含快递包裹），同比增长 28.9%。其中，出口额为 692.70 亿元，同比增长 26.6%；进口额为 274.80 亿元，同比增长 34.8%；B2B 出口额为 386.80 亿元，同比增长 34.1%，占出口总额的 56.2%。在经济下行压力下，电子商务"买全球、卖全球"的特点助推河南企业打开全球市场，赢得新的销售渠道。

3. 电子商务发展带动相关产业快速发展

一是快递物流业飞速发展。《河南省 2017 年物流业运行情况通报》显示，2017 年全省物流业增加值达到 2352.80 亿元，同比增长 8.7%，占 GDP 的比重为 5.2%；快递业务量 10.74 亿件，同比增长 28%，高于全国平均增速 11.6 个百分点，实现快递业务收入 115.9 亿元，同比增长 22.8%。二是电子商务园区蓬勃发展。截至 2017 年底，全省共有省级电子商务示范基地 67 个，跨境电子商务示范园 21 个①，对入驻企业的扶持带动作用显现。三是本土电子商务平台成长迅速。2018 年三季度，河南监测的一定规模电商平台共计 117 个，这些平台实现的交易金额为 2492.80 亿元，同比增长 22.1%。作为新的盈利模式，收取平台交易服务费 1.02 亿元，互联网广告收入 208.85 万元，同比分别增长 23.9% 和 186.1%。

（二）四众平台支撑作用增强

2015 年《国务院关于加快构建大众创业 万众创新支撑平台的指导意见》首次提出，促进众创、众包、众扶、众筹（以下简称四众）平台发展。四众平台作为大众创业、万众创新的基础支撑，给河南经济社会发展带来了新动力。

1. 四众平台运行良好，众创单位为发展主体

四众平台基本情况调查显示，2018 年三季度河南监测平台 297 个，期末从业人员 3.42 万人，实现营业收入 213.49 亿元，利润总额 7.92 亿元，营业收入和期末从业人员分别比上年同期增长 9.8% 和 1.9%。从发展模式来看，平台单位为更好提供服务，多采用众创为主，众包、众扶或者众筹为辅的发展模式。调查显示，以众创为主的单位占比达 71.7%。

2. 新增平台数量趋于平稳，创新创业成果显现

在利好政策引导下，2015~2017 年全省分别成立四众平台 125 个、106 个、28 个，在快速发展后趋于平稳。从地区分布来看，郑州市、洛阳市、焦作市单位数位居全省前三名，合计占比为 42.4%。

从创新创业成果来看，2018 年前三季度全省众创项目同比增长 15.9%，

---

① 根据河南省商务厅网站文件整理所得。

众包金额同比增长 98.9%，众扶对象同比增长 10.7%，众筹金额同比增长
30.6%（见表1）。

表1　2018 年前三季度四众平台基本情况

单位：个，%

	平台单位数	调查指标	变动趋势
众创	239	众创项目 12283 个	15.9
众包	36	众包金额 115458.10 万元	98.9
众扶	132	众扶对象 27271 个	10.7
众筹	27	众筹金额 8658.60 万元	30.6

（三）共享经济不断壮大

共享经济主要是利用网络信息技术，通过互联网平台将分散资源进行优化
配置，提高利用效率的新型经济形态。共享经济作为新一轮科技革命和产业变
革中涌现出来的新业态新模式，呈现以下特点。

1. 共享经济处于"战国"纷争时代，外来共享平台主要贡献在于拉动就业

共享经济在风险投资的火热追捧下，"战国"纷争时代一直在持续。共享
交通作为典型代表，从网约车 Uber 和滴滴大战以 Uber 战败收尾，到目前河南
摩拜、哈罗、青桔等共享单车苦苦竞争，以及一步用车、盼达用车等共享汽车
激战布局。据 2018 年 9 月对摩拜、ofo 调研发现，两家平台在郑州共享单车投
放量均在 20 万辆左右，ofo 在郑州的累计注册用户为 500 万人，月活跃用户为
96 万人，较好地解决了居民出行问题，但外来平台并未在河南注册分公司，
收入通过 App 流向平台公司，对河南贡献主要在于拉动就业，例如两家共享
单车平台在郑州外包招聘运维人员超过 500 人。除共享交通外，共享充电宝、
共享住宿等在郑州的竞争也进入白热化，共享按摩垫、共享体重秤等新的共享
形式不断出现。整体来看，共享经济已由"高歌猛进"阶段进入关键的调整
阶段，重点探寻深层次的盈利模式。

2. 本土共享经济平台逐渐壮大，经济拉动效用显现

据调查，郑州目前规模较大的本土平台为一步用车和 UU 跑腿。截至 2018
年 6 月，一步用车在全国 12 个城市有车辆投放，活跃用户居分时租赁行业前

10 名，其中郑州有 6000 台电动汽车投入运营，拥有 40 万名注册用户，受限行政策影响，注册用户明显上升。截至 2018 年 9 月，UU 跑腿入驻 130 多座城市，其中直营城市 11 座，拥有超过 100 万人的跑男，服务超 2000 万人的用户，实现交易额超过 2 亿元，增长超过 70%，跃居跑腿行业领导者，发展势头强劲。从发展趋势来看，根据 2018 年 9 月河南印发的《关于培育和发展共享经济的实施意见》，未来河南将重点发展八大领域共享经济，前景广阔。

（四）"互联网＋其他"蓬勃发展

1. "互联网＋金融"

主要包括互联网信贷、理财和支付。从用户使用看，支付宝、微信等移动支付方式已经在全省普及，手机银行、网络理财等使用频率也较广。从四众平台的众筹看，通过互联网向社会募集资金为主要众筹模式（见表 2）。

表 2　2018 年前三季度众筹平台模式分布

模式	单位数（个）	占比（%）	众筹金额（万元）	占比（%）
通过互联网向社会募集资金	14	51.9	5355.00	61.8
通过互联网进行股权众筹	11	40.7	1945.70	22.5
通过互联网借贷	2	7.4	1357.90	15.7

2. "互联网＋教育"

主要借助互联网使有限的教育资源最大化利用，目前以中小学课辅类教育为主要模式，处于高速发展期。河南监测的本土互联网教育平台共 4 个，均为中小学教育平台，2018 年上半年实现在线交易额 4153.21 万元，在线学习人数超过 120 万人次。2018 年 8 月全省启动"互联网＋教育"精准扶贫行动，通过普及名师课堂、名校网络课堂等模式让贫困地区师生获得优质、适用的数字教育资源，社会效益日益显著。

随着互联网基础设施的不断完善，网民规模的稳健增长，从基础类的通信、新闻、社交，生活类的旅游、医疗、外卖，到娱乐类的音乐、文学、视频、直播、游戏等都在互联网推动下快速发展，不断形成新的经济增长点。"互联网＋"也推动基础支撑产业快速增长，2018 年 1~9 月，河南省电信业务总量为 2677.54 亿元，规模以上软件和信息技术服务业营业收入为 99.95 亿

河南经济蓝皮书

元，同比分别增长178.8%和15.7%。腾讯研究院的《中国互联网＋指数报告（2018）》分析指出，河南在2018年数字中国省级排名中表现出色，从2017年的第11位跃居第8位，"互联网＋"指数增幅达到91.9%，居全国第2位。总体来看，河南"互联网＋"发展势头良好，发展潜力巨大，对经济新动能的贡献不可小觑。

（五）"互联网＋"发展存在的主要问题

1. "互联网＋"应用总量相对偏小，新业态、新模式的大企业较少

相对于发达地区，河南"互联网＋"应用总量偏小。从电子商务来看，2017年规模以上企业中有电商交易的仅占6.3%，应用比例偏低；2018年前三季度，河南商品、服务类电商平台交易额为5463.2亿元，而广东、上海、山东交易额分别是河南的6.03倍、4.62倍、3.27倍；网络零售逆差形势严峻，2018年前三季度按买家所在地网络零售额是按卖家所在地网络零售额的1.86倍。全省"互联网＋"新业态、新模式大企业较少，2017年科技部发布的164家独角兽企业名单中，河南企业无一家入围；全省大的共享平台只有2家。

2. 新兴经济盈利模式有待优化

新兴经济是在时代变迁、市场需求下自发形成的，利润是优胜劣汰的唯一标尺。从四众平台情况看，从2017年底至2018年三季度，有25个因业绩不善不再开展四众业务，在留存的297个平台中有119个没有实现盈利。从共享交通看，摩拜在郑州每月骑行收入和车辆运维费用基本持平、20万辆单车将近4亿元的购置成本无法回收；一步用车平均每车每日2单多，理想状态为3~4单，停车位租赁贵等导致的高昂运营成本使车辆购置成本回收较慢。在新生事物尚未被社会广泛认知和接受的情况下，新兴经济的盈利模式有待优化。

3. 人才、资金、政策等基础支撑不足

从人才看，信息技术、电子商务等"互联网＋"相关人才成为新动能主要生产力，河南地处中原腹地，薪酬相对较低，人才吸引力不足。如UU跑腿表示高级管理人才较难招募。从资金看，企业普遍资金紧张，如四众园区入驻的创业企业多为处于起步阶段的中小科技型企业，存在贷款困难、融资渠道单

一、政府补贴发放滞后等问题。新兴事物缺乏法律监管，如 ofo 反映车辆损毁较为严重，比其他城市高 20%～30%，网络诈骗、信息泄密、权利侵犯等网络安全事件需要进一步加强监管。

二 "互联网＋制造业"发展情况

近年来，河南"互联网＋制造业"融合发展以智能制造为主攻方向，通过智能制造推动制造业转型升级、提质增效，全面支撑先进制造业强省、网络经济强省建设，发挥了积极作用。

（一）智能制造发展现状

1. 相关政策密集出台，引导智能制造快速发展

自 2015 年出台的《中国制造 2025》明确智能制造为主攻方向以来，河南先后制定了《河南省智能制造和工业互联网发展三年行动计划（2018～2020年)》《河南省促进大数据产业发展若干政策的通知》等文件，从工业互联网、云计算、大数据等多个角度促进"互联网＋制造业"尤其是智能制造的发展。为激发企业创新活力和转型动力，河南设立了省先进制造业发展专项资金，对智能制造重点项目给予支持，2018 年支持项目 22 个、总金额 3535 万元。截至2018 年 10 月，河南共争取国家智能制造试点示范项目 9 个、智能制造综合标准化与新模式应用项目 29 个、服务型制造示范企业（平台、项目）10 个，省级认定智能工厂 97 个、智能车间 176 个、服务型制造示范企业（平台、项目）85 个。以智能制造、服务型制造为重点，通过试点示范推动制造企业信息系统集成应用和生产装备数字化、智能化升级，促进企业组织结构和生产方式变革。

2. 示范企业智能制造稳步推进

通过对 19 家智能制造示范企业调研发现，从基础设备使用情况看，企业在部分工序上引入了自动化生产线，使用了数控设备和机器人作业，但生产设备数字化率和数字化设备联网率程度不同，达不到全部覆盖。从信息系统使用情况看，每个企业均使用 4 个及以上信息系统来实现设备、人才、物流、现金等的实时管控，信息系统间的数据集成应用正处在逐步探索发展阶段。信息化

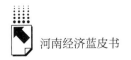

和电子商务应用情况年报显示，2017年在全省2.04万个规模以上制造业企业中，有98.5%的企业使用信息化管理企业，全省制造业信息系统应用不断深化。从工业互联网平台构建情况看，有47.4%的企业正在逐步建立工业互联网平台，郑州宇通、中信重工、中国一拖等企业正在建立行业互联网平台，力求实现智能设备、信息系统和智能决策的交互，推动行业发展、促进产业升级。从企业上云情况看，有47.4%的企业已经布局使用云计算，为企业设备、产品运营维护、大数据应用提供有力支撑。

3. 智能制造新动能显现

通过实施智能制造，企业的综合效益不断提升。调研显示，示范企业的智能制造项目实施后，有效地缩短了产品研发周期，降低了运营成本，人工生产效率、产品优良率、资源综合利用率等都得到不同程度的提升，给企业带来巨大的综合效益，如许继集团2018年智能电表业务提升到行业前三位，智能电表在智能制造行业居第1位，智能电表生产线和智能电表同步出口"一带一路"沿线国家，市场地位不断提升。

智能制造使新的商业模式、盈利模式不断显现，利于企业转型升级。一是智能制造让离散型制造企业实现多品种、个性化、小规模定制的柔性制造，运营成本日益降低。如郑州宇通、新乡日升等离散型制造企业通过网络协同制造，利用多个信息系统的高效协同和数据流的互联互通，实现了多品种、小批量、订单式生产，保证产品质量，新乡日升全面实施新模式后2018年上半年销售收入同比增长29.3%，生产效率提高30%以上，能源利用率提高20%，运营成本降低10%。二是企业推行服务型制造，由制造产品转向"制造+服务"，如森源重工以环卫装备制造向"环卫装备+环卫运营"转变，向上推动环卫装备智能化升级，向下支撑增值服务、融资租赁、环卫管理输出和环卫第三方运营服务项目。经营重心由产品端向服务端转移，对智能设备提供远程运维服务是未来制造业的主流发展模式。三是制造企业向智能制造系统解决方案供应商转型。智能制造对技术要求颇高，企业急需相关领域专业化的解决方案供应商进行合作，河南制造企业较多，可从熟悉的工业、装备领域转型做行业解决方案供应商，如中机六院成功转型为系统解决方案供应商，成为中国智能制造系统解决方案供应商联盟最早入围的23个成员单位之一。四是智能制造给智能装备产业带来广阔发展前景。《河南省智能制造和工业互联网发展三年行动计划（2018～2020 年）》提出到 2020 年，以高档数控机床等为代表的智能装备产业规模要突破 3000 亿元，前景广阔。

（二）河南省智能制造发展存在的突出问题

1. 工业企业信息化水平整体偏低

《中国两化融合发展数据地图（2017）》显示，2017 年河南两化融合发展指数为 46.9，低于全国平均水平 4.9 个点，超过 67% 的企业信息化仍处于较低的起步建设和单项覆盖阶段，工业企业信息化水平整体偏低，与制造大省的地位不相匹配。从调研的示范企业情况看，虽然信息化管理系统覆盖范围广，信息化程度领先全省，但企业系统集成能力相对不足，众多信息化系统之间未实现全面互联互通，信息化"孤岛"现象依然存在，企业的部分信息系统缺少 App 移动应用，难以应对快速响应市场的需求。

2. 企业内、外环境制约智能制造发展

调研发现，企业内、外环境存在着诸多制约因素。从内部环境看，智能制造的核心理念是网络式、智能化、系统性的生产制造新模式，需要企业做好长期战略规划，变革生产组织管理模式。在实际运作过程中，由于缺乏经验和前瞻性，组织机构变革不充分，对传统的生产方式、项目建设模式等依赖过多，内生动力不足成为智能制造推行的障碍。从资金看，智能化改造需要大量资金投入，在经济下行形势下企业普遍资金紧张。专业人才缺乏，新技术、新理念引入难度大。从外部环境看，智能制造技术的研发需要与行业优势资源形成合力，解决共性关键技术，突破行业技术瓶颈，单凭企业一己之力难以完成，而河南省缺乏行业创新中心平台、重大科技专项项目支持，行业层面可借鉴的成熟经验少。

3. 智能制造设备、软件对智能制造发展形成掣肘

示范企业作为智能制造发展的先行者，在试水的过程中受到软硬件的掣肘。一是智能制造设备自动化、智能化水平落后于企业需求，智能装备产品线覆盖不全面，工业软件与当前生产管理模式不匹配，即便是定制的非标准设备及软件，仍需二次开发或优化升级。二是高精尖设备和核心数控技术主要掌握在欧美等发达国家手中，企业关键设备采购仍受制于国外，除高昂购买成本外，关键技术潜在的"卡脖子"威胁不容小觑。国外设备进入中国时，国家

层面对设备协议开放性没有约束，单个企业谈判力较弱需付出额外成本，如由于机床协议不开放，郑州宇通进口一台机床需额外支付 13 万元用来获得后台数据服务。三是智能制造需要对设备、软件系统进行联网集成，但目前国家对设备、软件通信协议标准统一规范化工作刚刚起步，很多系统集成接口的标准不统一，设备集成困难。四是国内缺乏跨行业层面的整合资源库，企业间信息不对称，导致智能制造设备、软件搜寻成本过高，寻源困难，不易找到最优最适合的软硬件支撑。

三 对河南省"互联网＋"孕育经济新动能的建议

"互联网＋"孕育的经济发展新动能，是全省经济保持中高速增长、迈向中高端水平的重要战略引擎，是助推产业结构转型升级、实现经济高质量发展的重要举措。围绕"互联网＋"发展的战略机遇，要充分利用互联网的普惠性，抢占先机，乘势而上，打造新产业、新业态、新商业模式，创造性的推动全省经济新动能健康快速成长。

（一）加强扶持引导，优化"互联网＋"新动能发展环境

政府层面要做好"互联网＋"顶层设计，坚持市场主导、政府引导，坚持遵循规律、分类施策，探索包容审慎的监管原则，持续深化"放管服"改革，提高行政审批服务效能，扶持引导新动能快速健康成长。加大对新兴经济领域的财政投入力度，引导社会建立多元化投融资体系。加快推动智能制造标准体系的修订建立，探索建立全省智能制造设备和软件整合资源库。完善社会信用体系建设，推进法规制度适应性变革，优化产业发展环境。

（二）坚持创新驱动，打造"互联网＋"新兴经济增长点

坚持实施创新驱动发展战略，努力推进科技创新、企业创新、产品创新、市场创新，培育"互联网＋"新兴产业，打造经济增长新引擎。壮大产业发展主体，在重点领域形成一批国内知名、行业领先的电子商务平台、共享经济平台、行业互联网平台、智能制造系统解决方案供应商等。聚焦数控机床、机

器人、智能传感器、智能物流与仓储装备四个重点领域，实施智能装备产业升级行动。大力推动"企业上云"和工业互联网应用，推广智能工厂试点建设，加快智能制造关键技术装备的集成应用，助推智能制造快速发展。

（三）充分发挥行业合力，建立产学研用协同创新机制

发挥行业协会、产业联盟等组织熟悉行业、贴近企业的优势，推广先进管理模式，加强行业自律，防止无序和恶性竞争。在智能制造领域，引导制造企业、互联网企业、研究院所、高校等合作建立产学研用协同创新机制，合力建设国家级省级创新中心、行业互联网平台、科技园区等，开展关键共性技术研究、标准研制、试验验证等，实现智能制造技术、装备与模式的创新突破。制订"互联网＋"高端人才引进计划，促进企业和院校成为人才培养的"双主体"，构建多层次人才队伍。

（四）转变思想观念，营造智能制造良好发展氛围

通过政府平台提供行业交流活动，引导企业转变思想观念，营造智能制造良好发展氛围。智能制造龙头企业要做好长期战略规划，调整治理机制和组织结构，借助国际、国内行业交流，加快企业资源学习能力积累。通过智能制造新模式试点示范，大规模移植、推广已形成的经验和模式，促进智能制造由点上示范到面上推广，引导有基础、有条件的中小企业推进生产线自动化改造，开展管理信息化和数字化升级试点应用，促进数字化、网络化、智能化转型，提升中小企业智能制造水平。

B.28
河南省现代农业发展问题研究

王艳兵 梁前广 杜文凯 王奂*

摘 要： 现代农业是人类历史进入现代后的农业，是以广泛使用现代生产要素为基础的农业。河南正处于传统农业向现代农业的过渡期，如何抢抓乡村振兴战略机遇，加快推进农业现代化，是亟待解决的重大问题。本文在总结发展现代农业重要意义的基础上，针对制约河南农业发展面对的粮食竞争力较弱、经济效益低下、生产方式落后、生产要素供给不足等问题，提出要推进农业转型升级、提升资源要素供给质效、深入推进改革开放、提高农村民生保障水平，以推动建设现代农业强省，实现乡村振兴。

关键词： 河南 现代农业 乡村振兴

农业关系到国计民生，是人类的食品之源、生存之本，是国民经济的基础。现代农业是继原始农业、传统农业之后的一个农业发展新阶段，以其要素集约性、功能多元性、技术先导性、效益综合性和持续性等特征，使其成为我国农业发展的必由出路。党的十九大报告提出，要坚持始终把解决好"农业、农村、农民"问题作为全党工作重中之重，实施乡村振兴战略，加快推进农业农村现代化。乡村振兴将是新时代"三农"发展的基本战略，农业农村现代化将成为新时代农业和农村发展的方向。在乡村振兴和农业农村现代化的大

---

* 王艳兵，硕士，河南省发展和改革委员会政策研究室副主任科员；梁前广，硕士，中原信托有限公司；杜文凯，硕士，河南省发展和改革委员会政策研究室主任科员；王奂，河南省发展和改革委员会政策研究室主任科员。

背景下，作为我国最重要的农业大省之一、国家粮食生产核心区的河南省，发展现代农业的重要性体现在哪些方面？在发展过程中遇到了什么问题？如何加快推进现代农业发展？需要结合本省的现实情况，做深入、科学的分析。

一 发展现代农业的重要意义

河南省是全国重要的优质农产品生产基地，大力推进本省农业发展成为具有社会效益、经济效益和生态效益的现代化产业，既是立足本省省情和顺应发展趋势的必然选择，也是切实推进乡村振兴的客观要求，对于确保国家粮食安全、保障农民收入快速增长，有着极其重要的意义。

（一）确保国家粮食安全

实现粮食安全一直是现代农业发展的核心目标之一。自 2004 年以来，我国粮食生产实现了恢复性增长，基本上解决了国民吃饭的问题，但是粮食增收的基础还不牢固。作为粮食大省，河南有农业生产的天然优势，粮食生产和农业发展影响着全国发展的大局。河南省着力发展现代农业，全省粮食生产面积持续稳定在 1.45 亿亩以上，其中口粮面积稳定在 9000 万亩左右，主要农作物良种基本实现全覆盖，小麦、油料、肉牛等产量稳居全国第 1 位。全省粮食总产量已经连续 13 年超过 1000 亿斤，其中连续 8 年稳定在 1100 亿斤以上。河南省以全国 7% 的耕地，贡献了全国 10% 的粮食产量，25% 的小麦产量，不仅满足自身需求，每年还向省外输出原粮及制成品约 400 亿斤，为维护国家粮食安全尤其是口粮安全做出了应有的贡献。

（二）保障农民收入快速增长

发展现代农业，有利于加快转变农业发展方式，提升农业综合生产能力，有利于促进农村三产融合发展，支持和鼓励农民就业创业，拓宽增收渠道，促进农业增效、农民增收。近年来，河南省农民人均收入总量呈递增态势，且增速高于城镇居民收入。全省农村居民人均可支配收入或农村居民人均纯收入增长率已经连续 9 年超过 7.5%，连续 8 年超过城镇居民人均可支配收入增长率（见图 1），2017 年农村居民人均可支配收入达 12719 元。2018 年前三季度，

全省农村居民人均可支配收入增长 8.5%，高于城镇居民人均可支配收入 0.6 个百分点。

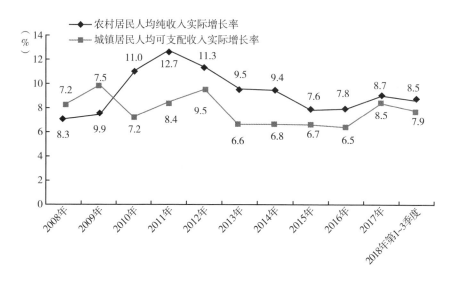

图 1　2008～2018 年河南省农村与城镇居民收入增长率

注：2015～2018 年采用农村居民人均可支配收入增长率。

（三）切实推进乡村振兴

产业兴旺是实现乡村振兴的基础，打好精准脱贫攻坚战是实施乡村振兴战略的基础和要件。发展现代农业，有助于推进农业的规模化、信息化、产业化、集约化，有助于做大做强优势特色产业，扎实推进脱贫攻坚工作。推进农业产业化迅速发展。河南省不断推进现代农业产业体系建设，借鉴工业集聚区发展模式，大力推进农业产业化集群工程，农产品加工业已连续多年成为全省第一支柱产业。目前，全省培育农业产业化集群 540 多个，集群销售收入约占全省农产品加工业总量的 50%。全省规模以上农产品加工企业达到 7900 多家，增加值同比增长 9.4%，实现年营业收入 2.36 万亿元，占全国的 12.2%。推进脱贫攻坚取得决定性进展。党的十八大以来，全省农村贫困人口显著减少，贫困发生率持续下降从 9.28% 下降到 2017 年底的 2.57%。目前，已有近 700 万农村贫困人口稳定脱贫，近 8000 个贫困村实现脱贫退出。2018 年，河南省制定实施了《河南省农业产业扶贫三年行动计划（2018～2020）》，充分发挥农业产业扶贫的引领支撑作用，提高农业产业帮扶实效，促进贫困地区农业农村经济发展。

（四）顺应农业现代化发展趋势

世界农业科技革命正主导着现代农业发展，我国农业政策也致力于推动农业高质量发展、实现农业现代化。发展现代农业是顺应世界农业发展趋势潮流。自第二次世界大战以来，发达国家用现代科学技术改造和发展农业，用现代经济管理手段科学经营和管理农业，先后实现了农业现代化。泰国、越南、巴西等一些第三世界国家纷纷顺应趋势，也取得了长足进步。河南省发展现代农业是准确把握世界农业发展的新态势新趋向，妥善应对外部环境变化的必然要求。发展现代农业是顺应国家政策导向。在国家持续加大对农业发展的支持，大力推进乡村振兴战略，推动农业高质量发展，持续以工促农、以城带乡的趋势下，发展现代农业不仅可以加快河南省农业现代化步伐，还可以利用国家政策红利扩大农民的消费需求、培育新的经济增长动力源，对于全省振兴和带动中原地区发展，有着举足轻重的作用和意义。

二　发展现代农业的制约因素

河南省农业发展正在由传统农业向现代农业逐步转变。自"十二五"规划以来，河南省以粮食生产核心区、中原经济区建设为契机，把强化科技支撑、推进产业融合作为农业发展的重要举措，农业现代化发展取得了前所未有的成就。但是，应当清醒地看到，当前河南农业农村基础差、底子薄、发展滞后的状况尚未根本改变。随着经济发展进入新常态，河南农业发展外部环境和内在动力正在发生深刻变化，现代农业发展也遇到一系列问题和挑战。

（一）粮食竞争力较弱

农产品具有较高的市场竞争力，是衡量现代农业发展水平重要标志之一。然而，在面对激烈的国际竞争中，作为河南省最主要农产品的粮食产品逐渐丧失竞争力。对于我国来说，因为国外的粮食采用规模化、机械化作业，其成本相对较低，国内粮食价格相较于国外有很大的劣势。目前，我国的粮食大量依靠进口。据海关统计，2017年中国粮食累计进口量达13062万吨，大豆和稻米进口量为世界第1位；2018年1~11月我国共进口粮食10826万吨。玉米等粮食作物供过于求、供求矛盾突出，大宗粮食作物价格下行压力大。随着消费升级，优质粮食需求加大、供给存在明显不足。比如，粮食主导产品小麦，虽然总产量高（占全国总产量的1/4），但是市场需求量大、价格高的强筋、弱筋小麦只占10%，80%的面粉是价格低的普通粉。河南省提高农业竞争力，妥善应对国际市场风险的任务非常紧迫。

（二）农业经济效益低下

从发达国家的实践经验来看，现代农业表现出生产效益高的特征。相比之下，河南省农业效益仍然较低，未达到高水平现代农业的要求。一是农业生产效率低。2017年，河南农业劳动生产率16305元/人，只相当于全国平均水平的一半，相当于全省全员劳动生产率（66037元/人）的24.7%，为2011年以来最低值（见表1），由此可见农业与非农业的效率差距在不断拉大。二是农业经营收入低。全省农作物以收益低的小麦、玉米等粮食作物为主，粮食作物占农作物播种面积的70%以上，蔬菜、水果等收益较高的农产品较少。小麦亩均生产收益由2017年的440.7元降至2018年的371.0元，农民种粮收益下降。

表1 2011~2017年河南省全员劳动生产率与三次产业劳动生产率

单位：元/人

年份	全员劳动生产率	第一产业	第二产业	第三产业	全员劳动生产率与第一产业之比
2011	44130	12713	86350	49308	3.5:1
2012	47544	13795	89274	53824	3.4:1
2013	50932	14746	85696	65224	3.5:1
2014	54276	15296	89525	70988	3.5:1
2015	56376	15330	89926	76880	3.7:1
2016	60242	15721	94066	82602	3.8:1
2017	66037	16305	101458	90741	4.1:1

（三）农业生产方式落后

现代农业是广泛应用现代科技、现代工业提供的生产要素和科学经营管理方法进行社会化生产的农业形态。而河南省的现代农业发展在规模、价值链开发、技术装备水平、企业实力等方面存在不足。一是生产规模较小。农民的组织化程度低、农业经营规模较小，农田经营细碎化严重。目前，全省农业经营户户均耕地面积为 6.6 亩，其中托管面积 2007 万亩（仅占家庭承包耕地面积的 20.1%），各类新型农业经营主体仅有 24.7 万家，种植规模 50 亩以上种粮大户仅有 4.3 万家，绝大多数农地规模是在维持社会基本生活水平的经济底线之下。二是农业价值链发掘不足。目前，全省农业产业化经营主体和核心的龙头企业，大多属劳动密集型农产品粗加工企业，分工和专业化程度不高，产业链不完整，产品附加值低。农产品加工体量大但精深加工少，农产品加工转化率只有 67%，精深加工品仅占 20%。新产业新业态发展尚处于起步阶段，农业产业链、价值链、供应链建设不平衡。三是物质技术装备水平仍然较低。全省农机设施装备水平已经有很大程度的改善，但农机产品结构性矛盾仍很突出，针对不同作物、不同环节的高性能农机具技术含量较低、供给不足。除粮食作物外，大多数农产品生产机械化作业率仍然较低，不利于降低生产成本，农机装备与现代农业的要求差距仍然很大。四是农业企业数量少规模小实力弱。全省共有 12 家农字号企业入围 2018 年民营企业 100 强名单。除了双汇、众品、牧原等企业之外，入选名单的农业企业规模太小，与农业大省的地位不匹配。相较于 GDP 在全国拥有的地位来看，农业产业的支撑力显得薄弱。

（四）生产要素供给不足

现代农业建设是一项复杂的宏伟的系统工程，必须有包括土地、资本、劳动力等在内的生产要素作支撑。由于生产要素的趋利性，致使河南省的农业产业和农村区域所需的生产要素配置不够合理。一是高素质劳动力不足。河南省农村人口老龄化、村庄"空心化"明显，农村年轻力壮的劳动力大量转移到第二、第三产业就业，截至 2017 年底，转移就业总量达 2939 万人，且以青壮年劳动力为主，50 岁以下占比高达 85.4%，农业劳动力整体素质结构性下降。二是资源环境约束。全省农业资源禀赋先天不足，人均耕地只有 1.2 亩，仅为全国水平的

4/5（世界的 1/4），人均淡水资源仅为全国人均水平的 1/5（世界的 1/20）。另外，随着长期以来的农田、工业和生活垃圾污染，农业农村环境问题较为严峻。三是基础设施薄弱。全省很多地方农田水利设施年久失修，抗灾减灾能力低，部分工程标准低，不少农田水利基本建设资金还没有得到有效落实。农田有效灌溉面积 7850 万亩，只占全部耕地面积的 64%，有 1/3 的耕地"靠天收"。农村基础设施水平与城市相比，差距依然较大，基础设施建设仍然滞后。四是融资难、融资成本高。受缺少有效抵押担保物等因素影响，农民专业合作社贷款受到很大制约，融资问题已成为农民专业合作社发展的"短板"。涉农企业特别是中小企业不仅贷款难，同时又是银行抽贷的首选对象，往往受到制约。

三　发展现代农业的对策建议

中国特色社会主义进入新时代，我国社会的主要矛盾是人民日益增长的美好生活需要和不平衡不充分的发展之间的矛盾。河南作为全国重要的人口大省、粮食和农业生产大省，必须在认真总结"三农"工作经验和发展成效的基础上，准确把握新时代主要矛盾变化、经济社会发展新趋势和农业演变发展新特征，在推进乡村振兴战略、建设全省农业现代化上取得显著成效。

（一）推进农业转型升级，加快提升农业产业化水平

加快农业结构调整步伐，着力推动农业由增产导向转向提质导向，是夯实乡村振兴的产业支撑的要求，是建设现代化农业产业体系的要求。一是提升粮食生产能力。深入实施"藏粮于地、藏粮于技"战略，加快推动粮食产业转型升级，大力推进高标准农田建设，集中建设 6390 万亩标准化粮食生产基地。二是增强农业科技支撑。建设以公益性农技推广服务体系为主导，以农业科研院所、农业企业等为补充的新型农技服务体系。完善农业科技成果转化体系，提升转化质量和效率，强化创新平台建设，完善现有现代农业产业技术体系。围绕河南种业高地，实施现代种业提升工程。三是培育新型农业经营主体。推动农村土地经营权规范有序流转，完善农业规模经营政策支持方向，重点向服务集中式规模经营倾斜；落实创新新型农业经营主体配套政策。四是促进三产融合发展。加强监督，确保产业融合政策实施到位；充分发挥市场机制作用，

创新投入方式，提供产业融合的资金保障；打造农村产业融合新载体，深入推进农村产业融合发展试点示范。五是培育新产业新业态。大力发展农村电商，推动农产品、农村工业品、乡村旅游及服务产品电商化，挖掘乡村新功能新价值，拓展延伸农业价值链。加快发展农业全产业链的新技术、新模式、新业态，进一步完善产业融合机制，着力推动农产品加工全产业链延链增值。六是推动农业产业集群跨越式发展。以供给侧结构性改革为主线，着力推进"四优四化"，运用新技术、新工艺、新装备改造升级，提升农产品精深加工水平，建设一批现代优势特色农业生产基地，培育一批百亿元级的小麦、油料、瓜果、奶牛、肉牛等产业化联合体。持续推进 7 个国家级农村产业融合发展试点示范县和第一批国家农村产业融合发展示范园建设，着力加快培育农业产业集群发展的新动能。

（二）提升资源要素供给质效，不断提高农业供给质量

整合政府、企业、社会等多方资源，强化"钱、地、人"等要素的供给，提升农村资源要素供给的质量和效率，为乡村振兴注入新动能，促进现代农业发展。一是健全基础设施。加快农村交通体系建设，以点带面推进"四好农村路"建设；加强农村现代水利基础设施网络建设，提升农村水利保障能力；提升农业农村信息化支撑，推进"四化"同步发展。二是推进绿色发展。深入实施乡村生态保护与修复工程，促进乡村生产生活环境逐步改善；以农村垃圾、污水治理和村容村貌提升为主攻方向，改善农村人居环境；实施农业绿色发展工程，推行绿色生产方式和生活方式。三是加强教育培训。统筹规划布局农村基础教育学校，提升农村义务教育办学质量；大力发展面向农村的职业教育，培育新型职业农民；引进培养引领农业科技前沿、推动农业科技成果转化的高层次农业科技人才，发挥科技人才支撑作用。四是提升金融支撑。完善农村金融市场、金融机构、金融产品，提升金融服务能力和效率；吸引扩大社会资本以股权投资引导基金等方式投入农业农村；完善金融支农激励政策，继续通过奖励、补贴、税收优惠等政策工具支持"三农"金融服务。

（三）深入推进改革开放，大力增强农业农村现代化动力

坚持不断深化农村改革，扩大农业对外开放，激活主体、激活要素、激活

市场，调动各方力量投身乡村振兴和农业现代化，激发农业农村发展新活力。一是全面深化农村改革。深化农村土地制度改革，推动土地规模化经营，完善农村承包地"三权分置"制度，建立农村产权交易平台，加强土地经营权流转和规模经营的管理服务，完善集体林权制度，引导规范有序流转；加快推进户籍制度改革，全面实行居住证制度，进一步完善"人地钱挂钩"配套政策体系，吸纳有能力在城镇稳定就业和生活的农业转移人口落户。二是提升开放发展能力。结合"一带一路"战略实施，助推河南省农产品出口，提高出口农产品的附加值，加快推进境外农业合作示范区和农业对外开放合作试验区建设，支持农业企业开展境外合作，放宽外资准入限制，加强先进技术装备的引进。

（四）提高农村民生保障水平，切实增强农民获得感

农民生活富裕是乡村振兴的根本，加快补齐农村民生短板，提高农村民生保障水平，是乡村振兴战略中的重要发力点，是农业现代化的重要任务。一是推进精准扶贫。深入实施《河南省打赢脱贫攻坚战三年行动计划》和《河南省农业产业扶贫三年行动计划（2018～2020）》，推动农业产业扶贫政策贯彻落实，高质量全面完成目标任务。二是加强农村社会保障体系建设。按照兜底线、织密网、建机制的要求，建立完善城乡居民基本养老保险制度，统筹城乡社会救助体系，全面建成多层次社会保障体系。三是推进健康乡村建设。全面加强农村公共卫生服务，加强基层医疗卫生服务体系建设，提升基层服务能力，持续深化乡村卫生机构综合改革，广泛开展乡村爱国卫生运动，提升居民文明卫生素质。四是提升农村治理水平。深化平安乡村建设，完善农村社会治理体制，完善农村社会治安防控体系；健全和创新农村党组织领导的充满活力的村民自治机制，促进农村自治、法治、德治有机结合。

参考文献

吴海峰：《河南推进现代农业大省建设研究》，《开发研究》2017年第1期。

赵予新等：《农业供给侧改革背景下河南农业全面转型的对策研究》，《农业经济》

2018 年第 2 期。

田春丽等：《河南省现代农业发展成就及存在问题分析》，《农村发展》2018 年第8 期。

李玉梅：《河南省农村三产融合发展研究》，《行业研究》2018 年第 2 期。

王庆国：《河南省现代农业发展的现状、路径及建议》，《绿色科技》2016 年第7 期。

陆益龙：《乡村振兴中的农业农村现代化问题》，《中国农业大学学报》2018 年第6 期。

孙中华：《我国现代农业发展面临的形势和任务》，《东岳论丛》2016 年第 2 期。

张正斌等：《粮食安全应成为中国农业现代化发展的终极目标》，《中国生态农业学报》2015 年第 10 期。

B.29
河南省民营经济现状、
问题及对策建议

胡兴旺　赵艳青*

摘　要： 民营经济作为最具活力的经济细胞，是推动经济高质量发展
不可或缺的重要力量，本文分析了河南省民营经济发展现状，
梳理其在发展环境、组织结构、企业融资、人才资源等方面
存在的问题，立足实际提出加大"放管服"改革、落实减税
降费、构建创新生态系统、建立多层次融资渠道、强化招才
引智等对策建议，以期为河南省民营经济发展"保驾护航"。

关键词： 河南　民营企业　"放管服"改革　减税降费

近年来，河南省民营经济发展迅速，已成为经济发展的重要支撑、扩大投资的
重要来源、对外经贸的重要部分、税收贡献的重要力量、增加就业的重要渠道。

一　河南民营经济发展总体良好

截至2017年底，河南省民营经济企业数为308.45万家，是2012年的1.2
倍、占全省企业单位数的99%。其中民营企业50.01万家，个体工商户
258.44万户。民营经济贡献了全省90%以上的新增就业，近年来，对GDP的
贡献率都在60%以上。

---

* 胡兴旺，博士，研究员，河南省财政厅政策研究室主任；赵艳青，硕士，河南省财政厅政策
研究室。

（一）民营经济已成为河南经济活力的重要源泉

2011 年以来，河南省民营经济总量不断增加，对地区生产总值的贡献不断加大。2011 ~ 2016 年，河南民营经济增加值从 16458.20 亿元增长到 26264.26 亿元，增长 59.6%，增加值占全省生产总值比重从 61.1% 上升至 64.9%（见表 1）。六年来民营经济增速一直高于全省地区生产总值增速，但增速呈逐年下降趋势，从 2011 年的 12.3% 下降至 2016 年的 9.3%。

表 1　2011 ~ 2016 年河南民营经济增加值情况

单位：亿元，%

年份	增加值	增速	占 GDP 比重	同期 GDP 增速
2011	16458.20	12.3	61.1	12.0
2012	18270.76	11.1	61.7	10.1
2013	19938.94	10.1	62.0	9.0
2014	22043.05	9.9	63.1	8.9
2015	23645.33	9.1	63.9	8.3
2016	26264.26	9.3	64.9	8.1

（二）民间投资已成为河南省固定资产投资的主力

近年来，民间投资占固定资产投资的比重很高，但占比呈下降趋势，从 2011 年的 83.6% 下降到 2017 年的 78.1%。同时河南省民间投资增速也在逐年下滑，从 2011 年的 27.4% 下降到 2017 年的 9.1%。并且由 2011 年高于固定资产投资增速 0.4 个百分点，到 2015 年低于固定资产投资增速 0.6 个百分点，2016 年低于固定资产投资增速 8.1 个百分点，2017 年低于固定资产投资增速 1.3 个百分点（见表 2）。

表 2　2011 ~ 2017 年河南民间投资情况

单位：亿元，%

年份	投资额	增速	占固定资产投资比重	同期固定资产投资增速
2011	14151.06	27.4	83.6	27.0
2012	17513.16	23.8	85.2	21.4
2013	21540.29	23.0	85.5	22.5
2014	26203.10	21.6	87.3	19.2
2015	30368.11	15.9	86.9	16.5
2016	32075.89	5.6	80.7	13.7
2017	34276.03	9.1	78.1	10.4

（三）民营企业已成为河南省对外贸易的重要力量

河南省民营企业出口规模总体保持增长，2013～2017年民营企业出口额由596.96亿元增加到875.10亿元，占全省出口比重由26.8%上升到27.6%（见表3），占比呈波动增长态势，除2015年外，增速均高于同期全省出口增速，对进出口贸易的贡献不断加大；但出口增长率波动幅度较大，2015年甚至出现负增长。

表3　2013～2017年河南民营企业出口情况

单位：亿元，%

年份	出口额	增速	占全省出口比重	同期全省出口增速
2013	596.96	—	26.8	19.3
2014	687.13	15.1	28.4	8.4
2015	637.26	-7.3	23.7	11.0
2016	692.39	8.7	24.4	5.6
2017	875.10	26.1	27.6	11.8

注：根据《河南统计年鉴》，2013年才有民营企业出口额数据，故2013年增速空缺。

（四）民营企业已成为河南省税收的重要贡献者

近年来，河南省民营经济发展质量效益不断提升，对全省财政收入增长做出了重要贡献。2015～2017年民营经济税收收入由2403.41亿元增加到3117.29亿元，占全省税收比重由63.6%上升到69.3%，保持两位数的高速增长，高于同期税收增速。而国有经济税收占比呈下降趋势，虽然增速由负转正，但与民营经济增速相比差距较大（见表4）。国有经济税收收入从2015年占民营经济税收收入的46.6%降低到2017年的36.3%。

表4　2015～2017年河南民营经济税收收入情况

单位：亿元，%

年份	税收收入		占全部税收比重		增速		
	民营经济	国有经济	民营经济	国有经济	民营经济	国有经济	全部税收
2015	2403.41	1119.17	63.6	29.6	23.7	-9.1	9.8
2016	2698.59	1058.75	67.6	26.5	12.3	-5.4	5.6
2017	3117.29	1132.88	69.3	25.2	15.5	7.0	12.6

（五）民营经济已成为创业就业的重要载体

河南省民营经济就业人数呈上升态势，民营经济城镇从业人数由2011年的448万人增加到2016年的779万人，占城镇全部就业人员的比重不断增加，从2011年的34.8%提高到2016年的40.5%，该比重仍低于全国民营经济城镇从业人员占城镇全部就业人员的比重近一半。2011～2016年，民营经济城镇就业人员增速波动较大，2013年增速为–8.4%，2014年高达31.5%，2014年至今呈下降趋势，除2013年外，其他年份比城镇全部就业人员增速高出4.6～19.9个百分点（见表5）。

表5　2011～2016年河南民营经济城镇从业人员情况

单位：万人，%

年份	就业人员	就业人员增速	占城镇就业人员比重	同期城镇就业人员增速
2011	448	19.5	34.8	14.2
2012	502	12.1	36.3	7.5
2013	460	– 8.4	30.0	11.0
2014	605	31.5	35.3	11.6
2015	713	17.9	38.8	7.4
2016	779	9.3	40.5	4.6

二　河南民营经济发展中存在的问题

虽然民营经济已成为河南省经济发展的重要力量，但仍面临着一些问题和挑战，如发展环境欠佳组织规模偏小、产业结构不优、融资渠道不畅、人才资源不足等问题。

（一）发展环境欠佳

1. 重视程度有待提高

河南省对民营经济发展非常重视，但与外省相比，仍有一定的差距。广东省从2016年起，开始新一轮促进民营经济大发展的决策，先后召开全省民营

经济工作座谈会、民营经济工作现场会，并公布《广东省促进民营经济大发展若干政策措施》。2018 年 2 月，山西省人民政府办公厅印发《关于进一步激发民间有效投资活力促进经济转型发展的若干措施》，从平等对待各类市场主体、深化"放管服"改革、支持民间投资转型发展、着力降低企业经营成本、提供多样化融资服务、稳定市场预期和投资信心和构建亲清新型政商关系七个方面，提出了 26 条具体措施。

2. 营商环境有待优化

河南省部分地区发展民营经济的理念相对滞后，在制度创新、政策创新和服务创新等方面力度不够，民营经济发展的氛围不浓厚。2018 年 12 月 3 日，粤港澳大湾区研究院发布的《2018 年中国城市营商环境报告》和 2018 年 2 月在黑龙江亚布力论坛发布的《亚布力论坛·新华中国营商环境指数》，在排名前 10 位的城市中河南无一入选，而同为中部城市的长沙和武汉却进入了营商环境前 10 名。河南省部分地区市场环境、政商环境、政策环境、社会环境和法治环境等营商环境不够优，民营企业在获取自然资源、银行贷款、资本市场融资以及市场准入等方面处于劣势地位。民营经济发展面临"市场的冰山、融资的高山、转型的火山"的难题仍然没有完全解决。

3. 民营经济指标体系尚未建立

我国统计上划分经济类型是根据财产所有权的归属分为公有经济（国有经济和集体经济）和非公有经济（私有经济、港澳台经济和外商经济），尚未有明确的民营经济统计指标和口径，由于各部门统计口径不一，河南省尚未建立相适应的统计制度，缺少科学判断、监测、统计民营经济的指标体系。在大数据时代，统计体系不完备，不利于把握规律和研判形势，难以形成对民营经济发展科学决策的有力支撑。

（二）组织规模偏小

1. 企业规模小

在全省 50 万家民营企业中，年营业收入超过 300 亿元的仅有 5 家（双汇、中瑞、宇通、天瑞、森源）、超过 100 亿元的只有 20 家。2017 年河南民营企业百强入围营业收入门槛仅为 14.3 亿元，而同年度浙江、江苏、山东三省民营企业百强入围门槛分别是 119 亿元、107 亿元和 100 亿元。

2. 龙头企业少

在企业 500 强名单中，河南省上榜民营企业少，排名靠后。在 2017 年"中国企业 500 强"中，河南省只有 9 家企业上榜，其中民营企业有 4 家，分别是万州国际有限公司（第 117 名，原双汇国际控股有限公司）、郑州宇通集团有限公司（第 379 名）、天瑞集团股份有限公司（第 406 名）、河南森源集团有限公司（第 471 名）。在 2017 年"中国民营企业 500 强"中，河南省上榜 15 家，前三名分别是双汇实业集团有限公司以营业额 539 亿元居总榜单第 76 位，郑州中瑞实业集团有限公司居第 112 位，郑州宇通集团有限公司居第 133 位；河南省上榜数量排名位居全国第 7，分别是浙江（120）、江苏（82）、广东（60）和山东（57）的 12.5%、18.3%、25.0% 和 26.3%。

（三）产业结构不优

1. 集中在传统产业，新兴产业发展不足

河南省民营企业主要分布在制造业、批发零售业、住宿餐饮业等劳动密集型行业，2017 年分布最多的三个行业是制造业 17.47 万家、批发零售业 9.02 万家、住宿餐饮业 4.93 万家。在高端制造等高附加值、高技术行业、新兴产业分布较少。河南省 378 家新三板企业主要以食品、化工、建筑、机械等领域企业为主，信息技术服务、通信设备、互联网软件与服务等合计仅为 13 家。《2017 中国独角兽企业发展报告》提出了 164 家中国独角兽企业，河南省没有一家。

2. 产品竞争力不强

2017 年 11 月 15 日发布的《中国知识产权指数报告 2017》对国内 31 个省份的知识产权发展情况进行排名，河南省知识产权指数综合实力排名在全国居第 17 位，在中部六省居第 4 位；专利指数排名在全国居第 18 位，在中部居第 5 位；商标规模指数排名在全国居第 20 位，在中部居第 3 位；商标效益指数排名在全国居第 18 位，在中部居第 3 位。由于产品集中分布在劳动密集型产业，所以产品附加值较低、自主品牌少、竞争力偏低；同时，在全球经济低迷以及中国贸易摩擦的背景下，以传统产业为主的民企出口将受到较大冲击。

3. 转型压力大

由于民营企业较集中于传统产业,多数企业面临用工成本及环保等转型发展压力,用于转型升级的融资途径少、利润空间萎缩、信息不畅、申办手续不便捷,使企业家转型意愿受挫、投资积极性降低。

(四)融资渠道不畅

1. 融资难

近几年,围绕金融服务实体经济国家先后出台一系列政策,但在实际操作中存在关口多、难执行的问题。2018年以来,各项贷款增速略有下滑。3月末,金融机构本外币各项贷款余额为44304.9亿元,同比增长13.0%,增速较上月回落0.5个百分点;当月增加305.6亿元,同比少增119.0亿元,市场资金面总体偏紧。同时,银行信贷政策"一刀切",贷款审批权限过于集中,贷款期限结构不能满足企业需求,部分金融机构贷款增加了有关抵押、质押等担保增信措施,提高了融资门槛。

2. 融资成本贵

银行贷款利率上浮,个别股份制银行贷款年利率达到8%。在股权融资中,企业上市首发融资成本占比为8.5%,比2016年之前增长48.2%。2018年债券市场资金面仍然紧张,私募债年利率高达7.5%,企业债券年利率已达7%左右,较2016年同期相比上升至少一倍,超过同期银行贷款利率。

3. 融资方式单一

河南省中小微民营企业融资渠道狭窄,模式僵化,过于依赖银行信贷、建立基金等手段,综合运用商业保理等方式不够。省内中小民营企业很难达到上市标准,大多数民营企业无法直接融资,适应中小企业融资需要的资本市场还没有建立,长期票据市场发育程度很低。截至2018年9月末,全省境内上市公司79家、境外上市公司38家,A股上市企业数量居全国第13位,居中部六省第4位。全省新三板挂牌公司378家,仅占全国的3.3%,居全国第9位,居中部六省第2位。从各省情况对比看,生产总值与河南省邻近的省份中,浙江省有上市公司423家,是河南省的5倍多;四川省有上市公司数量118家;湖北省有上市公司96家,均多于河南省。

（五）人才资源不足

1. 企业家精神不足、素质不高

河南省民营企业家大多是从乡镇企业起家，有高等学历背景的少，民营企业高管队伍总体水平不高，企业家精神、市场化理念不强，高层次、创新型、具有全国影响的企业家不多，以质取胜、创新取胜的观念和能力亟待增强。问卷调查显示，在河南省企业家中没有技术职称的达到44%，第一学历为本科的不足20%，博士仅占1.9%。

2. 高管和技术人才缺乏

"高级人才难引进，普通工人难留住"成为河南省民营企业的现实写照。中高层管理和科技人才任职时间短，频繁的人员跳槽流动，加大了企业发展难度，也加重了企业用工成本。2017年，全省劳动力为6538.4万人，职业教育累计毕业生442.0万人，仅占劳动力总数的6.76%，这些技工学校毕业生每年又有80%到浙江、上海、广州、深圳等发达省份和地区就业，造成了河南省技术人才短缺。

三　加快河南民营经济发展的对策建议

如何在新时代背景下，搬走"市场的冰山、融资的高山、转型的火山"这三座阻碍民营经济发展的大山，为河南省民营经济发展"保驾护航"，成为河南省振兴实体经济、激发市场活力、实现经济高质量发展的重要任务，现结合实际提出以下建议。

（一）加大"放管服"改革，打造宽松高效的服务环境

1. 健全服务体系

按照政府引导、政社分开、规范服务、市场化运作，健全创业服务、信息服务、法律服务、市场服务体系，加强民营经济统计体系建设，充分保障企业权益，营造亲商、重商、安商、扶商的良好氛围。

2. 加大审批制度改革

深入推进"多证合一""证照分离""一次办妥"改革，不断提升企业准入经营便利化水平，逐步建立程序更为便利、内容更为完善、流程更为优化、

资源更为集约的涉企事项办理新模式，提高行政效率。

3. 进一步加大政策宣讲力度

国家和河南省出台了一系列支持民营经济发展的政策，有关部门要利用各种方式、渠道和载体宣讲政策，使企业了解政策、熟悉政策、享受政策。同时要完善政策执行方式，推动各项政策落地落细落实，让民营企业从政策中增强获得感。

4. 开展营商环境评价

结合实际构建营商环境评价指标体系，采用信息化、大数据等手段，动员企业、政府部门、中介机构等力量开展评价，同时强化问题导向，进一步找准问题症结，对照营商环境评价各指标的最优值，深化改革创新。

（二）认真落实减税降费，打造公平透明的盈利环境

1. 继续加大落实减税政策

按照国家统一部署，切实落实好各项减税措施。认真落实降低增值税税率、统一增值税小规模纳税人标准、退还部分行业增值税留抵税额等深化增值税改革三项措施；依法依规执行好小微企业免征增值税、小型微利企业减半征收企业所得税等主要惠及民营企业的优惠政策，确保民营企业应享尽享。

2. 积极出台降成本政策

在实施国家各项减税降费政策的基础上，积极主动研究制定跟进措施，巩固落实好河南省省定涉企行政事业性收费项目全部取消的政策，降低要素成本，平稳调整最低工资标准，进一步降低企业社保缴费比例；进一步扩大民营企业参与直购电，降低企业用电成本。

3. 推进办税便利化

积极宣传实施纳税人办理国地税事项"最多跑一次"，通过优化办税流程、提升纳税服务质效、融合线上线下办税和借助"互联网＋"技术手段，降低纳税人办税成本。

（三）构建创新生态系统，打造富有活力的创新创业环境

1. 构建良性循环的创新生态系统

强化企业技术创新的主体地位，支持企业转型升级，结构优化、动能转

换。提高有效科技供给，尤其是激活大学和科研院所的科技创新资源，以科技创新引领经济实现更高质量的发展。积极推进全省制造业创新中心、规模以上民营工业企业研发机构等建设，推动民营企业建立研发平台和产学研联盟，提升创新能力。

2. 进一步拓宽民间投资领域

促进国有企业、民营企业合作发展。鼓励民营资本参与国有企业混合所有制改革，提高民营资本在混合所有制企业中的比重。鼓励民间资本参与基础设施和公用事业建设，支持民营企业参与盘活政府的存量资产。提高河南省民营企业参加 PPP 项目、特色小镇、田园综合体等建设的积极性。

3. 认真落实创业政策

大力宣传河南省已出台的各项创业优惠政策，及时跟进国家创业举措，积极出台对接扶持政策和具体实施意见。积极落实财政支持农民工返乡创业 20 条政策措施，加大创业扶持力度，鼓励创办民营经济实体，进一步加大对高校毕业生、农民工返乡创业的财政支持力度。

（四）建立多层次融资渠道，打造良好的融资环境

1. 引导金融机构增加信贷投放

改革和完善金融机构监管考核和内部激励机制，扩大金融市场准入，拓宽民营企业融资途径。通过财政贴息、风险补偿和奖补方式，进一步激励金融机构加大信贷投放力度，为优质中小民营企业提供信用贷款和担保贷款。

2. 做大做强融资担保公司

加大融资担保力度，通过安排注入资本金、担保费用补贴完善政府性担保体系，逐步将担保对象从中小企业扩大到民营大中型企业，提高担保风险容忍度。

3. 支持开展直接融资

扩大上市和挂牌企业规模，支持区域性股权市场加快发展，建立中小企业上市辅导中心，支持民营企业通过发行公司债券、企业债券、短期融资券、中期票据等方式扩大融资渠道。

4. 探索更多融资工具

鼓励民营企业运用多元化融资工具，例如融资租赁、信托融资、保险融资、资产证券化融资、杠杆收购融资等，增强融资能力。

（五）强化招才引智，打造人尽其才的发展环境

1. 全面提升人才素质

开展民营企业法定代表人、中小企业高层管理人员、小微企业经营管理者等专题培训，提高企业管理者能力。加大民营经济人才培训基地建设，支持符合条件的民营企业申报博士后科研工作站、博士后创新实践基地。

2. 大力开展招才引智

营造企业人才成长的良好环境，聚焦国家重大战略实施需求、产业发展需求、平台建设需求，组织河南省毕业生就业市场、"民营企业招聘周"、高层次人才引进洽谈等系列活动，精准引进包括优秀民营企业家、技术人才在内的各类急需紧缺人才。

3. 弘扬企业家精神

着力营造依法保护企业家合法权益的法制环境、促进企业家公平竞争诚信经营的市场环境、尊重和激励企业家干事创业的社会氛围，调动广大企业家的积极性、主动性和创造性，更好地发挥企业家作用。

B.30
改善生态环境调查与分析

——基于 2017 年河南省公众生态环境满意度调查

冯文元　向继红　郑霞　潘勇*

摘　要： 生态环境直接影响人民群众获得感、幸福感。本文对 2017 年河南省公众生态环境满意度调查等数据展开深入挖掘和分析，发现污水、生活垃圾集中处理和公共厕所卫生条件是公众对生态环境满意度评价的短板，同时，河流湖泊受污染普遍存在，农村生态环境严峻不容乐观；其中，大气质量好坏和环境绿化程度是当前影响生态环境公众评价的核心因素。在此基础上本文提出加强大气污染防治、搞好环境绿化、下大力气改善农村生态环境和深入推进厕所革命等持续改善生态环境的对策和建议。

关键词： 河南　生态环境　公众评价　满意度调查

习近平总书记和党中央高度重视生态建设和环境保护工作。党的十八大报告提出："全面落实经济建设、政治建设、文化建设、社会建设、生态文明建设五位一体总体布局"，生态文明建设被上升为国家战略。党的十九大报告提出："实行最严格的生态环境保护制度，形成绿色发展方式和生活方式，坚定走生产发展、生活富裕、生态良好的文明发展道路，建设美丽中国"，生态文明建设被上升到中华民族伟大复兴、永续发展的千年大计工程。2018 年 5 月，习近平总书记在全国生态环境保护大会上强调："确保到 2035 年，生态环境质

---

* 冯文元，河南省统计局副局长；向继红，河南省社情民意调查中心副主任，高级统计师；郑霞，河南省社情民意调查中心高级统计师；潘勇，河南省社情民意调查中心高级统计师。

量实现根本好转，美丽中国目标基本实现；到本世纪中叶，建成美丽中国"，为生态环境建设指明了路径，制定了时间表。

生态文明建设是党的重大方针政策，生态改善成效直接关系人民群众获得感、幸福感、安全感。现阶段，各级政府环境保护的重点多放在完成上级部门制定的各项客观指标上，在回应公众主观感受方面所做的努力还有所不足。为践行党的十九大提出"以人民为中心"的发展思想，以人民群众满意为工作导向，找出影响全省生态环境公众评价的核心因素，本文以2017年全省公众生态环境满意度调查数据为基础，摸清当前河南生态环境现状，提出改善路径及对策建议。

一 当前河南公众面临的生态环境现状

2018年6月，河南省环保厅发布的《2017年河南省环境状况公报》显示，全省环境质量改善取得显著成效，主要表现为PM 10与PM 2.5改善达到目标，国家《水污染防治行动计划》年度目标任务全部完成；空气重污染天数大幅减少，冬季蓝天频现；城市黑臭水体大幅减少，水环境质量改善明显。但河南省产业结构偏重，单位生产总值能耗、单位工业增加值能耗、污染物排放强度均高于全国平均水平，总体上环境质量形势依然严峻，主要表现在以下几个方面。

（一）大气环境

2017年，全省各省辖市城市环境空气质量级别总体为轻污染，但是洛阳、新乡、郑州、鹤壁、焦作、安阳6市环境空气质量级别为中污染。2017年全省PM 10平均浓度为106微克/立方米，是全国（75微克/立方米）的1.41倍；PM 2.5平均浓度为62微克/立方米，是全国（43微克/立方米）的1.44倍。

（二）水环境

2017年，全省河流水质级别为轻度污染，仅长江流域为优，海河流域为中度污染，淮河流域、黄河流域为轻度污染。在全省141个省控监测断面中，优良水质（Ⅰ~Ⅲ类）断面有81个占57.5%（全国1940个国控水质断面Ⅰ~Ⅲ类比例为67.9%）。

304

（三）生态环境

2017 年，全省有林地面积 566.42 万公顷，森林覆盖率为 24.53%（全国森林覆盖率为 21.63%）；全省已建立自然保护区 30 处，总面积为 76.24 万公顷，约占全省土地面积的 4.6%（全国比例为 14.86%）；全省湿地总面积 62.79 万公顷（不包括水稻田），湿地率为 3.76%（全国比例为 5.6%）；全省共有 10 处国务院批准的国家级风景名胜区，24 处省政府设立的省级风景名胜区，总面积约 3742.39 平方公里，占全省土地总面积的 2.28%（全国比例为 2.23%）。

二 当前河南生态环境公众评价状况

2017 年 8～10 月，河南省统计局民调中心针对生态环境相关问题开展随机电话调查，共对全省 18 个省辖市、10 个省直管县 25719 位年龄在 16～60 周岁的城乡常住居民进行了访问。访问内容分为环境感知和污染现象严重程度两个部分，涵盖空气质量、水环境质量、土壤质量、生态状况等 12 项指标。访问结果显示，公众对当前生态环境评价堪忧，具体表现为：整体向好但压力较大，污水、生活垃圾集中处理工作仍需加大力度，河流、湖泊受污染和企业排污现象影响范围较广等。

（一）全省生态环境改善公众感知明显，但依然有较大的改进空间

按照党中央、国务院决策部署，全省各级党委、政府扎实推进生态环境建设治理工作，取得的成绩有口皆碑。调查结果显示有 68.0% 的公众对当地生态环境改善取得的成效持肯定态度，其中有 29.7% 的被访者认为"好很多"，38.3% 的被访者认为"好一些"。

国家统计局发布的 2016 年全国生态文明建设年度评价结果显示，河南省生态环境公众满意程度仅为 74.14%，在全国排名居第 26 位。河南省绿色发展指数在全国排名居第 22 位，在中部六省中处于倒数第 2 位，落后于湖北（第 7 位）、湖南（第 8 位）、江西（第 15 位）、安徽（第 19 位），仅高于山西（第 26 位）（见表 1）。

（二）污水、生活垃圾集中处理是最主要的短板

从分项指标看，"土壤质量"满意度最高，为 86.2%；其次分别是"空气质量"和"环境绿化情况"满意度，分别为 77.5% 和 76.4%；满意度排后的是

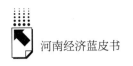

"污水、生活垃圾集中处理情况"和"公共厕所卫生条件",分别为60.2%和67.8%,刚达到及格水平(见图1),部分省辖市这两项满意度为40%~50%。

表1　2016年中部六省在全国生态文明建设年度评价结果排序

地 区	绿色发展指数	资源利用	环境治理	环境质量	生态保护	增长质量	绿色生活	公众满意程度
湖北	7	4	7	13	17	13	17	20
湖南	8	16	11	10	9	8	25	7
江西	15	20	24	11	6	15	14	13
安徽	19	19	9	20	22	9	23	21
河南	22	15	12	26	24	17	10	26
山西	26	29	13	29	20	21	4	27

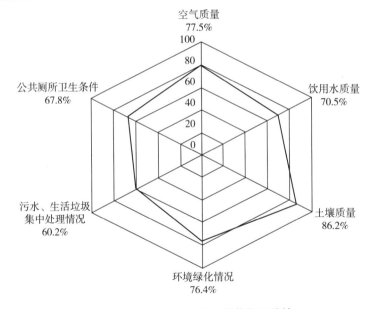

图1　公众对能感知到生态环境指标评价情况

河南省住建厅2017年统计数据显示,全省设市城市生活垃圾处理率达到了98.74%,县城生活垃圾处理率达到了87%,城市生活垃圾能够做到日产、日清,但农村房前屋后、坑塘、路旁生活垃圾随意倾倒现象严重,需要引起高度重视。

(三)河流、湖泊受污染和企业排污现象依然严峻

从公众感受到的污染现象来看,72.2%的被访者感受到河流、湖泊受污

染；66.0%的被访者感受到企业排污污染（见表2）。从环保执法情况看，企业违法排污现象频发。2017年全省各级环保部门检查各类污染源231671家次，全省整治取缔"散乱污"企业83441家，行政处罚立案7265起，下达处罚决定7248起，罚款金额32239.87万元。

表2　公众对身边污染源感知情况

单位：%

指标	没有污染	轻度污染	中度污染	严重污染
河流、湖泊受污染程度	27.8	38.6	17.2	16.4
企业排污带来的污染程度	34.0	34.4	16.8	14.8
农业污染程度	49.2	34.9	11.0	4.9
噪声污染程度	47.4	34.9	11.9	5.8
光污染程度	70.6	22.4	5.3	1.7
电磁辐射污染程度	65.7	26.3	5.9	2.1

（四）改善农村地区生态环境刻不容缓

"饮用水质量""环境绿化情况""污水、生活垃圾集中处理情况""公共厕所卫生条件"农村居民满意率都低于城镇居民（见图2）。其中，污水、生活垃圾集中处理情况农村低于城镇18.8个百分点。

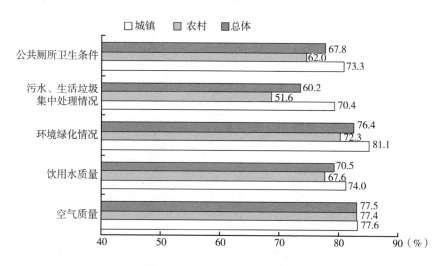

图2　城乡公众的环境感知情况

三 影响生态环境公众评价的因子分析

运用 SPSS 13.0 软件，对 2017 年全省公众生态环境满意度调查中的 12 个指标进行因子分析，将相同类别的指标归入一个因子，减少指标的数目有助于政府相关部门更好地抓住核心指标，有的放矢制订环境攻坚计划，从而提升公众整体评价，达到事半功倍的效果。

（一）数据处理

KMO 和 Bartlett 检验显示，KMO 值为 0.916 接近 1，巴特利特球形检验的显著水平 Sig. = 0.000，小于 0.05（见表 3），通过了检验，可以进行因子分析。

表 3　KMO 和巴特利特球形检验

KMO 抽样		0.916
巴特利特球形检验	近似卡方检验	70552.253
	自由度	66.00
	显著性	0.000

注：KMO 检验用于检查变量间的相关性和偏相关性，取值在 0~1。KMO 统计量越接近于 1，变量间的相关性越强，偏相关性越弱，因子分析的效果越好。巴特利特球形检验主要检验各个变量之间相关性程度，如果 p 值 < 0.05，则为差异显著，说明各变量间具有相关性，因子分析有效；反之因子分析无效。

按照提取出的公因子特征值大于 1 的原则，提取出 3 个公因子，其特征值分别为 5.262、1.291、1.007，共解释了原始变量总方差的 64.340%（见表 4）。

表 4　特征根及累积方差贡献率

公因子次序	公因子特征值		
	特征值	占比	累计百分比
1	5.262	43.853	43.853
2	1.291	10.759	54.612
3	1.007	9.728	64.340
4	0.750	6.989	71.329
5	0.580	4.576	75.904
6	0.554	4.353	80.257

续表

公因子次序	公因子特征值		
	特征值	占比	累计百分比
7	0.510	3.992	84.248
8	0.472	3.672	87.920
9	0.450	3.491	91.410
10	0.419	3.234	94.644
11	0.379	2.901	97.544
12	0.326	2.456	100.00

（二）数据解读

对因子载荷矩阵进行旋转后，将原始的12个指标分别归到3个综合变量中，即三个公因子（见表5）。

表5　旋转后的因子载荷矩阵

指标	公因子		
	1	2	3
您对所在地区的空气质量是否满意	0.710	0.239	0.197
您对所在地区的饮用水质量是否满意	0.756	0.203	0.076
您对所在地区的土壤质量是否满意	0.641	0.230	0.185
您对所在地区的环境绿化情况是否满意	0.332	0.706	0.138
您对所在地区的污水、生活垃圾集中处理情况是否满意	0.331	0.760	0.163
您对所在地区公共厕所卫生条件是否满意	0.179	0.829	0.177
您认为所在地区的河流、湖泊受污染的程度	0.593	0.357	0.308
您认为所在地区企业排污带来的污染程度	0.625	0.203	0.384
您认为所在地区农业污染的程度	0.539	0.241	0.390
您认为所在地区的噪声污染的程度	0.266	0.164	0.695
您认为所在地区的光污染的程度	0.114	0.100	0.814
您认为所在地区的电磁辐射污染的程度	0.140	0.119	0.775

第一公因子是"健康生存保障"因子。根据影响公众生态环境评价各因素自身的特点和现实意义，结合因子分析结果将空气质量、饮用水质量、土壤质量、河流湖泊受污染程度、企业排污带来的污染程度和农业污染归为一类。

空气、水、食物是维持生命所不可缺少的物质，也是人类健康所必需的要素，而空气质量、饮用水质量、土壤质量、河流湖泊受污染程度、企业排污带来的污染程度和农业污染都可以看作影响公众健康生存的主要因素，故命名为"健康生存保障"因子。

第二公因子是"绿色家园建设"因子。将环境绿化情况、污水生活垃圾集中处理情况和公共厕所卫生条件归为第二类。环境绿化是建设绿色家园的重要途径，同时污水生活垃圾集中处理和公共厕所卫生条件是绿色家园建设的重要抓手，故命名为"绿色家园建设"因子。

第三公因子是"隐性环境治理"因子。噪声污染、光污染和电磁辐射污染归为第三类。这些污染均属于物理性污染，随着科学技术的飞速发展，人们的生活水平不断提高，人们对衣、食、住、行、通信等各个方面的要求越来越高，在这迅猛发展的过程中各类物理性污染也随之悄悄进入我们生活的各个方面，并且对我们的工作、生活、学习甚至身体健康都已经产生了比较严重的影响。这些物理性污染与空气、水等污染相比一个最大的共性就是隐蔽性，不容易引起人们注意，故命名为"隐性环境治理"因子。

四 影响生态环境公众评价的主要问题

运用 SPSS 13.0 软件，将"生态环境满意程度"作为因变量，将"空气质量""饮用水质量"等 12 个指标作为自变量，对 2017 年全省公众生态环境满意度调查中 12 个指标进行多元线性回归分析，得到结果如下（见表6）。

表6 回归分析结果

指标	系数
河流、湖泊受污染程度	0.0621
空气质量	0.2506
饮用水质量	0.1056
土壤质量	0.0412
环境绿化情况	0.2218
污水、生活垃圾集中处理情况	0.1275
公共厕所卫生条件	0.0647

指标	系数
企业排污带来的污染程度	0.0423
农业污染程度	0.0328
噪声污染程度	0.0908
光污染程度	0.0322
电磁辐射污染程度	0.0167

根据"空气质量""饮用水质量"等12个指标对生态环境满意度的影响程度，将数据归一化处理后可以计算出12个指标的影响权重（见表7），并可进一步归纳出影响生态环境公众评价的主要因素及影响程度。

表7　公因子包含指标及影响权重

公因子	指标	权重
健康生存保障(0.50)	空气质量	0.46
	饮用水质量	0.20
	土壤质量	0.08
	河流、湖泊受污染程度	0.12
	企业排污污染程度	0.08
	农业污染	0.06
绿色家园建设(0.37)	环境绿化	0.54
	污水、生活垃圾集中处理情况	0.31
	公共厕所卫生条件	0.15
隐性环境治理(0.13)	噪声污染	0.66
	光污染	0.21
	电磁辐射污染	0.13

（一）"空气质量好坏"和"环境绿化程度"是影响生态环境公众评价最关键指标

影响公众对环境质量评价的最核心因子是"健康生存保障"，其对总体的贡献程度（权重影响）为0.5。影响"健康生存保障"各指标中权重最大的是"空气质量"，权重为0.46，进一步汇总得到"空气质量"对总体评价权重达到0.23，即公众对"空气质量"评价每提升一个百分点，总体评价就会提升0.23个百分点。影响公众总体评价的次核心因子是"绿色家园建设"，其对总

体的贡献程度（权重影响）为0.37。影响"绿色家园建设"各指标中权重最大的是"环境绿化"，权重为0.54，进一步汇总得到"环境绿化"对公众总体评价权重达到0.20，仅次于"空气质量"。

（二）地域之间不均衡问题突出

根据因子分析结果，计算出2017年河南省18个省辖市因子分析提取的三个公因子的结果，发现各省辖市之间差别明显（见表8）。

表8　18个省辖市各公因子得分及排序

省份	健康生存保障		绿色家园建设		隐性环境治理	
	得分	排序	得分	排序	得分	排序
全　省	73.03	—	67.18	—	84.06	—
郑　州	62.76	18	68.33	9	70.80	18
开　封	69.09	14	59.22	17	81.96	15
洛　阳	69.69	12	71.43	4	81.78	16
平顶山	69.02	15	61.73	16	81.01	17
安　阳	68.60	16	64.81	11	82.00	14
鹤　壁	78.38	1	69.27	8	86.67	3
新　乡	69.39	13	67.68	10	82.82	12
焦　作	67.51	17	71.11	5	83.62	9
濮　阳	73.68	8	70.85	6	87.39	2
许　昌	76.43	3	73.89	2	86.25	6
漯　河	76.26	4	71.43	3	87.82	1
三门峡	69.92	10	69.78	7	82.72	13
南　阳	70.37	9	63.40	13	85.07	7
商　丘	76.52	2	63.40	14	84.25	8
信　阳	75.26	5	63.06	15	83.30	11
周　口	69.90	11	51.73	18	83.53	10
驻马店	74.24	7	64.42	12	86.49	5
济　源	74.29	6	84.37	1	86.61	4

根据因子分析结果，将排名1~6名的省辖市定义为"好"，7~12名定义为"中"，13~18名定义为"差"。对18个省辖市得分排名进行象限分析结果显示，在"健康生存保障""绿色家园建设""隐性环境治理"三个维度中，开封、平顶山均处于"差"行列（见图3）。

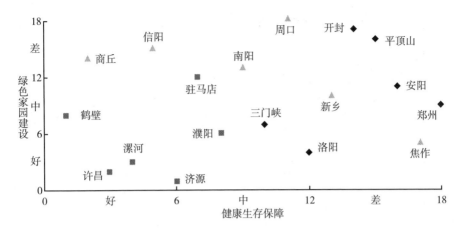

图3 各省辖市得分排名象限分析

五　改善生态环境公众评价对策和建议

（一）坚决打赢大气污染防治攻坚战

大气环境是生态环境的重要组成部分，也是影响生态环境三大核心因子中关键因子"健康生存保障"的重要因素，是公众最关心、最关注的问题，也是人类赖以生存的基本保障。各级党委、政府需要把大气污染防治攻坚战摆在更加突出的位置，以大气污染防治攻坚战为突破口，提纲挈领全面提升环境质量，提升群众对生态环境的获得感、幸福感、安全感。

（二）搞好环境绿化建设美丽河南

影响生态环境的第二大核心因子是"绿色家园建设"，环境绿化是"绿色家园建设"的重要影响因素（影响程度达到54%），也是绿色家园建设的基础性工作，林木、草皮等绿色植被对于净化空气、改善水土流失、保护饮用水水源地都有非常积极的作用，各级各部门需要常抓不懈，不断提升森林覆盖率，加大城市道路绿化力度，规划建设生态走廊，多措并举搞好环境绿化，提升公众感知。

（三）督促落后省辖市切实开展环境整治工作

从抓落后促工作角度看，开封、平顶山在"健康生存保障""绿色家园建设""隐性环境治理"三个维度中均处于全省最后行列，处于"掉队"状态，是全省生态环境建设的洼地，立足全省一盘棋，应督促落后省辖市面对现实、真抓实干，用实际行动和工作成效回应人民群众的关切。

（四）下大力气补齐农村短板

河南是农业大省、人口大省，农村人口占比大，且调查结果显示，农村居民对"饮用水质量""环境绿化情况""污水、生活垃圾集中处理情况""公共厕所卫生条件"等方面满意率均低于城镇居民，特别是"污水、生活垃圾集中处理情况"，需要下大力气进行农村生态环境建设。当前，农村地区资金技术匮乏，农民环保意识薄弱，加上近年来城市污染转移等因素，农村人居环境脏乱差问题突出，已危及农民身心健康，各级各部门需要高度重视农村地区的生态环境建设和改善工作，早日补齐农村短板。

（五）深入推进"厕所革命"

厕所问题不是小事情，是城乡文明建设的重要方面。调查结果显示，公众对"公共厕所卫生条件"的满意度仅为 67.78%，特别是农村状况更令人担忧，要下大力气补齐这块影响群众生活品质的短板。在建设公共厕所的同时，还要深入开展群众文明入厕教育，引导群众尊重厕所建设者、管理者的劳动成果，养成自觉爱护厕所设备、保持卫生的良好习惯。

（六）构建公众积极参与生态环境建设的良好社会环境

生态文明建设是一项长期而艰巨的系统工程，不能一蹴而就，各级政府应当进一步发挥公众的监督作用，对企业排污和政府环保工作进行监督，主动推进环境信息公开，引导和鼓励公众更多地参与环境公共事务。同时，引导群众养成绿色生活方式，形成保护生态环境、人人有责的良好环境意识，牢固树立"绿水青山就是金山银山"理念，引导公众树立自觉践行绿色生活的新理念，为推动高质量发展，实现中原更加出彩添砖加瓦，贡献自己的力量。

B.31
人口老龄化形势预判及对河南省企业职工基本养老保险基金的影响

人口老龄化形势预判及对河南省企业
职工基本养老保险基金的影响

李保华　金德年　秦 森　冯冀勋*

摘　要： 近年来，河南省新生人口持续保持低位、劳动力持续流出，
导致新增人口和劳动人口增长缓慢。伴随着医疗服务水平的
不断提高，人均预期寿命也逐渐提高，这些因素形成当前人
口老龄化社会的现状，直接影响企业职工养老保险基金的可
持续性。为了分析、量化和研判相关影响，本文以人口现状
和养老保险制度运行情况为基础，借助精算技术，结合人口
结构变化、经济发展状况、基本养老保险制度改革等因素对
河南省企业职工基本养老保险基金未来收支情况进行精算预
测，在量化人口老龄化发展速度、评估基金支撑能力变化等
方面开展专题研究，并谋划应对措施，提出针对性建议，为
防范发生养老金支付风险、确保基金平稳运行、促进基本养
老保险事业健康可持续发展提供科学支撑。

关键词： 河南　人口老龄化　基本养老金精算

一 河南省处于人口老龄化社会，企业基本
养老保险基金运行平稳

河南省是人口大省，按照全国第六次人口普查数据，河南省户籍人口和常

---

* 李保华，河南省社会保障局副局长；金德年，河南省社会保障局精算处处长；秦森，河南省
社会保障局精算处副处长；冯冀勋，河南省社会保障局精算处科员

住人口分列全国第1位和第3位。河南省作为人口流动大省，劳动力人口大量流出、新增人口增长缓慢等特征明显。伴随着生活水平和医疗水平的提高，平均寿命也逐渐提高。河南省逐渐形成了人口老龄化的趋势，已经进入老龄化社会。

（一）人口现状

1. 我国人口现状

《中华人民共和国2017年国民经济和社会发展统计公报》显示，截至2017年底，全国总人口为139008万人，城镇常住人口81347万人。在全国常住人口中，0~15岁人口为24719万人，占17.8%；16~59岁人口为90199万人，占64.9%；60岁及以上人口为24090万人，占17.3%；其中65岁及以上人口为15831万人，占11.4%。根据以上数据判断，我国已经步入老龄化社会。

2. 河南省人口现状

《2017年河南省国民经济和社会发展统计公报》显示，截至2017年底，全省总人口为10852.85万人，占全国总人口比重为7.8%；常住人口9559.13万人，其中城镇常住人口4794.86万人，占全国城镇常住人口5.89%。在全省常住人口中，0~14岁人口为2046.61万人，占21.4%；15~64岁人口为6538.44万人，占68.40%；65岁及以上人口为974.08万人，占10.2%，基本与全国水平相等。

3. 目前河南省人口结构

根据全国第六次人口普查、河南省千分之一抽样调查数据及有关人口结构数据，河南省人口结构见图1。按照国际通行标准①河南省当前处于典型的人口老龄化社会；0~14岁人口位于低龄人口少子化区间，而2014~2017年河南人口自然出生率分别为12.3‰、12‰、12.9‰、12.4‰，一直保持在较低水平，即使考虑到出生婴儿少报、漏报等因素，河南仍处于少子化社会。由此可见，河南省已进入典型的人口老龄化、少子化社会。

2017年，在河南省城镇人口结构中，男性61岁以上为397.45万人、女性

① 1956年联合国《人口老龄化及其社会经济后果》确定，当一个国家或地区65岁及以上老年人口数量占总人口比例超过7%时，则意味着这个国家或地区进入老龄化社会。1982年维也纳老龄问题世界大会确定，60岁及以上老年人口占总人口比例超过10%，意味着这个国家或地区进入严重老龄化社会。

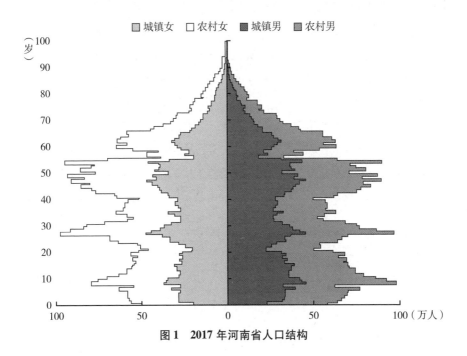

图1　2017年河南省人口结构

51岁以上为580.95万人，合计978.40万人；而城镇劳动力人口（16岁以上人口）2762万人，符合退休条件人员（领取养老金潜在人群）占城镇劳动力人口的比例为35.4%，即劳动力人员与符合退休条件人员的比是2.82∶1，这说明在城镇人口中每2.82名劳动力人口抚养1名符合退休条件的人员，如果考虑4%的综合失业率，则城镇人口潜在制度抚养比①为2.71∶1。

（二）河南省基本养老保险现状

1. 全省企业基本养老保险基金运行平稳

2017年，全省征缴企业养老保险费同比增加9.6%，完成全年征收任务的113.8%。河南省为企业退休人员调整了养老保险待遇，养老金月人均增加154元，全年养老金支出占总收入的92.3%。全省企业养老保险基金当期结余

---

① 城镇人口潜在制度抚养比：城镇就业人口/符合享受退休待遇人口，即为N个工作的人抚养1个退休的人。

可支付月数为 11.4 个月，比上年减少了 0.8 个月。

2. 制度抚养比明显下降

2017 年，全省企业职工基本养老保险参保人员同比净增长 6%，与前四年相比，增速逐渐回落；企业在职参保人员同比净增长 6.6%，缴费人员同比净增长 4.4%，缴费职工占参保职工的比例从年初的 66% 下降到 65%；企业离退休人员同比净增长 3.8%。2013 ~ 2017 年，河南退休人员增长率高于同期在职职工增长率，使参保的在职人员比例有所上升，从 2013 年的 3.10∶1 上升到 2017 年的 3.36∶1，但缴费人员抚养比总体呈下降趋势，从 2013 年的 2.38∶1 下降到 2017 年的 2.18∶1，而在参保的在职人员中不缴费的中断人员占比也有明显提高（见图 2）。

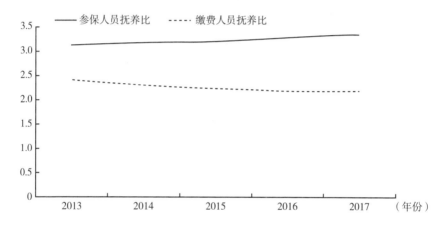

图 2　2013 ~ 2017 年河南省企业养老保险抚养比变化情况

因此，当前河南省处于典型人口老龄化、少子化社会。河南省企业基本养老保险基金运行平稳，缴费人员抚养比持续下降，退休人员人数不断提高。

二　未来河南省将进入深度老龄化社会，企业养老保险基金可持续性面临挑战

为了较清晰地了解人口老龄化变化情况及其对基本养老保险基金的影响，根据《关于加强社会保险精算工作的意见》要求，笔者开展了 10 年期（2017 ~ 2027 年）的人口和养老保险基金短期精算预测。本测算根据历史经验和基础

数据设置了有关参数，同时也考虑了城镇化、二胎政策和延迟退休政策实施的影响。

（一）模型原理和数据说明

测算模型为人力资源社会保障部社保中心开发的《企业养老保险精算分析模型》。模型主要原理是根据起始年城镇、农村人口结构并结合城镇化率推算未来农村迁移人口规模，根据生育率、死亡率、新生婴儿性别比等预测未来年人口结构，通过城镇劳动力参与率、失业率等确定城镇就业人数，根据参保职工存量和每年增量计算参保职工人数，根据参保职工构成和各年龄段职工的退休率确定新增退休人数；养老保险征缴收入根据分年龄、性别的参保职工人数和缴费工资水平计算，加上财政补贴和养老基金投资运营收益等构成总收入；养老金支出根据分年龄、性别的退休人数及养老金水平计算得出，加上丧葬补助等其他支出构成总支出。

数据以 2017 年河南省企业基本养老保险制度运行现状为基础，涉及的人口和宏观经济数据来自第六次全国人口普查和河南省统计局《2017 年河南省国民经济和社会发展统计公报》；基本养老保险金运行总量数据来自基金、统计年报，制度内分年龄、性别的数据则由信息系统数据筛选整理而成。

（二）主要参数假设

1. 城镇化率

2017 年底，全省城镇常住人口达到常住总人口的 50.2%。根据河南省"十三五"规划及历史城镇化率进程推测，以 2017 年城镇化率为基准，每年增加 1~2 个百分点，到 2027 年城镇化水平将达到 61.7%。①

2. 平均预期寿命

《河南统计年鉴（2017）》显示，河南省人口预期寿命 1990 年为 70.0 岁，2000 年为 71.8 岁，2010 年为 74.6 岁，通过回归拟合，并考虑适当衰减，到 2027 年河南省平均预期寿命为 78.2 岁。

---

① 根据河南第六次人口普查数据，结合 2015 年千分之一人口抽样调查，综合生育率、死亡率、人口迁移情况等因素，推算 2009~2017 年河南省每年城镇化率增速在 1~2 个百分点区间内动态变化。

3. 延迟退休政策

假设从 2020 年开始实施女性工人延迟退休年龄，每三年延迟退休 1 岁，从 2035 年开始女性干部、男性职工延迟退休，每三年一岁，到 2050 年退休年龄达到女性 60 岁，男性 65 岁。①

（三）人口总量缓慢增加、老龄化趋势日益严重

通过预测，到 2027 年全省常住人口 9611 万人，比 2017 年略增近 52 万人，即 10 年内河南省常住人口仍是缓慢增长趋势。至 2027 年底，全省常住人口中 0 ~ 14 岁人口为 1550 万人，占比为 16.1%，比 2017 年减少 5.3 个百分点；15 ~ 59 岁人口为 5963 万人，占比为 62.0%，与 2017 年基本持平；60 岁及以上人口为 2097 万人，占 21.8%，比 2017 年增加 5 个百分点；其中 65 岁及以上人口为 1368 万人，占 14.2%，比 2017 年增加 4.0 个百分点，即到 2027 年河南省人口老龄化程度将更加严重。

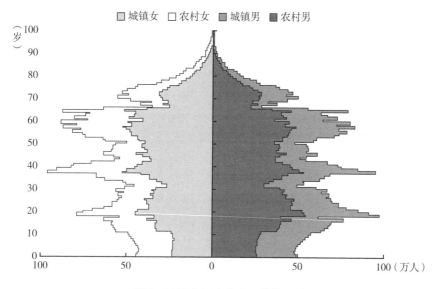

图 3　2027 年河南省人口结构预测

① 延迟退休政策假设来自中国社会科学院世界社保中心发布的《中国养老金发展报告 (2017)》。

（四）基本养老保险基金收不抵支情况日趋严重

1. 基本养老保险基金预测

未来 10 年，在考虑中央补助、利息收入等情况下，河南基本养老保险基金收入将保持持续增长，2017～2027 年基金收入合计年均增长为 8.3%；在考虑退休人数不断增加、养老金水平不断调增等情况下，2017～2027 年基本养老保险基金支出合计年均增长为 9.3%。若此，自 2019 年起，基本养老保险基金收入增幅将低于基金支出增幅，2020 年以后基本养老保险基金将持续出现当期收不抵支现象。如果从 2020年开始延迟退休政策，则使 2020 年以后的基本养老保险基金支出减少，收入增加。

2. 参保人员预测

2017～2027 年，河南省参保职工人数年均增长 3.4%。职工人数增长的主要因素，一是因城镇化率提高而新增加城镇从业人员；二是职工参保率的提高；三是新增城镇就业人员，其中以个人身份参保人员占比将会逐渐扩大。在河南省人口外流和当前经济环境下行的情况下，参保职工的增加会有边际效应，制度覆盖率在一定时期内会处于持平状态。

2017～2027 年，河南省退休人员人数年均增长为 4%。考虑到延迟退休政策，且随着养老保险制度覆盖时间的延长和预期余命的提高，70 岁及以上退休人员的比例将会持续增大，预计将会从 2017 年的 32% 增加到 2027 年的35.2%。制度抚养比从 2017 年的 3.36∶1 降低到 2027 年的 3.05∶1，制度抚养比降幅明显（见图 4）。结合起始年参保人口结构，预测到 2027 年河南城镇人口与参保人口结构与 2017 年相比，将会出现整体右移（见图 5）。

3. 替代率情况

替代率反映的是退休人员退休时的待遇水平，根据当前情况，无论是缴费工资替代率还是岗平工资替代率，在未来 10 年都会有很大程度下降，而缴费工资替代率下降幅度要大于岗平工资替代率。

因此，未来 10 年河南省人口老龄化程度将会进一步加剧，到 2027 年每 5个人中有 1 位 60 岁以上老人，每 7 个人中有 1 位 65 岁以上老人。养老保险制度内抚养比将会持续走低，到 2027 年下降到 3.05∶1 左右，基金将会出现当期收不抵支情况，基金累计结余将会持续减少，退休人员待遇水平则会逐步降低，基金制度待遇充足率和制度可持续性将受到挑战。

河南经济蓝皮书

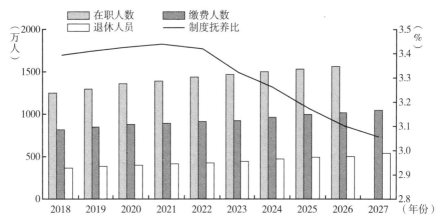

图4　2018~2027年河南省制度覆盖各类人员及制度抚养比变化情况

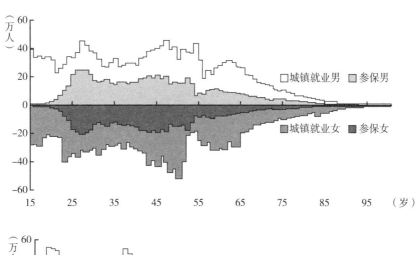

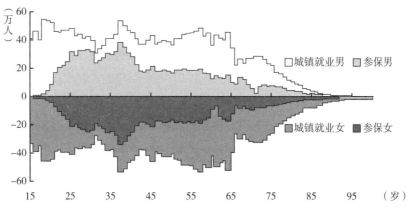

图5　2017年和2027年河南省城镇人口与参保人口结构对比

322

三 多措并举化解人口深度老龄化对企业养老保险基金的冲击

（一）尽快出台延迟退休政策

延迟退休政策能改善基金面临的收不抵支现象，按照现行退休政策，预计河南到 2027 年制度抚养比将降低到 3.05：1，基金可支付月数为 2.7 个月，如果实施延迟退休政策，到 2027 年制度抚养比将提高到 3.1：1，基金可支付月数为 3.4 个月，伴随着延迟退休政策的逐步到位，制度抚养比将会进一步优化，基金支撑能力可以得到进一步改善。因此，延迟退休政策必不可少，亟须尽快出台。

（二）出台鼓励生育政策，提供新的人口红利

河南省出生率近几年来一直在 12‰～13‰，生育水平一直处于少子化状态，未来年轻人口占比将会随着老龄化的进一步加剧而越来越低。相对应的是河南省企业职工基本养老保险制度的抚养比也会越来越低，基金运转的可持续性面临巨大风险。应考虑出台鼓励生育的政策，尽快增加新生人口，为提高未来制度抚养比提前谋划。

（三）加快推进基本养老金投资运营

目前，河南省企业养老保险基金结余 1000 多亿元，预计到 2020 年左右将会出现当期收不抵支、基金累计结余持续减少的情况。建议结合目前结余情况和未来收支预测，统筹做好基金投资规划，开展基金投资运营，提高基金收益，增加基金收入，确保基金保值增值，能更好地应对人口老龄化问题。

（四）加强基金扩面征缴工作，增加制度激励机制

推进全民参保计划，扩大养老保险制度覆盖面，确保应保尽保。加强基金征缴工作，确保基金足额及时征收，同时考虑优化制度设计，提高制度吸引力，建立个人多缴多得、长缴多得的激励约束机制。

（五）结合中央调剂金制度，加快基金省级统收统支

河南省各地的老龄化程度不一致，省会城市外来人口较多，老龄化程度较低。老工业城市退休人员较多、农业城市外出务工人口较多，老龄化程度较高。由于各地老龄化程度不同，造成了省内基金结余不平衡。通过推进基金省级统收统支，可以平衡各地区基金受人口老龄化的影响，降低老龄化对部分地区带来的严重冲击，确保各地养老金都能按时足额发放。

B.32
当前河南房地产市场
发展现状与趋势分析

顾俊龙　朱丽玲*

摘　要： 2018 年，河南坚持"房子是用来住的、不是用来炒的"定位，精准施策，全省房地产市场深化调整，价格保持基本稳定，但开发投资、商品房销售面积增速出现较大幅度回落，市场降温明显。展望 2019 年，房地产市场继续下行的压力依然较大，应坚持分类调控，落实差别化信贷政策，加快建立长效调控机制，促进房地产市场平稳健康发展。

关键词： 河南　房地产市场　住房制度改革

2018 年，河南省认真贯彻落实中央和省委、省政府关于促进房地产市场平稳健康发展的要求，供需两侧同时发力，在需求端保持调控政策的持续性和稳定性，坚决遏制投机炒房；在供给端着力开发结构调整，增加有效供给比重。房地产开发市场深化调整，商品房销售、开发投资增速持续较大回落，年末现筑底回升迹象，内部结构趋于优化，价格保持基本稳定，但市场继续下行压力较大、企业开发成本和居民购房成本增加等问题应给予密切关注。

一　2018年河南房地产开发市场运行基本特征

2018 年以来，受宏观经济环境、房地产调控政策、资金收紧、环保治理

---

* 顾俊龙，博士，河南省统计局固定资产投资处处长；朱丽玲，河南省统计局固定资产投资处。

等因素综合影响，全省房地产开发市场开发投资和销售面积增速持续回落，供给结构适应市场需求调整，住房价格基本保持稳定。

（一）房地产开发节奏放缓，供给结构优化

1. 房地产开发投资负增长

2018年，全省房地产开发投资为7015.47亿元，同比下降1.1%，较2017年（增长14.7%）回落15.8个百分点。2017年在持续严厉的调控政策下，全年开工项目较少，房屋新开工面积同比下降7.1%，造成2018年处于施工高峰期的续建项目缺失，加之环保、基数等因素作用，2018年房地产开发投资增速延续2017年持续回落态势。从年度看，2018年全省房地产开发投资增速首次出现负增长。

从全年看，房地产开发投资高开低走，投资增速一季度保持稳定，自二季度起回落幅度加大，前三季度首次同比下降，年末虽略有回升，但全年仍为负增长。全年增速比一季度、上半年和前三季度分别回落14.3个、6.7个和0.5个百分点。

2. 新开工面积低速增长

2018年，全省房屋施工面积为54685.56万平方米，同比增长9.5%；其中当年新开工面积为14677.65万平方米，同比增长7.7%。2018年房地产市场调控持续推进，房企对市场预期更加谨慎。同时，受环保、建材价格上涨等因素影响，房屋新开工面积在2017年的基数上低速增长，开发节奏放缓。

3. 开发供应结构优化

从工程用途看，全省开发市场以住宅为主，商业营业用房、办公楼低速增长。2018年，住宅施工面积为41349.89万平方米，同比增长10.2%；新开工面积为11431.06万平方米，同比增长9.5%。办公楼施工面积同比增长5.4%，新开工面积同比增长0.1%；商业营业用房施工面积同比增长5.0%，新开工面积同比增长4.8%。在当前全省非住宅去库存压力较大的环境下，住宅较快增长、非住宅类增长较慢，凸显开发规模结构趋于优化。

分住宅类型看，90平方米以下住房施工面积为10112.55万平方米，同比增长2.7%；新开工面积为2030.77万平方米，同比下降17.1%。90~144平方米住房施工和新开工面积同比分别增长13.2%和19.8%，144平方米以上住

房施工和新开工面积同比分别增长 11.4% 和 8.7%。随着二孩政策放开和人民生活水平提高，较大面积的改善性住房需求增大，住房供给结构随之调整。

（二）销售面积增速回落，住宅价格和待售面积基本稳定

1. 销售面积增速持续回落

2018 年，全省商品房销售面积为 13990.51 万平方米，同比增长 5.1%，增速分别较 2017 年全年（17.8%）和 2018 年上半年（15.8%）回落 12.7 个和 10.7 个百分点。在调控政策延续、住房贷款利率上浮、上年基数不断抬高等多重影响下，商品房销售面积增速连续回落。

全省商品住宅销售占比近九成。2018 年，住宅销售面积为 12482.88 万平方米，同比增长 6.6%；办公楼销售面积为 224.00 万平方米，同比下降 5.4%；商业营业用房销售面积为 1042.89 万平方米，同比下降 9.2%；其他用房销售面积为 240.74 万平方米，同比增长 8.7%。

2018 年，全省商品房销售额为 8055.30 亿元，同比增长 13.0%，增速比 2017 年全年（27.0%）和 2018 年上半年（24.8%）分别回落 14.0 个和 11.8 个百分点。其中，商品住宅销售额为 6903.79 亿元，同比增长 17.1%；办公楼销售面积为 225.26 亿元，同比下降 0.5%；商业营业用房销售面积为 801.74 亿元，同比下降 8.8%；其他用房销售面积为 124.51 亿元，同比下降 1.2%。

2. 住宅价格基本保持稳定

从国家统计局公布的 70 个大中城市新建商品住宅销售价格环比指数看，2018 年以来，河南省郑州、洛阳、平顶山新建商品住宅环比价格指数在 100 上下小幅波动态势（见图 1）。在限购、限价、限贷、限售等调控措施的共同作用下，住宅价格基本保持稳定。

3. 待售面积小幅波动，商品住宅去化周期逐步回升至合理区间

截至 2018 年末，全省商品房待售面积为 2800.92 万平方米，与 2017 年末的 2846.55 万平方米相比，减少 45.63 万平方米房。河南省住建部门数据显示，截至 2018 年 11 月底，全省新建商品房可售面积 13793.48 万平方米，去化周期为 14 个月。其中住宅库存 7698.44 万平方米，去化周期为 9 个月；非住宅库存去化周期 55 个月。随着去库存刺激政策逐步退出，各地陆续出台调控政策，加大了住房供给力度，2018 年商品住宅去化周期逐步回升至合理区间。

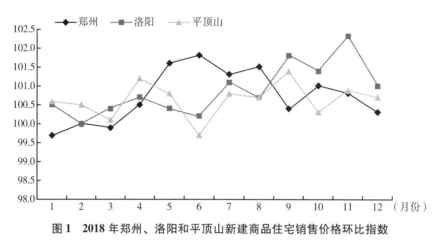

图1　2018年郑州、洛阳和平顶山新建商品住宅销售价格环比指数

（三）郑州调控效果显著，半数省辖市市场下行

1. 郑州房地产市场过热问题逐步得到缓解

2016年上半年，郑州房地产市场出现过热苗头，商品住房价格过快上涨，被列为国家16个调控热点城市之一。自2016年9月起，郑州市出台调控措施并先后5次进行完善升级，有效遏制了过热势头。商品房销售面积的同比增速从2016年1～10月的70.0%下降至2017年的8.3%，2018年回升到19.8%增长速度。作为"新一线城市"，人口城镇化进程不断加速，在稳定购房者逐步入市、安置房集中网签的作用下，销售规模保持平稳较快增长。新建商品住宅销售价格同比指数由2016年10月的128.1回落至2018年10月的106.7，环比指数整体保持在100上下平稳波动。2018年11月，郑州市区商品住宅库存去化周期为10个月，整体处于合理区间。

2. 半数省辖市房地产市场下行明显

结合房地产开发投资和商品房销售面积增速看，开封、洛阳、安阳、新乡、鹤壁、焦作、三门峡、南阳、商丘9个地市的房地产开发投资和商品房销售面积同比增速均处于10%以下。在严格持续的调控作用下，全省房地产市场有明显降温趋势。

二　当前河南房地产市场值得关注的问题

房地产业作为国民经济的基础产业和先导产业，在不断满足与改善居民住房需求，提升城市功能和形象，拉动内需和带动相关行业发展以及扩大就业等方面发挥着重要作用，房地产业的平稳健康发展关系重大。当前，全省房地产市场面临以下几个问题。

（一）市场持续低位运行压力较大

1. 影响房地产开发投资增速回落的因素或将持续

2018年以来，全省开发投资增速持续回落，主要受以下因素影响。一是持续的房地产市场调控，住房向居住属性回归，投机需求受到明显遏制。在整个房地产市场的大环境下，房地产开发预期理性，投资更加谨慎。二是宏观调控收紧、销售回落，房地产开发企业资金压力增加。三是建材价格大幅上涨造成生产成本上升、货源紧张，停工待料影响施工进度。四是受制于全省环保压力较大，项目开工和在建项目施工均受到影响。五是部分地区棚户区改造项目融资受限，进度放缓。六是基数较高。自2015年以来，全省投资规模稳居全国前5位，2015～2017年房地产开发投资年均增长16.9%，高出全国平均水平12.9个百分点，随着房地产开发投资规模增大，保持较快增长的难度增加。

可以看出，当前影响房地产开发投资增速回落的因素短期内发生变化的可能性较小。房地产开发投资增速下行压力大，不仅下拉全省固定资产投资增长，而且对未来有效供给或将产生不利影响。

2. 商品房销售需求放缓

近两年，不少地市商品房需求和购买力已得到充分释放，很多刚需家庭都已购房，新的需求形成尚需时间。2018年以来，根据国家政策要求，全省棚改货币化安置比例逐步下调，已降低至22.49%，2019年棚改范围、成本以及货币化安置比例将严格控制，棚改带来的购房需求预计进一步减少；随着租购并举住房体系逐步完善以及棚改安置房建成并交付使用，可供租赁房源将更加丰富。据住建部门预测，2019年租赁市场房源套数将超过10万套，公租房分配会进一步加快，将有更多群众选择租房而不是购房。综合看来，房地产市场需求难以有较为明显的改善。

3. 资金与土地等先行指标低速增长

自房地产调控实施以来，房地产领域信贷政策进一步收紧，同时销售战线拉长、回款放缓，房地产企业到位资金低速增长。2018年，全省房地产开发

企业实际到位资金为 7128.38 亿元，同比增长 0.5%，增速比 2017 年全年（8.1%）和 2018 年上半年（8.8%）分别回落 7.6 个和 8.3 个百分点。国内房地产贷款同比下降 25.8%，自筹资金增长 5.9%，定金及预收款增长 8.1%，个人按揭贷款下降 6.2%。预计 2019 年房地产领域信贷政策不会放松，资金监管更加严格，企业资金链将更加紧张。

2018 年，全省房地产开发企业土地购置面积为 1018.43 万平方米，同比增长 0.3%；土地成交价款为 498.93 亿元，同比增长 0.3%。在调研中发现，自 2018 年以来，多地陆续出现土地流拍现象。土地购置是新增房地产开发项目的前置条件，是开发投资走向的重要先行指标。土地购置面积下降，将影响未来房地产新开工项目数量进而影响开发投资。

综合开发、销售、资金及土地情况，2019 年房地产开发市场供需两侧都将面临较大的下行压力。

（二）居民购房成本不断增加

随着市场调控的逐步深入，投资、投机性购房需求得到有效遏制，但刚性和改善性需求购房成本也随之上升。一方面随着金融政策不断收紧，全省各地住房贷款均不同程度地出现利率上浮现象。以郑州市为例，首套房的贷款利率普遍上浮 25%~30%，二套房贷款利率上浮 30%~35%。利率上浮增加了居民的购房成本，特别是给刚性需求群体带来更大负担。另一方面部分银行机构减少了房贷额度，个人按揭贷款放款速度慢、回款困难，居民使用住房贷款时间成本、资金成本增加。

（三）房企开发成本增加较快

当前部分房地产开发企业受限签政策限制影响，企业财务成本大幅增加；受环保治理、去产能等政策影响，建筑材料供给严重不足，价格大幅上涨。据部分企业反映，2018 年以来河沙价格由年初每吨 17.5~18.5 元上涨到 120 元，且有价无市；钢筋价格由年初每吨 3590 元上涨到 4380 元；石子价格由每吨 80~90 元上涨到 130 元以上；混凝土价格由每立方米 300 元涨到 500 元左右；人工成本大幅上涨，普遍存在"用工荒"，严重影响了项目建设进度和施工投资。

三 未来河南房地产市场趋势预判及政策建议

2019 年是新中国成立 70 周年，是推进河南经济社会高质量发展、决胜全面建成小康社会第一个百年奋斗目标的关键之年，保持全省房地产市场稳定、"防止房地产市场大起大落"是政策总基调，初步判断 2019 年房地产市场将在 2018 年的基础上继续低位运行。

（一）未来房地产市场发展趋势

党的十九大报告提出要"坚持房子是用来住的、不是用来炒的定位"，各地要积极研究制定政策引导房地产市场投资行为，保持房地产市场稳定。2018 年年末的中央经济工作会议明确提出，要构建房地产市场健康发展长效机制，坚持房子是用来住的、不是用来炒的定位，因城施策、分类指导，夯实城市政府主体责任，完善住房市场体系和住房保障体系。住建部也明确提出，要以稳地价、稳房价、稳预期为目标，促进房地产市场平稳健康发展，并在健全城镇住房保障体系、补齐租赁住房短板等方面做出具体安排。

经过连续调控之后，投机性需求受到遏制，但河南当前城市化进程稳步推进，为房地产市场创造了良好的发展环境和基本需求。从长远需求看，河南人口多、城镇化率较低，随着城镇化步伐的不断加快，城镇人口集聚形成的刚性需求、追求更高生活质量形成的改善性需求是未来房地产市场发展潜力的根本保障。但考虑到当前调控不放松的大背景下，市场交易趋冷，资金压力加大，企业预期谨慎，初步判断房地产市场 2019 年将继续低位运行，房地产开发投资和商品房销售面积增速可能维持较低增幅。

（二）促进房地产市场健康发展的政策建议

1. 因地制宜，分城施策

根据存量住房状况、人口总量、收入状况、结构变化趋势，合理确定年度新增住房供应规模。在销售低迷、去库存周期过长的城市，摸清本地房地产市场基本情况，有针对性地调整和出台相关政策，严控新增住房用地规模，减少土地供应量，防止产能过剩问题在房地产领域蔓延。在供不应求、房价上涨过

快的城市，要贯彻落实已经出台的调控措施，严格控制投资投机性购房。同时，建议出台更加灵活的环境污染治理管控措施，对一些采用防污防尘技术、施工现场符合环保标准以及已经结束大规模施工、进入装修阶段的项目工地，允许正常施工。

2. 加强差异化金融政策，支持刚性需求和改善性需求

区分投资、投机性需求和刚性、改善性需求，在不断完善调控政策、堵住投资投机需求漏洞的同时，加强对刚性和改善性住房需求的金融支持。对首套房，应该将房利率逐步恢复至基准利率；对拥有1套住房并已结清相应购房贷款的家庭，为改善居住条件再次申请贷款购买普通商品住房，可执行首套房贷款利率政策。切实满足群众刚性和改善性住房需求，在有效提高居民居住水平的同时实现商品房销售面积的平稳快速增长。

3. 加强为企业服务工作

加强对企业的服务，进一步强化政府服务职能，简化审批流程，提高行政效率，缩短办事时限，规范收费项目，帮助房地产企业解决好在开发建设中遇到的问题，促进其更好地发展。鼓励和引导企业把握供给侧结构性改革机遇，加强产品创新，发展绿色住宅，智能住宅，有效满足不同类别、不同消费层次的需要。

4. 加强保障，规范市场

一是要完善"商品房＋政府保障房＋租赁住房＋共有产权住房"的多元化供应格局。满足首套刚需、支持改善需求、遏制投机炒房，推动住房回归居住属性。二是要大力培育和发展住房租赁市场。倡导"租售同权"，逐步提高租赁住房占新增住房供应量的比例。三是整顿房地产市场秩序，严厉打击捂盘惜售、投机炒作、无证销售等违规行为，保证市场公开公正透明。

附 录

Appendix

B.33

2018年宏观经济运行
主要指标

表1   2018年世界主要经济体相关指标运行情况

单位：%

经济体	GDP 增速					货物进出口 总额增速	PMI(12 月)	
	第一季度	第二季度	第三季度	第四季度	全年		制造业	非制造业
世　界	*3.8*	*3.9*	*3.7*	*3.5*	*3.7*	48.4(1~9 月)	52.0(11月)	53.7(11月)
美　国	2.0	4.2	3.4	*2.1*	2.9	9.4(1~10 月)	54.1	57.6
欧元区	2.5	2.1	1.6	*3.0*	*1.8*	4.4(1~10 月)	51.4	51.4
日　本	1.2	1.4	0	*0.6*	*0.9*	9.4(1~11 月)	52.4	51.0
中　国	6.8	6.7	6.5	6.4	6.6	9.7(1~12 月)	49.4	53.8
俄罗斯	1.3	1.9	1.5	2.2	*1.7*	19.9(1~10 月)	51.7	54.4
印　度	7.7	8.2	7.1	*7.1*	*7.3*	13.9(1~10 月)	51.2	53.2
巴　西	1.2	0.9	1.3	*1.9*	*1.3*	14.3(1~12 月)	52.6	51.9
南　非	0.8	0.4	1.1	*0.5*	*0.8*	11.0(1~10 月)	50.7	49.0

表2　2018 年河南主要经济指标运行情况

单位：亿元，%

指　　标		一季度	上半年	前三季度	全年
GDP	增加值	10640.27	22277.93	35537.40	48055.86
	增速	7.9	7.8	7.4	7.6
第一产业	占比	5.6	7.7	9.2	8.9
	增速	3.7	2.3	2.7	3.3
第二产业	占比	50.3	47.4	46.8	45.9
	增速	7.6	7.7	7.3	7.2
第三产业	占比	44.1	44.9	44.0	45.2
	增速	9.1	9.1	8.9	9.2
规模以上工业增加值增速		7.7	7.7	7.3	7.2
固定资产投资增速		9.5	9.3	8.3	8.1
其中：房地产投资增速		13.2	5.6	−0.6	−1.1
社会消费品零售增速		11.6	11.1	10.6	10.3
进出口总值增速		−3.8	2.1	16.3	5.3
实际利用外商直接投资		6.9	4.9	5.1	3.9
财政总收入增速		18.0	17.3	15.6	11.9
财政一般公共预算支出增速		16.3	14.5	13.2	10.5
季末金融机构贷款余额增速		13.3	12.7	13.8	14.6
居民消费价格指数（CPI）		2.5	2.4	2.4	2.3
工业生产者出厂价格指数（PDI）		4.7	4.6	4.2	3.6
城镇新增就业增速		−16.1	2.1	−3.3	−3.5
万元工业增加值能耗降低率		−9.56	−7.20	−6.50	−7.97
货物周转量增速		4.8	8.0	9.2	9.5
旅客周转量增速		−0.7	0.4	1.6	1.9
机场货邮吞吐量增速		24.3	18.5	15.9	13.8
机场旅客吞吐量增速		18.3	12.2	6.8	2.4
居民可支配收入增速		9.1	9.1	8.9	8.9

表3 2018年全国部分经济指标运行情况

单位：亿元，%

指标		一季度	上半年	前三季度	全年
GDP	增加值	198783	418961	650899	900309
	增速	6.8	6.8	6.7	6.6
第一产业	占比	4.5	5.3	6.5	7.2
	增速	3.2	3.2	3.4	3.5
第二产业	占比	39.0	40.4	40.4	40.7
	增速	6.3	6.1	5.8	5.8
第三产业	占比	56.6	54.3	53.1	52.2
	增速	7.5	7.6	7.7	7.6
规模以上工业增加值增速		6.8	6.7	6.4	6.2
固定资产投资增速		7.5	6.0	5.4	5.9
其中：房地产投资增速		10.4	9.7	9.9	9.5
社会消费品零售总额增速		9.8	9.4	9.3	9.0
进出口总值增速		9.4	7.9	9.9	9.7
居民消费价格指数（CPI）		2.1	2.0	2.1	2.1
制造业PMI		51.5(3月)	51.5(6月)	50.8(9月)	49.4(12月)
非制造业PMI		54.6(3月)	55.0(6月)	54.9(9月)	53.8(12月)

注：表1~表3数据由"河南经济蓝皮书"编辑部刘男、曹雷负责收集整理，仅供参考。

数据来源：表1中的中国数据来源于国家统计局，其他经济体GDP数据和PMI数据来源于国家统计局国际统计信息中心；斜体数据来源于国际货币基金组织2019年1月21日发布的《世界经济展望》预测数；货物进出口总额数据，美国数据来源于美国商务部经济分析局，欧元区数据来源于欧盟统计局数据库、OECD数据库，日本数据来源于日本内阁府、日本海关，巴西数据来源于巴西外贸秘书处，俄罗斯数据来源于俄罗斯海关，南非数据来源于南非国税局，印度数据来源于印度商务部。表2和表3分别根据河南省统计局和国家统计局2018年年度快报数据整理。

B.34
后　记

多年来河南省统计局精心组织各行业、各领域专家，以最新年度统计数据为基础，倾心打造"河南经济蓝皮书"这一智库产品，为省委省政府决策参考和社会各界了解河南经济形势提供了重要依据。2019 年《河南经济蓝皮书》继续肩负历史使命，紧扣时代脉搏，贯彻落实党的十九大以及河南省委十届八次全会精神，不断提升统计服务水平。

为了提高《河南经济蓝皮书》的出版质量，编辑部不断完善编撰方案，调整工作思路，优化组稿模式，组织专家对稿件进行评审。2019 年本书的编撰工作得到了省政府研究室、省发改委、省财政厅等省直部门和有关高校的大力支持。在此向所有参与供稿的单位、作者以及评审专家表示衷心感谢！

由于时间仓促和编者水平所限，编撰过程中难免有纰漏或不妥之处，希望社会各界人士提出宝贵的意见和建议。

本书在主编、副主编的领导下制订工作方案，编辑部具体组织实施，参加编辑工作的人员有宗方、庄涛、唐建国、曹雷、张小科、崔岚。

本书编辑部

2019 年 1 月 20 日

社会科学文献出版社

皮书系列

❖ 皮书起源 ❖

"皮书"起源于十七、十八世纪的英国，主要指官方或社会组织正式发表的重要文件或报告，多以"白皮书"命名。在中国，"皮书"这一概念被社会广泛接受，并被成功运作、发展成为一种全新的出版形态，则源于中国社会科学院社会科学文献出版社。

❖ 皮书定义 ❖

皮书是对中国与世界发展状况和热点问题进行年度监测，以专业的角度、专家的视野和实证研究方法，针对某一领域或区域现状与发展态势展开分析和预测，具备原创性、实证性、专业性、连续性、前沿性、时效性等特点的公开出版物，由一系列权威研究报告组成。

❖ 皮书作者 ❖

皮书系列的作者以中国社会科学院、著名高校、地方社会科学院的研究人员为主，多为国内一流研究机构的权威专家学者，他们的看法和观点代表了学界对中国与世界的现实和未来最高水平的解读与分析。

❖ 皮书荣誉 ❖

皮书系列已成为社会科学文献出版社的著名图书品牌和中国社会科学院的知名学术品牌。2016年，皮书系列正式列入"十三五"国家重点出版规划项目；2013~2019年，重点皮书列入中国社会科学院承担的国家哲学社会科学创新工程项目；2019年，64种院外皮书使用"中国社会科学院创新工程学术出版项目"标识。

权威报告·一手数据·特色资源

皮书数据库
ANNUAL REPORT(YEARBOOK) DATABASE

当代中国经济与社会发展高端智库平台

所获荣誉

- 2016年，入选"'十三五'国家重点电子出版物出版规划骨干工程"
- 2015年，荣获"搜索中国正能量 点赞2015""创新中国科技创新奖"
- 2013年，荣获"中国出版政府奖·网络出版物奖"提名奖
- 连续多年荣获中国数字出版博览会"数字出版·优秀品牌"奖

成为会员

通过网址www.pishu.com.cn访问皮书数据库网站或下载皮书数据库APP，进行手机号码验证或邮箱验证即可成为皮书数据库会员。

会员福利

- 已注册用户购书后可免费获赠100元皮书数据库充值卡。刮开充值卡涂层获取充值密码，登录并进入"会员中心"—"在线充值"—"充值卡充值"，充值成功即可购买和查看数据库内容。
- 会员福利最终解释权归社会科学文献出版社所有。

社会科学文献出版社 SOCIAL SCIENCES ACADEMIC PRESS (CHINA) 皮书系列

卡号：829241511413
密码：

数据库服务热线：400-008-6695
数据库服务QQ：2475522410
数据库服务邮箱：database@ssap.cn
图书销售热线：010-59367070/7028
图书服务QQ：1265056568
图书服务邮箱：duzhe@ssap.cn

中国社会发展数据库（下设 12 个子库）

全面整合国内外中国社会发展研究成果，汇聚独家统计数据、深度分析报告，涉及社会、人口、政治、教育、法律等 12 个领域，为了解中国社会发展动态、跟踪社会核心热点、分析社会发展趋势提供一站式资源搜索和数据分析与挖掘服务。

中国经济发展数据库（下设 12 个子库）

基于"皮书系列"中涉及中国经济发展的研究资料构建，内容涵盖宏观经济、农业经济、工业经济、产业经济等 12 个重点经济领域，为实时掌控经济运行态势、把握经济发展规律、洞察经济形势、进行经济决策提供参考和依据。

中国行业发展数据库（下设 17 个子库）

以中国国民经济行业分类为依据，覆盖金融业、旅游、医疗卫生、交通运输、能源矿产等 100 多个行业，跟踪分析国民经济相关行业市场运行状况和政策导向，汇集行业发展前沿资讯，为投资、从业及各种经济决策提供理论基础和实践指导。

中国区域发展数据库（下设 6 个子库）

对中国特定区域内的经济、社会、文化等领域现状与发展情况进行深度分析和预测，研究层级至县及县以下行政区，涉及地区、区域经济体、城市、农村等不同维度。为地方经济社会宏观态势研究、发展经验研究、案例分析提供数据服务。

中国文化传媒数据库（下设 18 个子库）

汇聚文化传媒领域专家观点、热点资讯，梳理国内外中国文化发展相关学术研究成果、一手统计数据，涵盖文化产业、新闻传播、电影娱乐、文学艺术、群众文化等 18 个重点研究领域。为文化传媒研究提供相关数据、研究报告和综合分析服务。

世界经济与国际关系数据库（下设 6 个子库）

立足"皮书系列"世界经济、国际关系相关学术资源，整合世界经济、国际政治、世界文化与科技、全球性问题、国际组织与国际法、区域研究 6 大领域研究成果，为世界经济与国际关系研究提供全方位数据分析，为决策和形势研判提供参考。

法律声明

　　"皮书系列"（含蓝皮书、绿皮书、黄皮书）之品牌由社会科学文献出版社最早使用并持续至今，现已被中国图书市场所熟知。"皮书系列"的相关商标已在中华人民共和国国家工商行政管理总局商标局注册，如LOGO（ ）、皮书、Pishu、经济蓝皮书、社会蓝皮书等。"皮书系列"图书的注册商标专用权及封面设计、版式设计的著作权均为社会科学文献出版社所有。未经社会科学文献出版社书面授权许可，任何使用与"皮书系列"图书注册商标、封面设计、版式设计相同或者近似的文字、图形或其组合的行为均系侵权行为。

　　经作者授权，本书的专有出版权及信息网络传播权等为社会科学文献出版社享有。未经社会科学文献出版社书面授权许可，任何就本书内容的复制、发行或以数字形式进行网络传播的行为均系侵权行为。

　　社会科学文献出版社将通过法律途径追究上述侵权行为的法律责任，维护自身合法权益。

　　欢迎社会各界人士对侵犯社会科学文献出版社上述权利的侵权行为进行举报。电话：010-59367121，电子邮箱：fawubu@ssap.cn。

社会科学文献出版社